핏빛 망아지 혈구

血驹　格日勒其木格 黑鹤 著

Copyright © 2014 by Jieli Publishing House Co., Ltd.
Korean copyright © 2023 by Munyewon Korea
Korean edition is published by arrangement with Jieli Publishing House Co., Ltd. P.R.C.
ALL RIGHTS RESERVED

이 책의 한국어판 출판권은
Jieli Publishing House Co., Ltd. P.R.C.와의 독점 계약으로 한국 문예원에 있습니다.
저작권법에 의해 한국 내에서 보호를 받는 저작물이므로 문예원과 협의 없이 무단전재와 무단복제를 금합니다.

중국문학선 003

핏빛 망아지 혈구

거르러치무거 헤이허格日勒其木格 黑鶴 지음

탕쿤唐坤 · 신진호申振浩 옮김

문예원

들어가며

헤어허黑鶴는 독특한 작가다. 아동문학 분야에서 그는 상징적 작가다. 그의 글쓰기는 유행하는 글쓰기나 세속적인 글쓰기와는 동떨어져 있다. 그는 자신만의 자연관을 갖고 있다. 또한 나름의 문학관을 갖고 있다. 우리에게 있어 설원이나 초원이 아주 멀리 떨어져 있는 것처럼 그의 글쓰기는 우리의 일반적인 글쓰기와도 먼 거리를 유지하고 있다. 그는 이런 거리를 좋아하는 것 같다. 사람들로부터, 대중적 문학 서사의 조류로부터 떨어지는 것이 그의 마음속에 있는 강렬한 욕망인 것이다. 조용함은 그의 생존방식에 있어서 가장 우선하는 것이고, 문학방식에 있어서도 가장 우선하는 것이다.

그는 일찍이 자신의 삼림과 초원에 대한 느낌을 다음과 같이 묘사한 적이 있다. "삼림과 초원에서 우리는 물리적 의미에서의 안정을 얻을 수 있다. 이번에 산으로 돌아와 친구들에게 그런 조용함을 이렇게 설명했었다. 산에서 고개를 돌리기만 하면 두 귀에 있는 귀고리가 부딪혀 큰 소리를 낸다고 말이다."

이런 평온함은 그에게 있어서는 일종의 경지요, 미학이다. 우리는 그의 작품에서 평온함의 시화된 체득과 묘사를 무수히 볼 수가 있다. 멀어짐으로써 수반되는 일탈은 헤이허를 만들어냈다. 그의 문자는 진지하고 세밀한 관찰 위에서 세워진 것이다. 그런 냉엄한 서사는 강렬한 현실주의 경향을 가지고 있다. 그런데 이 텍스트들은 낭만주의적 의미가 짙게 배어 있다는 인상을 받았다.

우리는 오늘날 낭만주의에 대해 말하지 않는다. 왜냐하면, 낭만주의는 좋지 않은 평판이 있었기 때문이다. 괴팍한 시대에 그것은 공허함, 망상, 황당무계함의 대명사가 되었다. 하지만 잊어서는 안 된다. 완벽한 문학사는 현실주의와 낭만주의가 함께 완성해내는 것이다. 낭만주의를 걷어내면 문학의 전당은 쓰러지고 말 것이다. 오늘도 우리는 가끔씩 이런 고전적 낭만주의 작품들을 이야기하면서 인류와 함께 하고 있다.

오늘날 세속화된 글쓰기가 풍조이자 주된 흐름이 되었다. 낭만주의는 더 이상 화제가 되지 않는다. 성인문학이든 아동문학이든 낭만주의와는 거리가 멀다. 헤이허는 "북쪽 초원과 숲을 골라 혼자 다니는 것을 좋아한다. 나로서는 매우 사치스러운 생활이었다"라고 말했다. 그의 거의 모든 문자는 자연이나 인간과 자연에 관한 것이다. 우리는 그의 모든 작품을 한데 모아, 무수한 자연 경물에 관한 묘사를 감상할 수 있다. 풍경을 잃어버린 이 시대에 그가 쓴 풍경을 볼 수 있다는 것도 행복하다. 설원·초지·사막·고산준령·원시림을 그는 우리에게 보여 주었다.

순수한 풍경만이 아니라 그것들은 헤어허의 붓끝에서 신성神性을 부여받았다. 조물주는 풀, 산, 늑대, 개를 만들었다. 조물주는 인류가 깨달음을 얻을 수 있도록 그들을 선물했다. 그것들은 우리들에게 조물주의 의지를 전달하고 존재에 관해, 생명에 관해 중요한 의미를 우리에게 가르쳐 준다. 헤이허의 작품에서 우리는 자연에 대한 숭배를 엿볼 수 있고, 또 자연에 대한 경외심을 볼 수 있다. 만물에는 영혼이 있다. 그는 자신의 글을 통해 우리 현대 도시인들이 자연에 대해 이미 민감성과 경외심을 잃었다는 사실을 알려준다.

자신의 작품에서 헤어허가 지평선을 몇 차례나 언급했는지 알 수 없다. 먼 곳을 조망하는 것은 하나의 조형인 동시에 욕망의 배설이다. 그와 그의 인물은 먼 곳을 좋아한다. 종점이 없고, 종점에 도달하면 종점은 곧바로 출발점이 된다. 이동 생활에 대한 동경은 자기 자신에게서도 표현되고, 그가 그려낸 이미지에서도 표현된다. 그는 늘 늑대를 그려낸다. 몽골 쪽에서 온 늑대다. 그 늑대는 털빛이 좀 칙칙하다. 때때로, 곳곳에서, 멀리, 끝없이 먼 곳에 있다. 지평선은 계속 뒤로 물러나기 때문에 아무리 멀리 가도 조망은 여전히 변하지 않는 모습이다.

또 격정, 우울, 시성詩性, 고독 등 모든 것은 고전적 낭만주의의 특징이다. 우리는 지금 사막이나 들판, 빙원氷原, 초원이 그의 낭만주의 정서를 만들어낸 것인지 아니면 그의 낭만주의 정서가 사막, 들판, 빙원, 초원에 대한 깊은 사랑을 초래한 것인지 분간할 수 없다.

헤어허는 흔들리지 않고 굳건한 자연관을 갖고 있다. 그 자연관이 그의 인생 경험에서 온 것인지 지식에서 온 것인지, 아니면 경험과 지식의 결합에서 온 것인지, 우리는 헤이허 본인의 말 이전에는 판단하기가 어렵다.

그는 동물 보호론자가 아니다. 왜냐하면, 동물 보호론자들의 자연관은 단순하고 기계적이기까지 하기 때문이다. 그들의 생각은 일목요연하고 신성해 반박할 수 없어 보이지만 평이한 차원에서 이루어진다. 헤이허는 그렇지 않다. 그의 자연관은 비교적 복잡하게 얽혀 있으며 성숙하다. 자연과 인간의 이해관계를 범상치 않게, 동물에 대한 연민과 동정을 천박하지 않게, 심지어는 궁지에 몰린 동물을 구하고 싶은 충동도 쉽게 드러내지 않았다. 그가 생각하는 것은 자연 법칙이다.

법칙은 조물주가 정해놓은 것으로 바꿀 수 없는 것이다. 도태는 법칙 중 하나다. 가장 여윈 강아지를 가차없이 버리는 그의 작품을 볼 때, 우리는 통상적인 인도주의에 따라 세워진 심리적 마지노선이 찢겨져 버리는 것을 받아들이기 힘들다. 그러나 헤이허에게 있어서 적어도 헤이허의 인물에서 그것은 정상이다. 헤이허는 험악한 환경에서의 생존 경쟁, 생명 경쟁을 많이 묘사했다. 강한 생명들에 대해 그는 이성적으로나 정서적으로나 기울어져 있다. 왜냐하면 그가 보기에는 이 생명들이 존재 이유가 있기 때문이 아니고, 자연법칙을 그가 보았기 때문이다. 즉, 숲을 조성하고, 강한 자는 살아남고 그렇지 못한 자는 도태되는 것이다. 이런 법칙이 있어야만 이 세계는 보존될 수 있고, 계속 살아나갈 수 있는 것이다.

여기에는 심각한 문제와 함께 두 가지 인도주의가 있다. 세속적 인도주의와 이성적 인도주의다. 헤어허는 후자를 선택했다. 그래서 우리는 여러 차례 그의 작품에서 그의 작품에서 괴롭고 견디기 힘든 도태를 견디기 힘든 도태를 읽게 된다. 이것은 우리가 통상적인 문학작품에서 만들어지는 느낌과는 다른 것이다. 통상적인 문학작품은 언제나 약자 편에 선다. 그런데 헤이허의 작품은 강자 편에 선다. 약자라 하더라도 설령 지금 당장은 약하지만 나중에는 강해지거나, 혹은 약해 보이지만 내면이 반드시 강해야 한다. 또는 약해 보이지만 내면은 반드시 강해야 한다. 헤이허는 인류사회의 윤리를 단순하게 동물세계에 적용하지 않는다. 사회와 자연은 커다란 차이가 있다는 것이다.

헤이허는 여러 차례에 걸쳐 싸움질, 도살, 학살 장면을 썼다. 많은 글이 줄줄 흐르는 핏속에 잠겨 있다. 어쩔 수 없다. 그건 법칙이다.

하지만 이 법칙이 제약하는 자연계는 동시에 어미늑대나 어미개 한 마리가 우리에게 커다란 감동을 안겨 준다. 그것들은 이미 갈갈이 찢겨지거나 날카로운 몽둥이로 곤죽이 된다. 그렇지만 우리는 그들의 몸을 통해 무사히 목숨을 건진 그들의 다음 세대를 보게 된다.

그런 잔혹한 법칙을 대할 때에도 헤이허는 자신의 슬픔과 연민을 주체할 수 없이 드러낸다. 헤이허든 그가 그려낸 인물이든 그들은 육식과 유제품을 필요로 하고 이 식품들이 생명의 쾌락을 가져다 주지 않으며 또 그것을 숨기지도 않는다. 하지만 고민은 늘 있다.

그것이 바로 비극이다. 가장 심각한 비극은 대립에서 비롯되지만 양측의 요구는 합리적 갈등 속에 있다. 자연법칙의 관철은 필연적으로 비극적인 과정이다. 이에 대해 헤이허는 체득하고 있다. 따라서 그의 동물소설은 일반적인 동물소설에 비해 중후하고 심오하다.

극단적으로 말해서 동물소설은 동물을 쓰는 것이 아닌 소설을 쓰는 것이다. 동물을 쓴다는 것은 소설적 의미에서 쓰는 것이다. 동물은 소재일 뿐이다. 마치 공상과학소설에서의 판타지처럼, 해양문학에서의 바다처럼, SF소설에서의 SF처럼 말이다. 결국에 그것들은 문학이고, 다른 어떤 것도 아니다.

동물이나 식물, 종교, 풍속인정에 관한 그의 지식이 직접적으로 작품에서 드러나는데, 약간은 부록으로 드러나기도 하고, 각주를 다는 형식으로 드러나기도 한다. 이런 지식들은 전문적이고 또 이해하기도 쉬워서 작품읽기를 중단하고 잠시 읽기도 한다.

각주를 보는 것은 방백을 듣는 것 같다. 동물소설은 본래 지식이 끼어들어가야 하기 때문이다. 따라서 이 각주들을 보면 매우 자연스럽고 잘 어울린다는 생각이 든다. 세상의 어떤 유형의 소설들은 마땅히 각주를 달아야 한다고 느껴질 수도 있다. 이야기를 보고, 풍경을 보고, 인성을 보고, 천성을 보고, 동물계의 만남과 헤어짐, 그리고 인간과 동물의 만남과 헤어짐을 보면서 때때로 평상시에 관심을 두지 않는 지식을 얻게 되는데, 이것이야

말로 색다른 독서라고 생각한다.

　동물소설이라는 장르에 대한 그의 집착에서 지식을 염두에 둔다고 볼 수 있다. 헤이허의 마음 속에 동물소설이라는 이 장르에 대한 견해가 명확하게 담겨 있다. 그것은 진실성과 과학성을 강조한다. 동물의 실제 상황에서 벗어난 이른바 허구나 예술적 상상을 반대한다. 그는 동물학자들과 비슷한 관찰을 강조한다. 동물소설은 반드시 관찰 위에서 이뤄져야 하고, 동물에 관한 지식이 있어야 하며, 지식을 위배해서는 안된다는 것이다.

　나는 헤이어가 했던 말을 아직도 기억한다. "개 한 마리가 곰을 물어죽이는 것은 불가능한 일이다. 마스티프든 중앙아시아 세퍼드든 새끼곰이 아니면 말이다" 그는 동물소설을 동화나 전기, 신화로 만들어 쓰는 것에 반대한다. 그는 독자가 읽는 동물소설은 그들이 자연과학 사상을 이해하는 데 도움을 주기를 바란다.

　헤이허는 작가이지 동물학자가 아니다. 그는 자기 신분에 대한 인정이 분명하다. 따라서 우리가 보는 것은 그의 작품에서 드러나는 시종일관 문학성이다.

　그의 언어는 시적이고 힘이 있으며 서술 풍격이 강하고 깔끔하며 절대 꾸물대지 않는다. 또한 그의 작품은 재치가 넘치고 세련되어 있다. 그의 감각은 사람들이 부러워하는 빛의 그림자, 색조, 소리, 세상 만물에 대한 날카로움에 모아져 있고, 가장 적당하면서도 생각지 못한 묘사를 찾아내어 우리에게 자신의 감각을 보여준다.

동물원에서나 텔레비전에서 우리는 무수히 호랑이, 사자, 표범이나 거대한 몸집의 맹견이 포효하는 소리를 듣게 된다. 그 소리는 내가 가장 정확한 표현방법을 찾아낼 수 없는 것이었다. 헤어허는 나에게 분노한 스노 레오파드가 "얼음이 깨지는 듯한 울부짖음을 거만하게 내질렀다"고 말해준다.

나는 이 묘사가 어떤 소리에 대한 마지막 묘사라고 생각한다. 헤이허의 창작은 이미 절정기에 들어섰다. 한편으론 정체기에 이르렀음을 의미하기도 한다. 그는 소재, 이미지, 주제 등의 여러 분야에서 새로운 돌파구를 탐색해야 한다. 하지만 염려할 필요는 없다. 이 사람은 영원히 성장할 수 있는 사람이기 때문이다.

2014년 6월 29일 차오원쉬엔曹文軒

차례

들어가며 • 4

1 낭떠러지에서 뛰어내리다　　　　　　　　17
2 피 색깔의 망아지　　　　　　　　　　　　35
3 거대한 늑대　　　　　　　　　　　　　　50
4 꽃무늬가 새겨진 은색 안장　　　　　　　　65
5 낙인　　　　　　　　　　　　　　　　　　78
6 귀속　　　　　　　　　　　　　　　　　　89
7 거세한 말　　　　　　　　　　　　　　　108
8 라마교 사원 셔우닝사 壽寧寺　　　　　　　115
9 늑대 무리　　　　　　　　　　　　　　　131
10 말 훈련　　　　　　　　　　　　　　　　151
11 가을　　　　　　　　　　　　　　　　　170
12 쿤타의 전설　　　　　　　　　　　　　　197

13	적막한 초원	209
14	몽고양蒙古羊	218
15	눈보라	229
16	상하이	258
17	마음은 북방에	269
18	고향	286
19	황금빛 목초	295
20	다시 경기장으로	310
21	여우 쫓기	316
22	저 높은 구름 위에	325
23	담요처럼 푸르른 풀	339

1
낭떠러지에서 뛰어내리다

운등雲等이 처음 바르호 초원의 낭떠러지에서 뛰어내렸을 때는 여덟 살에 불과했다.

또 그가 쿤타를 두 번째 만난 때이기도 하다.

오후에 쿤타는 자신의 그 검은 말에 안장을 얹어주었고, 동시에 운등도 함께 길을 떠날 뜻을 보였다.

운등은 게르에서 꽃무늬가 새겨진 은안장을 꺼냈다. 본래는 안장을 직접 게르 밖에 있는 샤오바트르의 말 등 위에 직접 놓을 생각이었다. 하지만 쿤타가 말렸다. 그는 자기가 끌고 온 푸른 말을 가리켰다.

그 푸른 말은 푸르다고는 하지만 색깔이 청색과 흰색이 섞여 있는 혼탁한 회백색으로, 깡마른데다가 뼈가 툭 튀어나와 갈비뼈가 다 드러날 정도였다. 너무 마른 데다가 또 네 다리는 가늘고 길었다. 또 귀가 다른 말에 비해서 좀 더 길어 보였다. 언뜻 보면 봄이 되자마자 초원으로 뛰어나온 털빠진 토끼 같아 보였다. 또 많은 경우에 풀이 죽은 채로 말뚝에 매어 졸고 있었다.

이런 말을 사실 운등이 좋아할 수가 없었다.

어쨌건 이 말은 쿤타가 멀리서 올 때마다 타고 오는 검은 색 말과 견줄 수가 없다. 그는 줄곧 쿤타가 검은색 말을 타고 올 때 그 뒤에 왜 이 푸른색 말을 끌고 오는지 알 수가 없었다.

운등은 쿤타를 믿고 안장을 들고서 그 푸른 말을 향해 걸어갔다. 말 안장이 무거워서 예전에 안장을 준비할 때에는 샤오바트르가 직접 그가 준비하는 것을 도와주었다. 이때, 자신이 말 안장 대는 것도 버거울 만큼 아직 많이 어리단 사실을 쿤타에게 알리고 싶지 않았다. 그러나 이 푸른 말은 샤오바트르의 그 검은 말보다 약간 더 커 보여서, 무거운 말 안장을 그 등에 얹는 것은 확실히 좀 어려웠다.

다급해진 운등은 아예 말 안장을 머리 위로 휙 내던졌다. 다행히 말 등에 걸쳤지만 은빛 등자鐙子가 말 옆구리에 부딪히면서 둔탁한 소리를 냈다. 거칠게 부딪히는 바람에 놀란 말은 불안하게 떨고 있었지만 고개를 돌렸을 뿐 온화한 눈빛으로 운등을 부끄럽게 했다.

쿤타가 다가와 말 안장을 바로 잡고 말 뱃대끈을 매었다. 운등은 쿤타가 말의 뱃줄을 조일 때 먼저 다른 손을 말 뱃대 아래로 꽂아 뱃속의 털을 다듬어 뱃대의 버클에 끼워지지 않도록 하는 것을 지켜본 다음에 조심스럽게 뱃줄을 조였다.

보다 안전하기 위해 뱃대를 더 꽉 조이는 모습도 보였다.

이 벨트를 묶을 때 손을 밑에 깔고 말털이 끼지 않도록 하여 운등을 훨씬 더 편안하게 해 주는 것이다. 샤오바트르는 말에게 벨트를 매줄 때 계속 그렇게 했다. 그는 운등에게 안장을 준비하는 요령을 알려준 적이 한두 번이 아니다. 확실히 많은 유목민들이 뱃대를 졸라맬 때 항상 세게 조이고, 끝까지 졸라매서 매듭을 지어 말의 털을 끼게 해서 말을 아프게 하면, 말들은 놀라 껑충껑충 뛰며, 사람을 물어뜯어 아주 오랜 시간이 지나면서 안장을 준비하는 것에 대해 두려움을 가지고 있다가 유목민이 안장을 들고 오는 것을 보면 깜짝 놀란다.

운등은 왼발을 등자에 꽂았다. 하지만 이 푸른 말이 너무 커서 힘껏 뛰어올랐지만 말 등에 올라갈 수가 없어서 어색하게 굳어버렸다. 쿤타는 이때 그의 허리를 잡고 말 등 위로 부축해 주었다.

이것은 꽃이 새겨진 은색 안장으로 운등의 것이었다. 그 조각된 안장의 앞다리는 매우 정교해서 그가 황홀하게 말안장 앞다리 위의 은색 안장의 오래된 무늬를 부드럽게 만지고 있을 때, 쿤타는 이미 휘파람을 한 번 불며 말을 떠나도록 했다.

그런데 이 푸른 말은 호루라기 소리를 들으면서 갑자기 흔들렸다. 순간, 운등은 방금 보았던 무력감은 곧 사라져 버렸고, 온 몸의 근육이 갑자기 팽팽해져서, 앞으로 뛰어나갔다. 준비가 되어 있지 않았던 운등은 갑자기 휘청 했다. 하지만 쿤타에 의해 말 등에 올라탄 초원 유목민의 네 살 먹은 아이는 결코 실수하지 않았다.

운등은 말에 대해 알고 있었다. 이 푸른 말이 방금 전에 비해 많이 달라졌다는 것을 알고 있었고, 그가 본 모든 것은 허상이었다는 사실도 알고 있었다. 가볍게 달리기 시작했을 때 온 몸에서는 활활 타오르는 불같은 활력이 넘쳐 흘렀다. 뼈에 붙어 있는 모든 근육이 수축되었다가 펴지면서 무한한 생기를 내뿜었다.

운등은 쿤타의 그 휘파람이 깊이 잠든 말을 깨웠음을 잘 알고 있었다.

푸른 말은 빠르게 쿤타가 탄 검은 말을 따라잡았다. 쿤타는 이때 두 손가락만으로 고삐를 걸고 말 위에서 매우 편안한 자세로 비스듬히 앉아 있었다.

푸른 말은 쿤타의 검은 말과 보조를 맞추며 바짝 뒤따랐다. 이 때 운등은 팽팽한 긴장감이 풀린 듯 걸음이 한결 여유로워졌고, 발걸음이 편안했다.

그렇게 두 사람은 말을 타고 말없이 한참을 걸어가다 쿤타가 고개를 돌려보자 운등도 돌아보았다. 게르가 점차 멀어져서 지

지평선 위의 하얀 둥근 점만 언뜻언뜻 보일 뿐이었다.

쿤타가 윤등을 한 번 보았을 때 그 눈빛은 격려의 의미를 띠고 있었고, 약간의 멋을 부렸다. 그러더니 갑자기 매가 우는 것처럼 날카롭게 휘파람을 불었다. 이번에는 더욱 날카롭고 길게 휘파람을 불어 윤등은 자신의 고막이 울리는 것을 느낄 정도였다. 푸른 말이 쿤타의 휘파람으로 인해 갑자기 뛰어올랐던 경험 때문에 윤등은 반사적으로 고삐를 조이고 두 다리에 힘을 실어 말의 배에 끼웠다. 역시 윤등이 타고 있던 푸른 말은 호루라기가 울리는 것과 동시에 엉덩이를 뒤로 한 채 용수철처럼 허리를 쭉 펴고 튕기는 걸음으로 달리기 시작했다.

쿤타가 게르와 어느 정도 거리를 두고 샤오바트르와 울란의 시야에서 벗어났음을 확인하고서야 그를 이끌고 질주했다는 것을 윤등은 알고 있었다.

윤등은 이렇게 날듯이 말을 탈 기회가 적었다. 이렇게 말을 타면 다치기도 하고 말을 지치게 할까 봐 이런 식으로 말을 타는 걸 부모님은 허락하지 않을 것이다.

그제서야 윤등은 이 푸른 말의 남다른 점을 깨달았다. 달리는 발걸음이 매우 경쾌해서 평온한 물 위를 미끄러지듯 달리는 배 같았다. 윤등이 걸터앉은 말 안장은 아이에겐 너무 컸지만, 그렇게 넓은 안장 속에서 그는 편안히 앉아 있을 수 있었다.

초가을의 초원, 이삭 끝이 약간 노란빛을 띤 목초들이 상쾌한 미풍에 흔들리는데, 이때가 초원에서는 가장 쾌적한 계절이다.

이렇게 말을 타고 질주하는 것은 운등이 오랫동안 기대해 왔던 것이다. 그는 자신의 가슴 속에 쌓인 것들이 조금씩 흩어졌다는 것을 안다.

바람이 운등의 옷을 스치며 쏴 소리를 내자 그는 고삐를 늦추고 두 팔을 벌려 그것이 날개라고 상상하였다. 진짜 좋은 말을 타면 둥둥 떠다니거나 날아다니는 것 같다. 이렇게 달리는 경쾌함은 근본적으로 샤오바트르의 그 늙은 말과 비교할 수 있는 것이 아니다. 이 푸른 말과 비교했을 때 샤오바트르의 늙은 말은 달릴 때 마치 육중한 소와 같다.

쿤타가 와서 운등에게 끝없는 초원에서 이렇게 말을 타고 질주할 기회를 주었다.

그렇게 푸른 말을 타고 비상하듯 내달렸다. 운등은 눈을 가늘게 뜨고 따뜻한 바람 속에서 잠을 청하는 듯했다.

한참을 달리자 운등이 눈을 크게 떴다.

앞에 끝없이 펼쳐진 목초지가 중단되면서 수십 미터에 이르는 절벽이 나타났다.

아득히 오래 전 시대에 이곳은 일찍이 광대한 대하천으로 오랜 세월을 거치면서 용솟음치던 강물이 초원에서 쏟아져 나와 도끼와 칼로 자른 듯 우뚝 세워진 깊은 계곡이었다. 그러나 그것은 이미 오랜 지난 세기였고, 이후 강물이 길을 바꾸었으며,

이곳은 강물에게 잊혀지고 말았다.

이곳에 올 때마다 운등은 이곳이 세상의 끝인 줄 알았다.

아찔한 가파른 절벽은 높이가 40~50m, 그 아래는 100m가량 넓고 평평한 옛 수로로 이뤄져 있다.

그 절벽은 점점 가까워지지만, 쿤타는 결코 고삐를 잡을 생각이 없었다. 쿤타가 속도를 늦추지 않은 이상 운등도 그렇게 하지 않았다. 그는 쿤타처럼 앞으로 전진했다.

절벽은 아래쪽의 탁 트인 계곡을 똑똑히 볼 수 있을 정도로 가까워졌다. 단지 우기에는 빗물이 가장 많이 넘쳐 흐르고 홍수가 기승을 부리는 계절에 계곡의 중앙에 한가운데서 보일 듯 말 듯한 개울이 흐르지만 곧 저 물줄기는 광활한 물길로 사라질 것이다. 다른 모든 계절에 이곳은 숫돌처럼 평평한 광야다.

절벽이 지척에 있었다.

운등은 말을 타고 이 깊은 수렁으로 떨어지는 상상을 하며 전에 없던 공포와 호흡곤란, 손에 땀이 흐르는 것을 느꼈다. 그러나 고삐를 바짝 조이지 않고 그대로 내버려 두었다. 푸른 말도 속도를 늦추지 않았다. 숨쉬는 리듬에도 변화가 없었다.

운등은 쿤타를 믿었다. 그는 고삐를 당길 시도도 하지 않았으며, 동시에 고속으로 질주하는 이 말은 그가 잡을 수 있는 것이 아니라는 사실을 깨달았다.

꿈이 아니었다.

그 높은 절벽 아래서 거대한 초원수리 한 마리가 기류를 타고 천천히 날아오르고 있는데, 고속으로 달리는 말 등에서도 운등은 여전히 이 황금갈색의 맹금류를 똑똑히 볼 수 있었다. 어린 양을 물고 날아갈 만큼 크고 강했다. 이 큰 새에 대해 운등은 항상 구름 위를 나는 것을 바라보았을 뿐, 그 날개가 바람에 뒤집히며 기류의 방향을 날카롭게 찾고, 날렵하게 흔들리는 꼬리 깃털의 등쪽을 비늘처럼 보이는 모습까지 실제로 본 적이 없다.

운등은 자신이 이런 각도로 날아다니는 초원수리를 내려다볼 줄은 상상도 못했다.

이 초원수리가 운등의 주의력을 분산시켰다.

거의 절벽의 가장자리를 불과 10여 미터 앞두고 쿤타는 익숙한 휘파람을 다시 불기 시작했지만 이전과 달리 휘파람은 짧게 울리고, 갑자기 멈췄다.

앞을 달리던 검은 말이 갑자기 뒤로 물러서 앉는 것은 사실 말이 잘하는 동작이 아니다. 뒤따르던 푸른 말은 검은 말을 피하기 위해 뒤에 앉는 동시에 옆으로 몸을 틀었다.

운등은 자신이 걸터앉아 있는 푸른 말을 제어할 힘이 없었다. 검은 말의 곁을 스쳐 지나가 그대로 멈춰 섰다.

단호해 보이지만 그 말은 쿤타와 영원히 함께 하기를 원할 뿐, 그 등에 올라탄 낯선 사람 운등은 개의치 않았다. 그러자 운등은 하나의 화물처럼 관성에 의해 던져졌다.

그는 그렇게 추락을 느꼈다. 그의 심장은 이미 쫄깃해졌다.

그러나 그 추락에 맞서 더 큰 힘이 있었고, 그는 자신이 번쩍 들렸다는 것을 느꼈다. 깨달았을 때 다시 푸른 말의 등에 얹혀졌다.

운등은 절벽 아래로 추락하는 찰나에 쿤타에 의해 붙잡혔다.

운등은 그 후 여러 해가 지나도 그때를 회상할 때면 다시 꿈으로 돌아오는 듯했다. 그에게는 쿤타와 자신의 푸른 색 준마의 환상적인 연기를 볼 기회가 있었다.

쿤타는 검은 말에서 내려 고삐를 운등의 손에 인계한 뒤 푸른 말을 탔다.

그때 운등은 푸른 말이 쿤타 한 사람, 오직 그를 위해 태어났음을 깨달았다.

쿤타의 멋진 가죽 부츠가 등자를 막 밟는 순간, 이 푸른 말의 몸에 숨겨져 있던 은밀한 스위치를 켠 것 같았다. 푸른 말은 정신을 가다듬으며 길게 울부짖었고, 쿤타가 자리를 잡았을 때 그 말의 활력은 이미 점화되어 순식간에 폭발할 것 같았다. 운등이 방금 전에 탔던 것은 이제 곧 일어날 모든 것을 위한 워밍업에 불과했다.

푸른 말은 쿤타를 태우고 절벽의 가장자리를 돌며 중심을 찾는 듯했고 운등은 검은 말을 끌고 조마조마하게 한쪽에 서서 푸른 말이 잘못 딛어 절벽으로 추락할까 봐 걱정했다.

하지만 운등의 생각은 틀렸다. 갑자기 쿤타가 고삐를 잡아당기자 회전을 하던 푸른 말은 망설임 없이 절벽 아래로 뛰어내렸다.

깜짝 놀라 거의 숨쉬는 것을 잊었던 운등은 조금씩 앞으로 발걸음을 옮기다 결국 벼랑 끝에 섰다. 어지러움을 느낄 정도의 높이에서 그는 계곡 바닥에서 산산조각이 날 정도로 곤두박질친 쿤타와 그의 말을 보게 될 줄 알았다.

그러나 그는 틀렸다. 푸른 말은 쿤타를 등에 태우고 70도에 가까운 가파른 언덕을 내려가고 있었다.

다행히 언덕에 흙먼지가 떠올라 추락 속도를 늦췄다. 푸른 말은 내려앉으려 애썼지만 말 위에 앉은 쿤타도 뒤로 눕는 자세로 다리를 쭉 뻗어 등자를 죽을 힘을 다해 밟았다.

운등이 위에서 내려다보니 쿤타와 그의 푸른 말이 날리는 먼지 사이로 가파른 절벽을 타고 계속 아래로 떨어지는 모습만 보였다.

날리는 먼지가 갈수록 많아져서 그들을 집어삼키려 했다.

운등은 쿤타와 그의 푸른 말이 저 멀리 계곡 바닥으로 떨어진다고 상상하면서 마구 뛰는 가슴을 쓸어내리며 벌어진 일을 샤오바트르와 우란에게 어떻게 설명해야 할지 생각할 무렵, 그 푸른 말은 쿤타를 등에 업고 먼지 속에서 돌진해 나왔다.

먼지 구덩이를 뚫고 나온 후, 푸른 말은 쿤타를 등에 업고 곧

바로 앞으로 가서, 한참을 달린 후에야 완만한 언덕을 뛰어올라, 고원과 같은 비탈을 올랐다. 그리고 나서 운등이 있는 쪽으로 뛰어왔다.

먼지를 뒤집어쓴 쿤타는 말에서 뛰어내린 뒤 운등에게 올라타라는 신호를 보냈다.

운등이 머뭇거리자 쿤타는 이미 그의 허리를 받쳐 말 등으로 안아 올렸다. 이때 푸른 말은 더 이상 그가 방금 탔던 모습이 아니었다. 쿤타가 타고 난 후 이 말은 무한한 힘을 가진 듯 했다. 그는 자신이 언제 폭발할지 모르는 화산 위에 앉아 있는 기분이었다.

그는 쿤타가 자신에게도 말을 타고 절벽 위로 돌진하도록 하려는 것이었음을 깨달았다.

운등은 지금 왜 쿤타가 검은 말을 탈 때 이 푸른 말을 끌고 다니는지 알 것 같았다. 중요한 순간에 그 말은 쿤타의 지시하에 모든 곳으로 뛰어갈 수 있었다.

말 등에 올라타 바닥을 내려다볼 때 운등은 이 절벽의 깊이가 바닥이 보이지 않는다는 것을 더욱 실감했다. 경사도는 거의 수직으로 오르내리는 느낌이었다. 그가 돌진하면 푸른 말이 분명히 넘어질 것이고, 말 등에 타고 있던 자신도 함께 계속 추락하여 목을 부러뜨리고 온몸을 부러뜨린다는 사실을 알고 있었다. 아니면 푸른 말에 깔려서 곤죽이 될 것을 알았다.

운등은 말 등에 걸터앉아 숨이 가쁘고 속이 메스꺼움을 느꼈다. 순식간에 땀이 그의 등을 적시고 옷이 등에 달라붙었다.

그가 이 푸른 말을 통제하고 있는 것이 아니었다.

푸른 말이 뛰어내릴 때 운등은 등을 곧게 펴고 뒤로 기댄 채 등자를 앞으로 내디딘 상태에서 등자를 앞으로 내딛으라는 쿤타의 마지막 말만 듣는다.

등자를 왜 앞으로 내딛으라는 것인지 운등은 이해할 수 없었다.

그는 전혀 준비가 되지 않았다. 푸른 말은 이미 절벽 아래로 훌쩍 뛰어내렸고, 그 순간, 운등은 자신의 호흡과 심장 박동이 동시에 멈추는 것을 느꼈다. 그는 이 강인한 말을 따라 다른 세계로 들어가고 있었다.

주변에 먼지가 피어올라 물에 빠진 사람이 위로 떠올라 첫 번째 공기를 들이마실 때처럼 운등은 이미 추락하기 시작했고, 그가 들이마신 것은 신선한 공기였다. 뒤에서 날리는 먼지는 그들을 뒤따라오지 못했다.

이때 그는 왜 등자를 앞으로 밟으라는 것인지 비로소 알게 되었다.

바닥을 향해 돌진하는 푸른 말은 거의 수직으로 낙하했다. 그리고 그는 본능적으로 등받이에 기대어 등자를 죽어라고 밟았고, 밟힌 등자는 이미 말머리 부위에 닿아 있었다.

사실 푸른 말은 똑바로 내려간 것이 아니다. 만약 그렇게 했다면 그들은 첫 순간 관성에 의해 바닥으로 추락했을 것이다. 사실 이 똑똑한 동물은 미묘한 평형을 이해하고 있었다. 말은 자신과 등위의 기수와 함께 추락하는 힘을 통제하고 있었다. 말은 이 힘에 맞서기도 하면서 또 교묘하게 떨어지는 속도에 순응하면서 네 다리의 중량을 분산시켰던 것이다.

아래로 추락하기는 했지만 생각만큼 계곡 바닥으로 곧바로 떨어지지는 않았다. 후반부에서 운등은 이 말과 한몸이 되었다는 느낌이 들었다. 왼쪽 앞발굽이 느슨한 흙덩이와 아래로 흘러내리는 모래에 발을 들여놓아 힘을 쓰지 못하자 바로 오른쪽으로 몸을 가누고 오른발 등자에 더 많은 힘을 실었다.

수직에 가까운 가파른 경사면에서 이 준마는 똑똑하게 몸을 옆으로 기울이고 지그재그 각도로 내려와 겨우 한 치의 경사면을 칼날처럼 파고들었다. 이때 운등은 자신이 해야 할 일이 바로 경사면에 붙어 있는 쪽으로 자신을 붙이려는 노력이라는 것을 이미 알고 있었다.

마치 매가 펼치는 날개처럼 그는 두 팔을 뻗어 바람의 작은 변화를 느낄 수 있었다. 그의 손바닥은 매의 날개 끝이었고, 그 순간 그는 이 준마와 하나가 됐다. 푸른 말은 등에 올라탄 기수의 깨달음을 느낄 수 있었고, 그 마지막 긴장과 불안도 사라졌다. 그것은 마음 내키는대로의 하강이었다.

이 준마 역시 운등이 재빨리 호흡을 맞추는 법을 터득했다는 것을 알고 마지막 구간인 경사 바닥의 모래 부분에서 거의 거침없이 아래로 내려왔다. 그 순간 운등은 자신의 옷이 펄럭이고 있다는 것을 느꼈고, 몸은 무게감을 잃어버려 가벼웠다. 평탄한 초원에서 말을 타고 아무리 빨리 달려도 그 하늘을 날아오르는 느낌은 얻을 수 없었다.

푸른 말이 운등을 태우고 계곡 바닥으로 달려갔다.

그 순간, 운등은 말발굽 아래서 다시는 부드러운 모래흙을 느낄 수 없었다. 대신 몇년 전 침적된 진흙으로 이루어진 딱딱한 땅이 느껴졌다. 다시 평평한 바닥으로 돌아와 균형을 잡기 위해 자신의 힘을 제어할 필요가 없어지자, 그 말은 전력질주하기 시작했다.

운등도 긴 안도의 한숨을 쉬었다. 눈 깜짝할 사이에 이루어진 낙하가 그에게는 한 세기만큼 길게 느껴졌다.

이 말과 함께 떨어지면서 말과 함께 하는 기술을 익혔음에도 두려움을 느낀 그가 말 등에 올라탄 것은 쿤타를 흉내 내어 우렁차면서도 조금은 날카롭게 소리를 내며 마음껏 달려가는 준마를 향한 격려였다.

푸른 말이 그렇게 운등을 싣고 계곡 끝까지 달려가서야 그는 고삐를 잡았다.

운등은 말을 두드리며 우기에 홍수에 휩쓸려 나오는 거대한 틈으로 걸어갔다. 그곳의 경사도는 약간 완만했다. 그는 푸른 말을 타고 그곳에서 천천히 고원으로 올라갔다.

쿤타가 그를 기다리고 있었다.

짧은 시간 동안 그는 이미 이 푸른 말과 기대 속의 묵계를 이루고 있었다. 그는 자신의 허리를 곧게 펴고 더욱 꼿꼿하게 보이게 하며, 마치 성인 유목민처럼 천천히 말을 두드리며 쿤타에게 다가갔다.

쿤타는 그를 보며 이제 막 완성된 불가사의한 기적을 보는 듯했다. 그들은 막사로 돌아왔다.

이때 아득한 황혼이 초원 위로 내려앉았고, 머나먼 지평선 위로 샤오바트르의 막사 윤곽이 떠올랐다. 하얀 게르 위로 밥 짓는 연기가 피어올랐다.

그들이 막사에 가까워졌을 때 운등은 게르 앞에 서 있는 녹색 옷을 입은 울란의 모습을 보고 말을 타고 달려가 방금 벌어진 일, 즉 깎아지른 절벽에서 뛰어내렸던 일을 알려주고 싶었다.

그는 고개를 돌려 쿤타를 바라보았다. 그는 평소와 다름없이 무표정한 얼굴이었으나, 그 검은 모자는 이미 미간까지 내려와 그의 눈을 볼 수는 없었다.

그는 마침내 자신이 설명하려는 욕망을 억제했다. 이 모든 것은 오직 그에게 달려 있었고, 그와 쿤타 사이의 비밀이었다.

그것은 그와 쿤타만의 비밀이었다.

그 순간 운등은 자신이 이미 남다른 혼자만의 비밀을 갖고 있음을 깨달았고, 쿤타도 마찬가지였다.

그는 그렇게 푸른 말이 천천히 앞으로 나아가도록 내버려 두었다. 어머니는 그들이 저녁밥을 먹기를 기다리고 있었다.

운등이 말에서 내린 후 쿤타는 이 푸른 말의 고삐를 건네받아 말을 타고 천천히 앞으로 내달렸다. 아까 그 거칠었던 두 번의 낙하와 폭주를 겪은 뒤 푸른 말이 발굽 다리를 움직여 어혈이 생기지 않도록 충분히 천천히 걸어주는 것이 필요했다.

운등은 줄곧 게르 밖에 서서 검은 말에 탄 쿤타가 푸른 준마를 이끌고 게르 주위를 큰 원을 그리며 천천히 걷는 것을 지켜보았다. 푸른 말의 몸에서 김이 모락모락 피어올랐다.

운등은 푸른 말이 사뿐사뿐 달리는 걸음을 지켜보면서 강도 높은 달리기 뒤에도 말의 발걸음이 허리는 여전히 가볍고 허리는 유연하다는 사실을 관찰했다.

이것은 쉽게 얻을 수 없는 좋은 말이다.

운등은 쿤타가 말을 산책시키고 돌아올 때까지 그곳에 서서 그를 기다린 뒤 푸른 말을 말뚝에 묶는 것을 도와 주었다.

●

바르구는 몽골족에서 가장 유구한 역사를 가진 족속으로,

몽골 각 부족이 통일되기 전에 바르구라는 이 족속의 호칭은 여러차례 옛 전적에 나타난다. 또 여러 호칭법(《수서隋書》에서는 '발야고拔野固', 《신당서》와 《구당서》에서는 '발야고拔野古'와 발야고拔也古, 《원사元史》와 《몽골비사秘史》,《사집史集》에서는 '바르훈八兒渾' '바르후八兒忽' '바르후티巴爾忽惕' 등으로 불림)으로 불렸다. 명나라 때에는 '바르후巴爾戶' '바르구巴爾古' '바르후巴兒勿' '바르후把兒護' '바르궈巴爾郭' 등으로 불렸다. 청나라의 각종 사료에서는 '바르구巴爾虎'라 불렸고 지금까지 전해지고 있다. 바르구는 청나라 초에 각종 한문 사료에서 '바르후巴兒呼' '바르후巴爾忽' 등으로 불렸다. 옹정雍正 12년(1734년)에 '신바르구 팔기新巴爾虎八旗' 수립 이후로 바르구라는 단어는 규범적인 고정 호칭으로 전해져 왔고, 현재 바르구 몽골족은 중국 경내에서 내몽골 후룬베이얼呼倫貝爾 초원의 진바르구기陳巴爾虎旗, 신바르구 좌기左旗, 신바르구 우기右旗에서 주로 생활하고 있다.

2
피 색깔의 망아지

이전에 이 암말은 이미 두 번이나 유산한 적이 있어 샤오바트르는 다시는 그 말이 망아지를 품지 않을 줄 알았다.

첫 번째 태아에서 이 말이 품었던 것은 쌍태아였다.

당시 나날이 부풀어 오르는 암말의 배를 보고 샤오바트르는 이 붉은색 말이 보통 임신한 암말보다 훨씬 커서 뱃속에는 반드시 더욱 풍부한 것이 들어있을 것이라고 생각했다.

그러나 샤오바트르는 결국 어떻게 된 일인지 알아내지 못했고, 이 암말은 흐리멍덩한 상태에서 유산했다. 아마도 늑대로 인해 놀랐는지, 유산하기 전날 샤오바트르가 초원에 말떼를 살펴보러 갔을 때, 말떼 주변에서 늑대 두 마리가 이리저리 뛰어다닌 흔적이 확실히 보였다. 그러나 그 두 마리의 늑대는 말떼를 공격하지는 않았다. 말 무리안에도 방금 낳은 어린 망아지나 노쇠

한 말처럼 손대기 쉬운 사냥감은 없었다. 말 무리 속에는 붉은 색의 어린 말이 있었는데, 체형이 왜소하고 몸집이 작고 큰 포탄처럼 크고 긴 말, 긴 갈기는 다듬어지지 않을 정도였고, 거칠고 사납기로 유명한 말떼에서 값싼 늑대 한 마리는 쇠발굽으로 죽었다. 이따금씩 말떼에 무식한 젊은 말이 다가와 코를 킁킁거리며 고개를 쳐들고, 바람에 흩날리는 갈기를 걷어올려 핏빛 눈을 내민다. 그러자 분수에 넘치는 행동을 하는 그 젊은 말은 자신의 무모한 공세에 큰 대가를 치러야 했고, 결국 이 말의 사자 같은 공격에 패해 몸에 찢어진 상처를 안은 채 낭패를 보고 돌아갔다.

샤오바트르는 두 개의 말 무리가 있는데, 이 숫말을 통할하는 말떼는 지금까지 늑대의 피해를 본 적이 없다. 그러나 이튿날 샤오바트르가 다시 말 무리를 보러 찾아갔을 때 말무리 속의 갈기빛 암말은 배가 비었고 곁에는 망아지가 따라다니지 않았다. 그는 멀지 않은 웅덩이에서 이미 얼어서 돌처럼 딱딱한 망아지 두 마리를 찾아냈는데, 벌겋게 달아올라 아직 출산할 날이 되지 않았지만 며칠 차이도 나지 않았다. 아무 일 없이 낳았다면 귀하디 귀한 쌍둥이 망아지였다. 샤오바트르는 그곳에서 한참을 머물다가 날이 어두워지자 말에 올라 캠프로 돌아왔다. 그 두 개의 말 무리 부근에서 주저하며 순시하는 늑대를 보니 결코 아무런 목적이 없는 것은 아니었다. 적어도 그들의 오늘 밤 음식은 이미 결정되었다. 밤에는 반드시 이 부근에 나타나기 마련인데, 내일이면 망아지 두 마리도 남는 게 없을 것 같았다.

두 번째 태는 난산이었다.

그때 경험한 자세한 상황에 대해서 샤오바트르는 나중에 사소한 기억조차 하고 싶지 않았다. 갈기빛 암말은 두 번째 출산이 첫 번째보다 조금 늦어졌는데, 때는 이미 늦봄이었다. 초원 위에 산발적으로 흩어졌던 마지막 눈보라가 이미 깨끗이 녹고 날씨가 풀리기 시작했다.

첫째 날에 샤오바트르는 갈기빛 암말 곁에서 온종일 바쁘게 움직였다. 자신이 여러해동안 말을 기르며 알았던 모든 난산 대처법을 모두 써봤지만 모두 허사였다. 날이 어두워진 후에야 그는 기진맥진하여 캠프로 돌아왔다.

이튿날 날이 어슴푸레하게 밝자 샤오바트르는 말을 타고 초원으로 달려갔다. 길에서 그는 사실 이미 포기하려고 했었다. 그는 그 망아지가 어쨌든 보호할 수 없을 것이며, 가능하다면 암말을 지킬 수 있으면 좋겠다는 것을 잘 알고 있었다.

암말은 이미 풀밭에서 하루 밤낮을 꼬박 몸부림쳤다. 수분이 풍부한 이 풀밭에 거꾸로 누워 있었는데, 몸 아래의 풀밭은 이미 얼음조각이 엉긴 검은 진흙으로 뒤엉켜 있었다. 마른 흙덩이가 갑옷처럼 말의 몸을 감싸고 있었다. 그러나 뱃속은 여전히 높이 솟아 있어 멀리서 보면 차가운 아침 햇살 속에서 샤오바트르는 미리 묻힌 작은 무덤처럼 느껴졌다. 누군가 다가오는 것을 감지하고 암말은 경련을 일으키며 발버둥을 쳤다. 몇 번 몸부림치다가 포기했지만 딱딱하게 굳어진 흙덩이가 그 동작에 따라 쪼개어 떨어져 어떤 진상이라도 드러날 것 같았다.

아무 진상도 없을 거야. 샤오바트르는 쓴웃음을 지었다. 그는 이 암말을 잃고 싶지 않았다.

그는 말에서 내려 자신의 말을 잘 매어놓은 다음에 강가로 가서 두 손을 깨끗하게 씻었다. 얼음조각이 떠 있던 강물은 두 손을 마비시킬 정도로 차가왔다. 그는 소매로 두 손을 닦았다.

그는 암말의 생명을 지키려면 별수 없다는 것을 알고 있었다. 뱃속 망아지를 버리는 수밖에 다른 선택지가 없었던 것이다.

그는 허리에 있던 몽고칼을 뽑았다. 오래된 칼로, 수 년간 차고 사용했지만, 칼의 몸통 크기는 절반밖에 남지 않았다. 그는 손가락으로 칼날을 문지르며 자신이 본래 문을 나서기 전에 잘 갈았어야 했다고 후회했다. 그는 탄식했다. 이미 기회는 없어졌고, 그는 지금 이 칼을 써야 했다. 안 그러면 암말도 살아날 가능성이 없었다. 본래 그는 새벽에 이곳으로 올때에 망아지가 암말의 품에서 젖을 먹는 장면을 볼 수 있으리라는 희망을 가졌었다.

그가 본 것은 풀밭에 죽은 듯이 드러누워 있는 암말뿐이었다.

그는 더 이상 이 망아지가 무사히 태어나기를 바라지 않았다.

그는 모험을 할 수 없었다. 이런 난산 상황은 많지 않지만, 만약 제때 처리하지 않으면 암말도 결국 재난을 모면하기 어렵다.

칼날을 꼭 쥐고 한 치 남짓한 길이의 칼끝만 드러나게 했다. 그리고 나서 그는 칼 몸체의 길이를 조절하는 연습을 했다. 그런 후에 그는 이 칼을 움켜쥐고 자신이 손바닥으로 칼끝을 감싼 다음에 그 칼을 쥔 손을 암말의 몸속으로 집어넣는다. 그곳은 본래 생명을 낳아 기르는 곳이고, 잉태된 것은 맞지만, 세상에 나오지 못하면 아무런 의미가 없게 되고 만다.

어린 망아지가 죽은 지 이미 여러 시간이 지났다.

암말의 자궁은 이미 태위가 흐트러진 망아지로 가득 차서 별도의 공간이 거의 없었다. 샤오바트르는 꼬부라진 손으로 칼을 쥐고 좁은 공간을 조금씩 더듬으며 꿈틀거리는 어린 망아지의 관절을 천천히 떼어냈다. 그리고 토막 낸 망아지를 하나씩 끄집어냈다. 그는 칼을 움직일 때 암말을 다칠까 봐 매우 조심해야 했다.

가축을 토막 내는 것은 그에게 어려운 일은 아니었다. 그는 몇 분 동안 양 한 마리를 죽이고 껍질을 벗기고 뼈를 발라 냄비에 던질 수 있었다. 하지만 이 작은 공간에서는 좀 무리였다. 그는 정오가 되어서야 암말에 매달린 망아지를 떼어낸 뒤 모두 꺼냈다. 마침내 이 모든 일을 끝내자, 그는 피곤하여 거의 허탈감에 기진맥진해졌다.

암말은 샤오바트르에 의해 뱃속의 군더더기가 풀어헤쳐진 뒤에 천천히 일어나 머리를 숙이고 그 작은 말의 잔해를 맡으며 슬픈 비명을 지르기 시작했다.

샤오바트르는 그런 소리를 평생 다시 듣고 싶지 않았다.

갈기빛 암말은 그날 오후에 말 무리를 떠났다. 이튿날 샤오바트르가 발견했을 때 발굽 자국을 따라 한참 뒤쫓아 갔더니 국경선 쪽으로 계속 달려가고 있었다. 발굽 자국 간격을 두고 판단했을 때 샤오바트르는 계속 달린 상태를 유지한 채 멀어져 갔다는 것을 알게 되었다. 놀랐을 가능성이 있었는데, 한번 달리기 시작하면 네 발굽이 다 갈려 피를 흘리더라도 멈추지 않을 정도였다. 샤오바트르는 쫓아보려 하지 않았고 자신도 따라잡을 수 없다는 것을 알았다.

암말은 두 달이 지난 뒤에야 돌아왔고, 엉덩이 부분에 88자 낙인이 찍혀 있었다. 그것은 몽골 쪽에서 말에게 낙인을 찍는 방식이었다.

이번 오랜 외출 이후 갈기색 암말은 치유되지 않았다. 늘상 영문도 모른 채로 말 무리에서 도망쳤다. 마치 뒤에서 맹수가 쫓듯이 정신없이 달렸다. 샤오바트르는 여러 차례 그 뒤를 쫓아가서 말 무리 속으로 넣어보려 했다. 그 말이 말들을 쫓아 말떼로 되돌아 넣으려고 시도한 적이 한두 번이 아니다. 만약 말작대기에 의해 입에 거품을 물 정도로 저지하지 않고 내버려 두었으면 세상 끝까지 달려갔을 것이다.

샤오바트르는 그것이 말의 머리에 무언가가 잘못되었기 때문이라고 믿었다. 얼마 후 샤오바트르는 이 암말의 배가 다시 예사롭지 않게 부풀어 올랐을 때, 그는 그것이 갑자기 살이 오른 것이 아니라 망아지를 임신한 것임을 깨달았다.

갈기빛 암말의 배가 더욱 불러왔을 때, 샤오바트르의 추측은 사실로 드러났다. 그는 시간을 계산해 보았다. 분명히 암말이 망아지를 잃은 지 약 십여 일 만에 다시 임신한 것이 불가사의한 일이었다.

초원 유목민들은 이런 어린 망아지를 핏빛 망아지라고 부른다.

이번에 샤오바트르는 이 암말에 그다지 큰 희망을 품지 않았다. 그는 그 암말이 어린 망아지를 보호할 수 없을 것이라고 생각했다.

샤오바트르는 심지어 달리는 중에 자연스럽게 유산할 것이라는 희망을 품기까지 했다. 그렇게 해야 자신의 고민거리를 덜어 줄 것이기 때문이었다.

하지만 이 암말은 언제나 그랬듯이 미치광이처럼 갑자기 말떼를 뛰쳐나와 초원을 아무 이유 없이 달렸다. 그런데 뱃속 망아지는 무사했다.

눈깜짝할 사이에 이 암말은 출산할 때가 되었다. 암말은 다시 풀 위에 누워서 몸부림치기 시작했다. 지난번 출산 과정과 마찬가지였다. 암말은 황혼 무렵에 누웠는데, 이튿날 새벽이 될 때까지도 새끼를 낳지 못했다.

유목인으로서 하는 모든 일이 여전히 무의미할 수 있다는 것을 알면서도 샤오바트르는 결코 암말이 목숨을 잃는 것을 지켜보고만 있을 수 없었다.

샤오바트르는 웃옷을 벗었다. 새벽 바람을 맞으면서 그는 좀 춥다는 것을 느꼈지만 어쩔 수 없었다. 그는 낮은 소리로 부르면서 자신을 위해 기운을 냈다.

말꼬리 아래로 팔을 집어넣는 상상을 하면, 비록 전에 했던 일이지만, 그는 여전히 위화감을 느꼈다. 하지만 암말의 거친 숨결은 점점 사라져 가는 바람처럼 변해서, 불규칙적이고 약해져 많은 시간이 남아 있지 않았다.

그는 칼을 들고 암말 곁으로 다가가서 말 엉덩이 쪽에 쪼그려 앉아 왼손으로 말꼬리를 흔들었다. 오른손에 칼을 쥐고 손바닥 전체로 날을 감싼 채 베틀북 형태를 만들었다. 이미 한 번 해 본 경험이 있기 때문에 그는 이런 경험이 다시는 쓸모 있는 날이 없기를 바랐다.

칼을 들고 자신에게 다가오는 샤오바트르를 보고 암말은 지난번의 기억을 떠올렸는지, 어쨌든 다가오는 시련에 공포에 질려 눈을 크게 뜨고 거친 숨을 몰아쉬며 일어서려고 발버둥쳤다.

무엇인가에 의해 구동되듯 암말은 심하게 숨을 몰아쉬기 시작했고, 뱃속은 전율하듯 경련이 일어나더니 잠시 후에 흐르는 핏물에서 나뭇가지처럼 무언가 뻗어 나와 어떤 거대한 곤충의 더듬이처럼 불안한 듯 바깥 세상을 감지했다.

발굽이 뻗어 나왔다. 그런대로 괜찮았다. 앞발굽이었다. 이번에는 운이 좋았는지 망아지를 지켜낼 수 있었다. 샤오바트르는 칼을 거두고 망아지의 앞발을 잡고 천천히 잡아당겼다.

마치 배 안의 어떤 신비한 힘의 부추김에 의해 줄곧 땅에 주저앉은 암말은 머리를 흔들면서 거친 숨을 몰아쉬고 네발굽을 빠르게 휘저었다. 만일 샤오바트르가 빨리 피하지 않았다면 아마도 발굽이 이미 그의 몸에 닿았을 것이다. 그는 황급히 뒤로 비켜났는데 두 다리가 걸려서 땅바닥에 주저앉았다.

암말은 물에 빠진 듯 마지막 발버둥을 치며 머리를 들려고 했다. 마치 수면 위로 올라 마지막 공기를 숨쉬려는 것 같았다. 일순간 샤오바트르는 암말의 콧구멍이 주먹처럼 크게 벌어지는 것처럼 느껴졌다.

밤새도록 몸부림친 끝에 암말은 제 힘으로 일어섰다.

그리고 어미 배 속에서 너무 오래 머물러 있던 망아지는 암말이 일어서던 그 순간 태어났다. 밤새도록 암말이 고생한 것이 이렇게 끝이 난 것 같았다. 마치 꽉 막혀 있던 물길이 갑자기 터지고 고기덩어리가 미끄러져 나온 듯 했다.

온전한 망아지였다.

망아지는 미끄러져 떨어지는 방식으로 태어났다. 샤오바트르가 불가사의하게 생각할 정도로 부드러웠다.

정말 불가사의한 일은 그 다음이었다. 어떤 유목인도 평생 이런 기적을 볼 기회는 없을 것이다.

이 붉은색 망아지는 뜻밖에도 땅에 떨어지던 그 순간에 스스로 땅에 우뚝 섰다.

샤오바트르는 암말이 망아지를 낳는 모습을 여러 차례 봐 왔다. 메에- 하는 소리와 함께 포의에 싸여 땅바닥으로 미끄러져 떨어지면 땅에 잠시 누워 있다가 조심스럽게 일어서는 것이 일반적이다.

그런데 이 붉은색 망아지는 뜻밖에도 곧바로 땅 위에 섰다.

똑바로 서지 못해 다리를 벌린 채로 후들거리고 균형을 잡고 있었다. 망아지는 머리를 들 힘조차 없었다. 새로운 세상에 나오려면 망아지는 어머니의 뱃속보다 더 많은 중력을 견뎌야 했다.

서 있는 자세 때문에 망아지 몸에 있던 포의가 천천히 미끄러져 떨어지고, 그 반투명한 푸른색 점막이 벗겨지면서 처음에는 옅은 안개를 사이에 둔 듯 선명해 보이지 않던 검회색 털빛이 드러났다. 그것은 붉게 빛을 발하는 털이었다. 몸의 털색은 촉촉하기 때문에 뜻밖에 옥색 효과를 나타내어 마치 바레인 계열

석 같았다.

샤오바트르는 땅바닥에 앉아서 멍하니 바라보았다.

서서 태어난 망아지, 그는 단지 노인의 말을 들은 적이 있을 뿐이다. 그런데 망아지의 몸에 있던 포의가 서서히 벗겨질 때로서, 초원이 점점 밝아지는 새벽 햇살 속에서 서서히 펼쳐지는 기적과 같은 순간이었다.

어린 망아지의 네 다리가 특이하게 생겼다. 샤오파르트는 몽골 말 중 이렇게 다리가 긴 망아지가 흔치 않다는 점을 주목했다.

망아지가 불가능해 보이던 일어서기를 해냈다 할지라도 첫걸음을 내딛는 것이 필요했다. 초원에서의 첫걸음, 엄마의 젖꼭지를 찾아 첫 젖을 빨고 나서야 비로소 진정으로 세상에 나왔다고 할 수 있는 것이다.

기나긴 잉태와 고통스러운 출산을 거쳐 암말은 뱃속의 불룩한 짐에서 벗어난 후에야 조용하고 평온하게 흠뻑 젖어 있는 작은 물건을 핥았다.

암말의 핥기 동작은 매우 부드러웠지만, 정말 살살 하는데도 어린 망아지가 겨우 기적적으로 이룬 평형 상태를 깨뜨렸다. 너무 커 보이는 머리를 숙이고 위태롭게 흔들다가 넘어질 뻔 하기도 했다. 그 순간 샤오바트르는 도와주려고도 했다. 하지만 그는 그런 생각을 접어두었다. 태어났을 때 바닥에 누워있는 어린 망아지로서는 스스로 서도록 하는 것이 나은 것이다. 게다가 보기 드물게 직접 일어선 채 태어난 망아지에 대해서 그는 최소한 망아지가 처음 섰을 때에 그것을 도와 줄 수가 없고, 반드시 스스로 균형을 잡고 초원에서의 첫발을 내디뎌야 한다는 것은 알고 있었다.

근 30년간 말을 방목하면서 그의 말 무리에서 수십 필의 망아지가 태어났었다. 그는 여태까지 이렇게 막 태어난 망아지를 진지하게 살펴본 적이 없었던 것 같았다.

엄마의 뱃속에 줄곧 갇혀 있다가 마침내 세상에 나오게 된 순간, 망아지는 적응이 필요한 일들이 매우 많았다. 망아지의 폐는 차가운 공기를 호흡하기 시작한다. 망아지의 폐가 처음으로 초원의 공기를 느끼고, 이 때부터 북쪽 나라 황야의 거친 공기를 호흡하는 것이다.

망아지는 머리를 흔들면서 천천히 고개를 들었다. 하지만 머리는 매우 무거워 보였다. 연약한 망아지의 목이 감당할 수없을 정도였다. 막 태어난 이 세상에서 망아지의 사지와 대뇌는 그다지 들어맞지 않는 것 같다. 매번 걸음을 내딛으려 할 때마다 몸 전체가 흔들거렸고, 언제건 위험하게 넘어질 가능성이 있었다.

어린 시절 말을 치기 시작했던 샤오바트르는 멋진 말을 무수히 많이 보았다. 하지만 짙은 붉은색 망아지는 그로 하여금 자신도 모르게 일으켜 주려는 충동을 느끼게 하였다.

하지만 그는 자신의 이런 비이성적인 생각을 억제하였다. 말은 태어난 뒤에 반드시 재빠르게 몸을 일으켜야 한다. 이 어린 망아지가 반드시 제일 첫 걸음을 내딛게 해야 한다. 결국 말이 태어난 시간은 언제나 이런 좋은 운만 있는 것이 아니다. 유목인은 옆에서 간호해야 한다. 늑대가 수시로 막 태어난 망아지를 덮칠 준비를 하고 있기 때문에 일어나 네 발굽을 펴서 뛰기 시작해야만 비로소 살아나갈 수 있는 기회를 얻을 수가 있다.

여기는 북방의 초원이다. 가장 강인한 개체만이 그 안에서 살아갈 자격이 있다. 샤오바트르는 여전히 차가운 땅 위에 앉아 있었다. 그는 손에 점액이 잔뜩 묻어 있었고, 차가운 새벽 바람에 꽁꽁 얼어있었다. 하지만 그는 참아냈다. 땅바닥에 앉아 미동도 하지 않았다. 자신의 조그마한 동작이 미풍을 불어오게 하고 그것이 이 어린 망아지의 평형을 무너뜨려 넘어지게 할까 봐 겁이 났던 것이다. 암말은 낮은 소리를 내며 냄새를 맡았다. 약간 초조한 모습을 보이기도 했다. 마치 망아지가 때맞춰 걸음을 내딛을 것을 재촉하는 듯 보였다.

이 어린 것은 머리는 무겁고 발은 가벼운 거미처럼 어쩔 줄 몰라 하며 흔들리고 있었다. 지금은 그 고개를 조금 더 높이 들어 예쁜 눈을 드러내 보였다.

그러나 그 시선은 아직 초점이 없는 듯 앞만 바라보고 있었다. 영원히 기억될 곳이라고는 잔디 밖에 없었다. 마침내 사뿐

사뿐 한 걸음 내딛었다. 그러나 이 걸음은 모든 균형을 깨뜨리고 모든 것이 뒤죽박죽이 되어 춤을 추다가 땅에 넘어질 뻔했다. 망아지는 원래 균형을 깨뜨릴 용기가 부족했다. 하지만 망아지가 마침내 똑바로 서자 모든 것이 그리 무섭지 않다는 것을 깨달았다. 망아지는 가볍게 가늘고 뾰족한 발굽을 움직이기 시작했고, 천천히 무질서하게 내딛는 행동 속에서 어떤 암묵적인 규칙을 깨닫게 되었다.

마침내 망아지의 갈라진 네 발굽이 굳건하게 초원을 받쳐주었고 망아지는 네 발굽으로 이 대지 위에서 지탱점을 찾았다. 망아지의 떨리는 네 다리는 서서히 곧바로 섰으나 거의 직각이 되는 마지막 순간에 균형을 잘 유지하지 못했기 때문인지, 아니면 머리가 지나치게 무거워서였는지 망아지 몸이 앞으로 기울어 넘어질 뻔 했다. 망아지는 다급하게 발걸음을 조정하였다. 코를 막 초원에 대고는 다시 곧바로 섰다. 곧 이어 마침내 당당하게 대지 위에 우뚝 섰다.

망아지는 마침내 앞으로 이동할 수 있었다. 암말의 배 아래로 파고 들어가 젖꼭지를 찾았다. 샤오바트르는 할아버지가 말하는 것을 들은 적이 있었다. 막 태어난 말은 똑바로 서기 전에 대지를 향해 머리를 조아린다는 것이다. 그것은 대지와 모친이 길러 준 은혜에 감사하는 의미라는 것이다.

샤오바트르는 한숨 돌렸다. 망아지가 똑바로 섰고, 몇 걸음 움직여 엄마의 젖을 빤다는 것은 지금부터 이 초원에서 생존해 나갈 권리를 갖게 되었다는 것을 의미하기 때문이다.

피로해진 샤오바트르는 말을 타고 캠프로 돌아왔다. 그 망아지는 벌써 암말의 배 아래에서 맹렬하게 젖을 빨고 있었다.

암말은 고개를 돌려 사랑스럽게 망아지의 등을 핥아주고 있었다.

●

핏빛 망아지
초원 방목지에서 암말이 새끼를 낳은 지 10일 정도 지나 다시 임신하여 낳은 망아지가 핏빛 망아지다. 초원의 유목인들은 이런 망아지가 성장하여 비범한 달리기 능력을 갖는다고 여긴다.

3
거대한 늑대

아둔창阿敦創.

아둔창은 흔하게 볼 수 없는 것들로, 매우 커서 유목민들에게는 기이한 짐승으로 여겨진다.

그것들은 털빛이 짙고, 체형은 후룬베이얼 초원의 보통 야생 늑대보다 훨씬 크며 혼자 다니는 경우가 많다. 간혹 늑대와 무리를 이루기도 한다.

샤오바트르는 아둔창이 먼 북방에서 온 것이라고 추측한다.

예전에 샤오바트르도 어느 봄날에 사냥을 하던 중에 죽은 아둔창을 가까운 거리에서 본 적이 있을 뿐이다.

사냥꾼이 그것을 잡아죽이기 위해서 말을 타고 60리를 뒤쫓았다는 말을 들었다.

샤오바트르는 사냥꾼이 죽인 늑대가 초원에 나뒹굴고 있을 때에 본 것이다. 두 마리의 보통 야생늑대와 함께였다. 멀리서 샤오바트르는 아둔창의 남다름을 보았다. 그것은 매우 컸다. 보통 야생 늑대 두 마리와 바닥에 나란히 놓여 있었는데 다른 늑대에 비해 두 배는 커 보였다. 그리고 그 커다란 머리는 곰 만큼이나 컸다. 유목민이 죽은 거대한 짐승의 입을 벌려 이빨을 드러나게 했는데, 구경하던 유목민들은 자신들도 모르는 사이에 경탄을 금하지 못했다. 그 이빨이 입을 벌린 유목민의 엄지손가락보다도 더 길었던 것이다.

당시 샤오바트르는 마음 속에 공포가 남아 있었다. 그의 말 무리 가운데 수말은 사나와서 일반적인 늑대들은 그의 말 무리에 실질적인 상해를 입히지 못한다. 하지만 만약 이런 커다란 늑대라면 그 결과는 달라질 것이라는 사실을 그는 잘 안다.

물론 이건 오래된 과거의 일이다. 그렇게 커다란 아둔창은 초원에 아주 드물게 나타난다.

그러나 자신의 말 무리가 뜻밖에도 아둔창을 맞닥뜨렸다는 사실을 샤오바트르는 전혀 생각하지 못했다.

말 무리는 자신의 수말을 보호하고 있어 유목인의 많은 보살핌이 필요하지 않으며, 샤오바트르도 항상 열흘 정도만 말 무리의 상황을 보러 간다.

그 때는 갈기빛 암말이 망아지를 낳은 뒤 샤오바트르도 처음 자신의 말 무리를 살펴보러 간 것이었다.

당시 날씨가 줄곧 맑아서 말 무리가 그리 멀리 갈 수 없었기 때문에, 샤오바트르는 말을 타고 겨우 십여 리를 걸어가자 완만한 초원에서 자신의 말 무리가 남긴 발굽 자국을 발견하였다. 발굽 자국은 매우 선명했다. 그는 말 무리가 그 곳으로부터 그다지 멀리 있지 않다고 생각했다. 하지만 앞으로 조금 더 가자 발굽 자국이 어지러워졌다. 이런 발굽 자국은 말 무리가 많이 놀랐을 때에만 남긴다. 그가 말에서 내려서 살펴보니 어지러운 발굽 자국 사이에서 개과 동물의 매화 모양 발톱 자국이 발톱 자국이 찍혀 있었다. 이런 발톱 자국은 샤오바트르에게 익숙한 것이었다. 바로 늑대 발톱자국이었다. 자세히 살펴보니 이건 크지도 작지도 않은 늑대 무리였다. 늑대 숫자는 10여마리 안팎이었다. 그 가운데 큰 늑대의 발톱자국을 보고 샤오바트르는 깜짝 놀랐다. 그 발톱자국은 다른 늑대들의 발톱자국에 비해 훨씬 더 컸고, 가장 큰 사이즈의 대접 같았다.

발톱자국은 전날 남겨진 것이었다. 아둔창이었다.

초원의 전설에 따르면 이런 커다란 늑대는 사람을 공격하지는 않는다고 했다. 하지만 샤오바트르는 머리가 마비되는 느낌으로 급히 말에 올랐다. 말 등 위에 올라타서야 그는 안전함을 느꼈다. 잠시 후에 그는 안장 밧줄에 걸어놓은 포로布魯(몽골어로 '투척'의 의미로 던지기 도구를 말함)를 꺼내들었다.

다시 조금 더 가니 멀리서 말 무리가 언덕 사이에 있는 물웅덩이에 모여 있는 것이 보였다. 붉은색 수말이 이쪽의 동정을 살피고는 분노의 울음소리를 냈다. 그리고 나서는 검은색 갈기를 휘날리며 포탄처럼 달려왔다.

이 수말은 그렇게 크지는 않다. 하지만 몸체는 건장하고 튼튼하다. 체형은 다부진 포탄을 닮았다. 그 말은 줄곧 자신의 말 무리를 잘 보살펴 왔다. 말 무리를 몰래 공격하려는 야생늑대들을 남김없이 몰아내고는 했다. 한번은 관목 숲속에서 망아지를 엿보던 늑대들을 발견하고는 쫓아가서 이 늑대를 발로 차고 물어서 죽인 다음에 발로 밟아 곤죽을 만들었다.

그 수말은 곧장 달려왔다. 갈기를 휘날리면서 들짐승처럼 입을 크게 벌리고는 커다란 앞니를 드러냈다. 마치 어뢰가 샤오바트르를 향해 날아오는 듯 했다.

샤오바트르는 크게 소리를 질렀다. 그 수말은 그에게 부딪힐 정도가 되어서야 마침내 그를 알아보았다. 그의 몸을 슬쩍 스치고 지나가고 나서 곧 이어 한바퀴 돈 다음에 자신의 말 무리로 되돌아 뛰어가서 말무리를 에워싸고 달리기 시작했다.

분명히 늑대떼가 수컷 말과 말 무리를 놀라게 한 것이었다. 수컷 말은 지금 주변에 있는 모든 것에 적대감을 갖고 있어 공포 속에서 헤어나오지 못하고 있는 것이었다.

샤오바트르는 말 무리로 가까이 다가가서 자세히 살펴보았다.

그는 붉은색 망아지를 본 순간 암말이 보이지 않는다는 것을 알았다. 망아지가 태어난 이후 10여 일 동안 샤오바트르는 그것을 본 적이 없었다. 망아지는 이미 상당히 많이 컸다. 하지만 정신없이 말 무리의 중앙에 웅크리고 있었다. 망아지는 더 이상 바깥세계에 신경쓰지 않았다. 놀란 것이 분명했다.

그 암말을 제외하고는 말 무리 안에서는 더 이상 다른 말 손실은 없었다. 붉은 수말과 그 밖의 말 두 필의 몸에는 물린 상처가 있었다. 그런대로 괜찮았고 심각하지는 않았다.

샤오바트르는 말을 타고 근처를 한번 살펴보았다.

그는 말 무리가 남겨놓은 발굽 자국을 따라 앞으로 전진했다. 마침내 초원의 습지에서 그 암말을 찾아냈다. 물론 그 암말의 일부분이었다.

습지에 어지럽게 널려 있는 속에서 그 암말은 이미 희생 당했고 뼈 역시 사방에 흩어져 있었다.

어제 저녁에 그 늑대 무리는 이 곳에서 성대한 잔치를 벌였던 것이다.

샤오바트르는 탄식을 내뱉으며 말에서 내렸다. 그는 본래 습지에 떨어진 뼈들을 잘 수습할 생각이었다. 하지만 잠시 후에 그런 생각을 접었다. 너무 어지럽게 흩어져 있어서 도저히 해낼 수 있는 정도가 아니었다. 늑대떼는 너무나 깔끔하게 먹어 치웠고, 암말은 뼈와 가죽, 삼킬 수 없는 갈기, 그리고 발굽만 남겼다. 암말의 머리뼈도 갈렸고, 뇌척수액까지도 남김없이 마셔 버렸다.

샤오바트르는 말 무리가 있는 곳으로 달려온 뒤 말 무리를 몰아 자신의 캠프 방향으로 향했다. 말 무리는 유목인의 캠프와 가까이 있어야 늑대 무리에게 겁을 줄 수 있고 늑대 무리 역시 함부로 날뛸 수 없다.

샤오바트르는 암말의 보호를 받지 못해서 그 망아지가 말 무리 속에서 휘청거리는 것을 보았다. 그 망아지는 시도 때도 없이 옆에 있는 말과 부딪히곤 했다. 하지만 망아지는 굳건히 뒤따르고 있었다.

한 하천을 건널 때가 되어서야 어려운 점이 발견되었다.

그 하천은 폭이 넓지는 않았지만 물살이 급했다. 샤오바트르는 이 말 무리 속에 망아지가 있다는 것을 고려하여 가장 얕은 곳을 골라 건너기로 했다. 그 곳은 가장 깊어봐야 어른 말의 배를 넘지 못했다. 다른 망아지들에게는 아무런 문제도 없었다. 그 말들은 모두 보호해 줄 암말이 있었다.

샤오바트르는 말 무리의 가장 뒷편에서 몰아가고 있었다.

이 붉은색 망아지는 처음에 말 무리에 싸여 하천에 진입했을 때 공포를 극심하게 느꼈는데, 곧 이어 어른 말에게 부딪혀 넘어지면서 물을 마셨고, 그 뒤에 다시 수면으로 떠올랐을 때 완전히 힘이 없어 보였다. 물론 어제 저녁에 그런 일들을 겪었기 때문인 듯 했는데, 망아지도 너무 많은 체력을 소진했던 것이다. 눈

깜짝할 사이에 망아지는 다시 쓰러졌고 급류에 휘말렸다. 망아지는 필사적으로 발굽을 움직였지만 떠올랐다 가라앉으면서 물에 잠기고 말았다.

샤오바트르는 급하게 그 쪽으로 다가가 그 망아지가 다시 한번 머리를 드러냈을 때 그 목덜미를 낚아채고는 끌어냈다. 그리고 나서 안장에 올려 놓고 말을 땅에 다다르게 했다.

땅에 오르고 나서 그는 이 망아지를 가볍게 땅 위에 내려놓았다. 그리고 나서 말 무리를 몰아 계속 캠프 방향으로 가게 할 준비를 했다. 하지만 그 망아지는 여전히 땅 위에서 일어나지 못했다. 샤오바트르는 다시 한번 재촉했지만 그 망아지는 여전히 미동도 없었다. 놀라서 마비가 된 것인지 물을 마셔서 혼미해진 것인지 알 수 없었다. 어쩔 도리가 없자 샤오바트르는 다시 몸을 숙이고 망아지의 가는 목을 잡아서 말 등에 올려놓고 캠프로 돌아오는 수밖에 없었다.

샤오바트르가 캠프로 돌아왔을 때는 날은 이미 어두워졌고, 그는 불안해 하던 말들을 안정시켰다. 말들은 캠프 주변에서 풀을 찾기 시작했다.

샤오바트르가 허리를 굽혀 붉은 망아지를 안고 게르로 들어가자 아내 울란은 처음에 그가 무엇을 안고 있는지를 알아채지 못했다. 그것이 흠뻑 젖은 망아지라는 것을 알고는 즉각 양 똥으로 만든 땔감을 난로 안에 집어넣어 불을 지폈다.

샤오바트르는 망아지를 화로 앞에 놓기 전에 울란에게 새 수건을 꺼내 천천히 말리게 했다.

샤오바트르도 이 망아지를 건져 올릴 때 젖었던 옷을 갈아입고, 그 옷을 울란은 불 옆에 놓고 말렸다.

샤오바트르는 울란에게 늑대 무리가 암말 한 마리를 잡아갔다고만 말했다.

이튿날 그는 부근의 캠프로 가서 다른 유목인들에게 늑대 무리가 이 초원에서 어슬렁거리고 있다는 사실을 일깨워 줄 것이다.

그 때 운등은 이 망아지를 처음 보았다.

어둠 속에서 무언가가 그를 재촉하는 듯 했다. 세 살 된 이 남자아이는 아침 일찍 잠에서 깼다. 날이 이미 밝아 있었고, 지붕으로부터 쏟아져 내리는 흐릿한 빛 속에서 그는 난롯가에 있는 망아지를 보았다. 그는 양가죽 이불에서 빠져나와 천천히 이 망아지 쪽으로 기어갔다.

아마 이 게르 안의 어둡고 따스한 분위기가 망아지를 안심시킨 듯 했다. 막 겪었던 혼란스러운 일들은 망아지를 피곤하게 해 망아지는 밤새도록 달고 편안히 잠을 잘 수 있었다.

남자 아이는 천천히 망아지 곁으로 기어가서 부드러운 털을 쓰다듬고 망아지 몸에서 나는 풀 냄새를 맡았다. 그리고 나서 갑자기 졸음이 몰려와서 자리에 눕고 말았다.

이 장면을 제일 처음 본 사람은 울란이었다. 날이 밝아오자 그녀는 침대에서 일어나 차를 끓였다.

처음에 그녀는 곁에 남자아이가 없어서 깜짝 놀랐다. 곧 이서 아이가 화로 앞에 있는 망아지와 함께 자고 있는 것을 보고는 아이를 이불 속으로 다시 데리고 오지 않았다. 이어서 나중에 일어난 샤오바트르도 이 장면을 보았다.

어떤 일들은 숙명적으로 정해져 있다는 것을 그는 알고 있었다. 하지만 자신의 아들이 이 망아지와 함께 잠을 자는 것은 좀 의외였다. 다년간의 유목 생활을 통해 샤오바트르는 다리가 특이하게 긴 붉은 망아지가 분명히 비범한 준마가 될 것임을 알고 있었다. 사실 그 순간 샤오바트르는 자신의 아들이 장차 이 망아지와 평생 의지하고 떨어지지 않게 될 것임을 예상하였다.

운등은 세 살 밖에 되지 않은 초원의 아이였다. 핏빛 망아지는 막 태어난 몽골 망아지였다. 이로부터 이 아이의 일생은 이 붉은색 망아지와 긴밀하게 연결되었고, 그들이 서로 부둥켜 안고 잠을 잘 때, 그 준마의 영혼이 이 아이의 피와 연결되었으며 이후 그 망아지는 그의 애마가 될 것이고, 그의 친구이자 친척이 될 것이었다.

샤오바트르는 아침 차를 마신 후에 급하게 말을 타고 근처의 캠프로 출발했다. 아들은 망아지와 동시에 깼다. 비몽사몽간에 그들은 서로 한동안 마주보았다. 처음 본 사람처럼 또 오랜 여행을 한 이후에 만난 듯 했다. 그 망아지는 이렇게 운등의 동반자가 되었다.

조금 늦게 망아지가 일어섰다. 울란은 소뿔을 이용해서 만든 젖병으로 망아지에게 막 짜낸 우유를 먹였다. 아이가 직접 해보았다. 하지만 아이는 너무 어려 우유 일부를 엎질렀지만 마침내 우유를 이 망아지 입에 넣어주었다.

굶주린 망아지는 배불리 먹고 나서 운등의 손바닥과 팔에 묻은 우유를 남김없이 핥아먹었다.

그 날 황혼 무렵에 샤오바트르가 말을 타고 캠프로 돌아왔을 때 멀리서 그 붉은색 망아지가 서 있는 것을 보았다. 운등의 뒤에 붙어 캠프 안에서 한가롭게 거닐고 있었다. 온순한 것이 강아지 같아 보였다.

총명한 망아지는 운등의 뒤에 바짝 붙어서 시도 때도 없이 부드러운 입술에 그의 조그만 손에 가져다댔다. 또 아들의 옷소매를 물고 늘어지며 먹을 것을 달라고 했다. 이 망아지는 캠프에 있는 먹을 것을 사양하는 법이 없었다. 밀가루빵, 요우탸오, 사탕, 심지어 고기탕면도 좋아했다.

샤오바트르는 운등이 망아지에게 먹을 걸 주는 것을 좋아하지 않았다.

지금 이 망아지는 아직 어리다. 이 망아지는 사람을 무서워하지도 않을 뿐 아니라 사람과 노는 것에 익숙해져 거리 유지하는 걸 모르기 때문에, 가볍게 깨물기도 하고 앞발굽으로 사람을 긁기도 한다. 하지만 망아지는 빠르게 자라 힘도 세질 텐데 어린 시절 습관은 그대로 남아 있게 된다. 그렇게 되면 아예 통제할 수 없는 상태가 되어 자신의 주인을 다치게 할 것이다. 따라서 초원의 유목인들은 망아지들에게 먹을 걸 주지 않는다. 유목인들은 말과 자신 사이에 상호 존중과 인지하는 거리를 유지하는 습관이 있다. 샤오바르트는 운등이 이런 습관을 그만 두게 할만한 적당한 기회를 찾지 못했다.

그 날이 되어 황혼 무렵에 초원에서 돌아올 때 샤오바르트는 캠프 앞에서 운등이 붉은색 망아지와 놀고 있는 것을 보았다.

샤오바르트도 이 망아지에 대한 자신의 사랑을 억제하지 못했다. 이제 망아지는 훨씬 더 멋있어졌고, 쭉 뻗은 네 다리는 사슴처럼 반듯해졌다. 또 가늘고 긴 허리는 준마로 성장했다는 중요한 조건이었다. 망아지는 사슴처럼 날쌔게 뛰어다녔다. 빠른 속도로 뛰다가 다시 운등의 곁으로 달려갔다. 몸에는 붉은색 털이 나 있었다. 운등이 매일 씻어주기 때문에 석양 아래 보석처럼 반짝거렸고 피처럼 붉은색을 띠었다. 그때부터 운등은 이 망아지를 핏빛 망아지 혈구血駒라 불렀다. 선혈처럼 산뜻하고 아름다운 털색을 가진 어린 망아지였다.

여러 해 동안 불우하게 살았던 준수한 망아지, 샤오바르트는 그 망아지가 더 없이 귀한 준마가 될 것이라는 사실을 알고 있었다.

하지만 걱정스러운 것은, 이렇게 계속 나가다가는 이 준마는 사람들과 가까워지면서 사랑을 받고, 매일 강아지처럼 주인이 남긴 음식을 먹게 될 것이며, 그렇게 될 경우 말 무리에서 다른 망아지와 함께 성장하며 뛰어다닐 기회를 잃게 된다는 점이었다. 망아지 성장과정에서 가장 중요한 시기가 바로 이때다.

샤오바트르가 말에서 내릴 준비를 할 때 핏빛 망아지가 운등을 빙빙 돌며 뛰다가 갑자기 발굽이 삐끗하면서 발굽이 운등의 왼쪽 발을 밟았다.

이것은 절호의 기회였다. 그는 큰 소리로 질책하면서 뛰어가서, 핏빛 망아지를 물러서게 하고는 그리고 나서 운등에게 말하려 했다. 이렇게 하면 점점 더 위험해질 수 있고 그의 몸집이 커지면 커질수록 결국 운등의 발을 다치게 할 수도 있다고 말이다.

하지만 그는 그런 기회를 잡지 못했다.

이 똑똑한 망아지는 떨어진 발굽 아래에 운등의 장화 신은 발을 보고는 그 순간 힘을 뺐다. 미끄러질 뻔 했지만 세게 밟으려던 발굽은 운등의 장화 위에서 가볍게 닿는 것으로 끝났다.

운등은 발굽을 아예 느끼지도 못했다. 가볍게 스쳤고, 그는 여전히 핏빛 망아지의 목을 안고 큰 소리로 웃었다.

급하게 달려가려던 샤오바트르는 어쩔 도리 없이 웃을 수밖에 없었다. 때마침 아내 울란이 게르 밖으로 나왔다. 그도 자신이 보았던 아들과 망아지의 놀이를 보라고 할 생각이 없었다. 그래서 평상시처럼 고개를 숙이고 차를 마시러 게르로 들어갔다.

핏빛 망아지는 서서히 성장해 갔다. 그 활동 궤적은 바로 말 무리와 캠프 사이에서 움직이는 것이었다.

낮 시간 동안 내내 망아지는 말 무리 속에 있다가 황혼이 내리면 캠프로 돌아와서 캠프에서 밤새도록 지냈다.

매일 캠프로 돌아온 뒤에 망아지는 게르 밖에서 있을 수밖에 없었다. 망아지는 너무 빨리 커서 게르에 들어갈 수 없을 정도가 되었다.

하지만 망아지는 게르 밖에서 참지 못하고 콧소리를 냈다. 또는 직접 머리를 게르 안으로 밀어넣기도 하면서 운등에게 우유와 떡, 완자를 달라고 했다. 물론 유과도 좋았다. 그냥 사람들이 먹는 음식물은 다 좋아했다.

물론 망아지가 가장 좋아하는 것은 러시아 사탕이었다. 그 사탕은 쿤타가 운등에게 준 선물이었다. 멀리서 운등이 사탕 포장지를 벗기는 소리가 나기만 하면 망아지는 곧추세운 귀로 이 바스락거리는 소리를 듣고 곧바로 일어나 재빨리 빙빙 돌면서 소리가 난 곳을 찾는다. 곧 이어 운등에게로 곧바로 다가온다.

운등은 어쩔 수 없이 망아지의 공세를 피한다. 만약 정말 망아지 공격이 몸에 부딪힌다면 다칠 수 있기 때문이다.

이제 망아지의 모든 주의력은 모두 운등의 손에 있는 호박색의 커다란 사탕에 모아져 있다. 망아지는 그것만 보였다. 그것 외에는 아무 것도 보이지 않았다.

망아지는 머리를 내밀고 입을 크게 벌려 커다란 이를 드러냈다. 혀를 쭉 뻗어 마치 이렇게 하면 더 빠르게 사탕을 얻을 수 있는 것처럼 행동했다.

운등은 이런 놀이를 좋아했다. 손에 사탕을 들고 오르락내리락하고 좌우로 왔다갔다 하면서 팔뚝을 움직여 핏빛 망아지가 그것을 얻지 못하게 했다. 그와 핏빛 망아지는 그렇게 쫓고 쫓기다가 핏빛 망아지가 사탕을 먹지 못해 억울해하며 콧소리를 낼 때, 운등은 그제서야 그 입에 사탕을 넣어 준다. 마찬가지로 그는 핏빛 망아지가 커다란 어금니로 사탕을 깨뜨리는 소리를 들으며 자신의 옷자락에 묻은 핏빛 망아지의 침을 닦아낼 때 망아지가 도취된 듯 눈을 감고 잘게 부서진 사탕이 입에서 녹아드는 감미로움을 즐겼다. 그 후 설탕 덩어리가 더욱 녹으면서 망아지 입술은 이 풍부한 설탕즙을 감싸지 못한 듯 금빛 설탕즙을 입술 귀퉁이에서 한 가닥씩 흘려내렸다. 이 귀여운 망아지는 여전히 이 모든 것을 모르고 자신의 입 안에서 혀를 휘젓고 있어 얼마 남지 않은 설탕 부스러기를 더욱 깨끗하게 녹인다.

이 순간 망아지는 평온하다. 망아지는 조용히 그곳에 서서 사탕 즙의 마지막 여운을 즐기고 있다.

그러다가 눈을 뜨면 놀랍도록 예쁜 눈, 놀랍도록 생긴 속눈썹이 가볍게 반짝이고, 이때 그 눈도 호박색의 설탕 덩어리에 젖어 더욱 순수하고 부드러워지는 것 같다.

핏빛 망아지는 또 다른 사탕을 얻기를 바라는 기대 섞인 눈빛으로 운둥을 바라보았다.

●

아둔창

초원 유목지에서 유목인들이 몸집이 망아지처럼 크고 갈기가 짙은 거대한 늑대를 부르는 이름이다. 북극 늑대의 아종亞種이다.

4
꽃무늬가 새겨진 은색 안장

 운등이 엄마 울란에 의해 아침 일찍 잠에서 깨어 일어났던 그날, 엄마는 그를 위해 새로운 옷을 입혀 주었다. 그때 그는 아직 혼미한 상태로 잠에서 깨지 못했었다.
 엄마는 게르 안에서 바쁘게 움직였고, 그는 새 옷을 입고 다시 잠이 들었다가 다시 깨어났다. 연이어 손님들이 찾아와 엄마는 손님들을 위해 차를 내왔다. 운등은 마침내 더 이상 참지 못하고 엄마에게 소변을 보게 해달라고 했다. 엄마는 바쁘게 그의 허리띠를 풀어주었고, 소변을 다 보고 나서 다시 옷을 입도록 허리띠를 매주었다.
 이 때가 되어서야 운등은 자신이 신고 있던 장화가 새 것이라는 것을 깨달았다. 그는 그날이 무슨 날인지를 분명히 알지 못했다.

이때 아버지 샤오바트르가 양떼 속에서 양 한 마리를 끌고 왔다. 그 양은 오는 길에 메에— 우는 소리를 내면서 게르 앞으로 끌려왔다. 순식간에 그 양은 커다란 덩어리로 도살되었으며 피는 깨끗이 씻은 양 창자에 넣어져 함께 팔팔 끓는 솥 안으로 던져졌다.

게르 안은 따스했으나 조금 답답했다. 운등이 막 잠이 들려하는데 근처 캠프의 유목인들이 손에 울란이 마련한 찻잔을 들고 속닥거리고 있었다.

모든 사람들이 무언가를 기다리고 있는 듯 했다.

사람들의 기다림은 금세 결과를 볼 수 있었다. 밖에 있던 양치기 개가 짖기 시작했다. 사람들이 줄곧 기대하고 있던 사람이 분명했다.

운등이 사람들을 따라 게르 밖으로 나왔다. 모든 사람들은 숨을 죽이고 대청산 방향으로 바라보았다.

지평선 위로 멀리 검은 말을 탄 유목인이 달려오고 있었다. 그 뒤에는 안장이 없는 푸른 말을 끌고 있었다. 평범한 모습이어서 운등은 이 유목인들이 이 사람이 오는 것에 대해 무엇을 기대하는 것인지 분명히 알지 못했다. 만약 이 사람이 다른 유목인들과 다른 점이 있다면 말 뒤에 커다란 개 한 마리가 뒤따르고 있다는 점에 불과했다.

하지만 이 사람이 말을 타고 오는 속도는 놀랄만 했다. 지평선에서 불명확하게 보였던 모습은 눈깜짝할 사이에 게르 앞에 도착했고 말에서 내렸다.

그제서야 운등은 이 사람이 예전에 왔던 근처 유목인들과는 다른 점을 볼 수 있었다. 발에 신은 검은색 가죽 장화는 더욱 멋져 보였는데, 현지 유목인들이 평상시에 신는 투박한 장화와는 분명 달랐다. 두루마기도 유목인의 헝겊 두루마기와는 다른 검은색의 깔끔한 천이었다. 얼굴은 가늘고 길었고, 콧날은 오똑하게 솟았으며, 눈은 바르구인 특유의 멋진 회남색으로, 얼굴 윤곽이 어머니 울란과 비슷했다. 머리카락은 땋지 않고 풀어헤친 장발이었다.

울란은 자신의 등 뒤에 숨는 운등을 흔쾌히 상대방 앞에 세운 뒤 삼촌이라고 부르라 시켰다. 운등은 자신에게 삼촌이 있다는 것을 기억하지 못했다. 이번이 첫 번째 만남이었다. 그는 이 커다란 남자가 여러 사람 가운데 위엄이 있다는 것을 느낄 수 있었다. 사람들은 차례대로 인사를 건넸고, 그는 연로한 유목인에게 겸손하게 안부를 물었다. 겸손하면서도 이곳 유목인들과는 다른 위엄이 있었다.

유목인들은 그를 쿤타라고 불렀다.

그리고 운등은 멀리서 온 삼촌을 잠시 주목했을 뿐이고 잠시 후에 더 많은 시선을 삼촌의 그 거대한 개와 끌고 온 푸른 말의 안장에 보냈다.

아침 내내 유목인들이 끝없이 말을 타고 도착하였다. 처음에 캠프에 있던 양치기 개 두 마리는 지평선 위에 유목인이 나타나기만 하면 거칠게 짖으면서 달려갔다.

말 위의 유목인을 끌어내리려는 사나운 모습을 보였는데, 사실 개들도 가능하면 그 기회를 놓칠 수 없었다. 말 위의 유목인들도 달려드는 양치기 개가 자신을 물지 못하도록 채찍이나 몽둥이를 휘두르면서 위협하여 양치기 개들이 자신들을 물지 못하게 할 뿐이었다. 그렇게 양치기 개들은 멀리서 온 유목인들을 으르렁거리면서 게르 앞에까지 데려왔고 주인인 샤오바트르와 울란이 게르에서 마중을 나와 호통 치면 개들은 마지못해 짖어대며 멋쩍게 한쪽으로 가서 드러누웠다. 계속해서 유목인들이 찾아오면 또 한 번 흥분해서 달려가 맞이했다가 곧장 처음의 흥분하는 모습이나 힘이 사그라들어 버린다. 이렇게 해서 예의상 달려나가 몇 번 건성건성 짖어댔다. 그러다가 어떤 유목인이 왔을 때면 달구지 밑에 엎드려 일어나기 귀찮아 하면서 예의상 몇 번 짖어주면 제 몫을 다한 셈이다. 이런 날은 늘 기대하게 되는데, 유목인들이 모인 자리에서 살진 양을 잡기에 인내심을 갖고 기다리면 양 내장과 남은 뼈가 던져진다는 것을 알고 있다.

외삼촌 쿤타가 말을 타고 멀리서 달려오자 아침 내내 짖어대는 바람에 피곤한 양치기 개 두 마리가 근처의 목자일 뿐인 줄 알고 대수롭지 않게 여겼고 심지어 고개를 들지도 않은 채 달구지 밑에서 던져진 양 발굽이나 물어뜯고 있었다. 그러나 다른 유목인들이 왔을 때와는 사뭇 다른 게르의 소란이 양발굽을 내려놓게 했다. 그제야 이들은 쿤타가 데리고 온 검은 개를 주목했다. 검은색의 이 거대한 개는 소리 소문 없이 캠프, 즉 두 마리의 셰퍼드의 세력권 안으로 들어왔다. 가장 화가 난 것은 이들이 양발굽을 갉아먹는 데 몰두할 때 이 검은 개가 게르 문 앞에 서 있는 것을 전혀 눈치채지 못했다는 점이다. 그것은 엄청난 실수였다. 그 유목인들에게는 건성으로 할 수 있지만 이 낯선 개는 절대로 그렇게 해서는 안 되는 것이다. 이들은 조건 반사적으로 벌떡 일어나 낯선 침입자를 호시탐탐 지켜보았다. 샤오바트르 집의 양치기 개는 원래 사납기로 유명해 늑대를 물어 죽인 적도 있고, 이주할 때 그의 집 캠프를 지나던 유목인이 데리고 있던 낯선 양치기 개를 여러 차례 물어뜯은 적도 있다. 이들의 사나움에 겁을 먹고 운등 집의 캠프를 지나갈 때 유목인들은 자신의 집 양치기 개를 물리지 않기 위해 안고 달구지에 올라야 했다. 두 마리의 양치기 개들은 짖으면서 이 검은 개를 향해 돌진해 들이박으려고 했다. 그러나 결과는 예상 밖이었다. 마주 달려드는 양치기 개 한 마리는 검은 개와 어깨를 한 번 부딪히자 몸이 뒤집어졌고, 다른 한 마리도 눈 깜짝할 사이에 뒤집어졌다. 그 발톱은 이 양치기 개의 가슴 위를 누르고 검은 개는 양치기 개의 목덜미를 물었다. 하지만 그 개는 아프게 문 건 아니고 살짝 물고 있기만 했다. 쿤타가 조용히 명령을 내리자 그 검은 개는 이내 입을 떼고 한 쪽에 섰다.

두 마리의 양치기 개도 내키지 않았지만 곤두서있던 모습을 누그러뜨린 채 쭈그리고 앉아 나지막한 포효를 했다.

그 큰 검정색 개는 거의 눈을 들지 않고, 단지 양치기 개의 방향을 향해 코 고는 소리와 낮은 소리를 내고 있었다. 두 마리의 양치기 개는 이내 입을 다물고 꽁무니를 감싼 채 달구지 밑으로 들어가 커다란 검정색 개와 눈을 마주칠 엄두조차 내지 못했다. 이 커다란 개는 몸집이 표범처럼 튼튼하고 털이 칠흑같이 검었는데 가슴에 손바닥 크기 정도의 흰 털이 있었다. 자세히 보면 초원의 일반적인 양치기 개처럼 굵지는 않았으나, 네 다리는 크고 가늘었으며 가슴이 넓었다. 그 얼굴에는 상처가 가득했으며 크고 작은 상처들도 다 아문 뒤에 흰 털이 한 가닥씩 생겨나 이 거대한 개의 얼굴을 더욱 음침하고 강렬하게 보이게 했다. 운등은 비록 아직 어리지만, 이 검은 커다란 개에게는 세상사를 다 겪은 듯한 노련하고 침착한 기운이 있다는 것을 깨달았다. 그것은 캠프에 있는 양치기 개에게는 없는 점이었다.

유목인들은 이 검은 개가 흔치 않은 사냥개라고 말한다.

이 때 이 검은 개는 아무 일도 벌어지지 않았던 냥 쿤타가 게르 안으로 들어오자 푸른색과 검은색 말 중간의 빈 곳에 누웠다.

운등은 쿤타가 말에서 내린 후에야 그 안장에 눈길이 갔다. 가장 먼저 그의 눈길을 끈 것은 그 등자였다. 초원의 유목인이 이용하는 등자의 재질은 검은색의 둔탁한 철로 된 것이 많은데, 더 좋은 것은 놋쇠이고, 최상급은 경태람景泰藍인데, 이 등자는 순은으로 만들어진 것이었다. 등피를 이어주는 고리 좌우로 힘찬 창룡 두 마리가 장식하고 있었다. 안장 자체는 부러운 탄성을 자아내기에 충분했다. 이것은 오래된 바르구 안장이었다. 분명 유명한 목재로 만든 안장으로, 오랜 세월 마찰과 사용으로 말 땀과 기름에 흠뻑 젖어 있었는데, 안목鞍木은 놀랍게도 호박처럼 붉게 빛나며 구름무늬와 같은 나무 결을 드러냈다. 또 안장과 못은 아름다운 은장식으로 덩굴처럼 번성하고 아름다운 무늬를 수놓아 별빛처럼 반짝였다.

운등이 몸 뒤의 두 유목인이 낮은 소리로 이 안장에 대해 이러쿵저러쿵 하는 소리를 듣고 뒤를 돌아보았을 때, 그들은 부러워하는 눈빛이 역력했다. 이 초원의 유목세계에서 일년 내내 물과 풀을 쫓아다니며 끊임없이 이주하기 때문에 많은 사치품이 없을 것은 자명한 사실이었다. 따라서 여자들이 가장 귀하게 여기는 것은 바로 자신의 장신구이다. 그러나 남자들에게 있어서는 정교하고 아름다운 꽃이 새겨진 은안장을 갖추는 것은 일생의 궁극적인 꿈이다.

그 두 유목인의 목소리는 흐릿하여 분명치 않지만, 운등은 이

꽃이 새겨진 은안장이 이미 백 년의 역사를 갖고 있고 초원의 유명한 장인의 손에서 나왔다는 것을 어렴풋이 들을 수 있었다.

운등은 이날의 모든 시끌벅적함, 모든 준비, 이 먼 곳에서 온 삼촌까지 포함한 모든 것이 자신을 위해 온 것이었다는 것을 상상도 하지 못했다.

그 날의 클라이맥스는 쿤타가 운등을 안고 자신의 검은 준마의 등 위에 태우는 것이었다. 운등이 말 위에 자리를 잡자 쿤타는 등자띠를 짧게 잡아당겨 장화를 신은 운등의 발을 그 은색 등자 안에 끼워넣게 했다. 운등은 약간 부끄러워, 감히 고개를 들지 못하고, 그를 향해 미소 짓고 있는 사람들을 쳐다볼 용기가 없었다. 이 황량한 초원 캠프에서 그가 이렇게 주목받을 기회는 없었다.

운등이 네 살 때 유목인의 아이로 이 순간 삼촌에 의해 말 등에 업힌 것이다. 이것은 초원 유목인의 성인식이다.

이렇게 해서 운등을 붙잡아 준 뒤, 샤오바트르는 고삐를 잡았으며, 검은 말은 운등을 태우고 캠프를 한 바퀴 돌았다. 아마도 주변 유목인들의 즐거운 분위기가 이 검은색 준마에게 영향을 미쳤는지 모르지만 이 말은 불안하게 콧김을 내뿜었고, 발굽을 굴렀다. 하지만 쿤타는 그에게 발작할 틈을 주지 않았다. 오른손을 높이 들어 매섭게 말의 허리 부분을 갈겼다.

말은 너무 아파서 더 이상 몸부림치지 않았다.

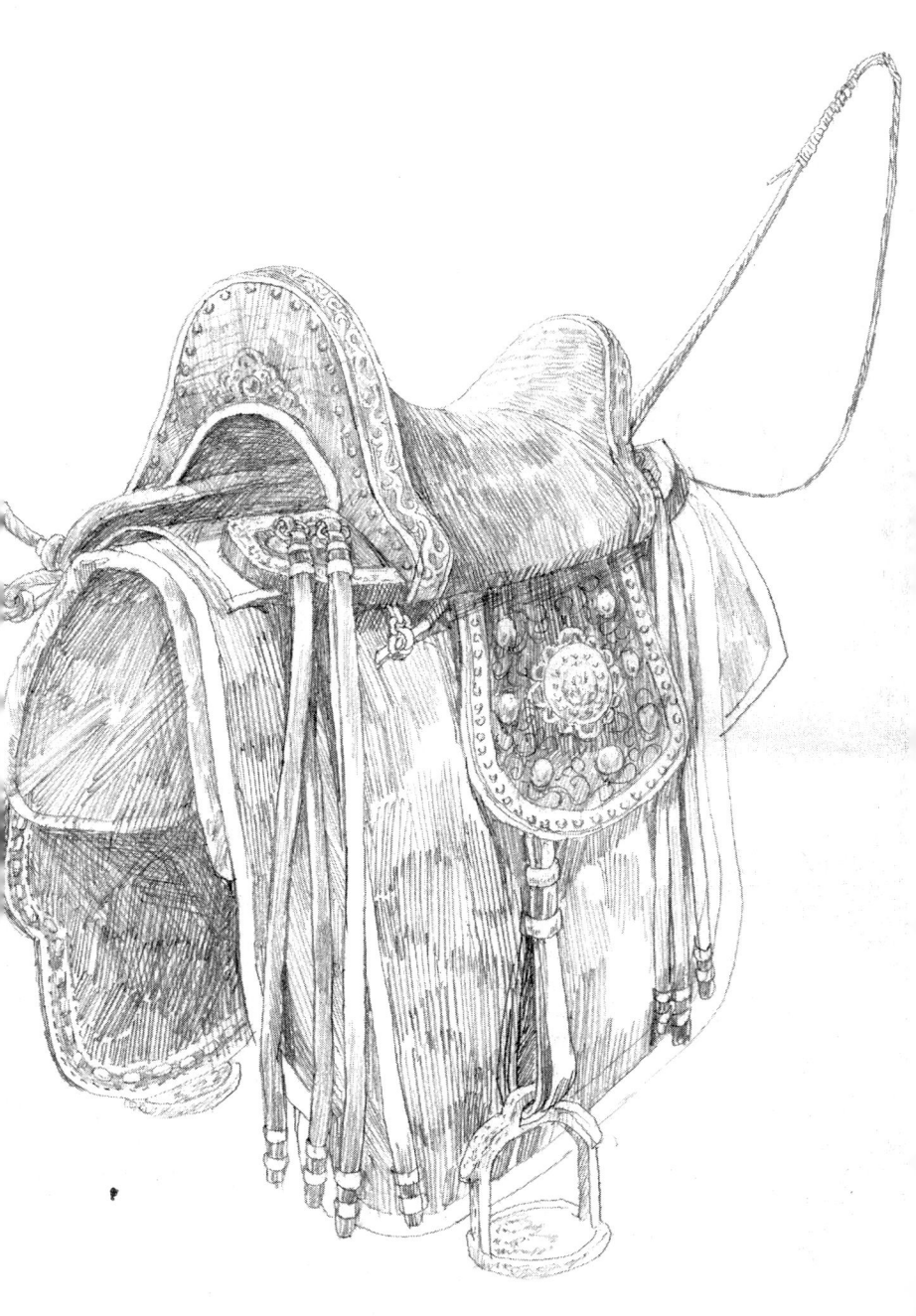

한 바퀴를 돌아 게르 앞으로 돌아오자 쿤타는 운등을 안아서 말에서 내렸다. 주변 유목인들은 차례대로 이 아이에게 축하인사를 했다. 쿤타는 검은색 준마의 등 위에서 안장을 풀었다.

쿤타는 그 안장을 들고 운등을 불렀다.

운등은 천천히 다가갔다. 그는 무슨 일이 일어나고 있는지 몰랐다. 하지만 그는 어렴풋이 이 귀한 안장이 자신과 어떤 관계가 일어날 것인지를 짐작했다. 그는 자신의 호흡이 약간 어려워짐을 느꼈다.

쿤타는 이 안장을 가볍게 그의 품에 안겨 주었다.

운등은 이것이 무엇을 의미하는지 몰랐다. 그는 여전히 이 전설 속의 꽃이 새겨진 은안장이 지금부터 자기 것이라는 것을 믿을 수가 없었다. 이 아침에 일어난 모든 일들이 네 살먹은 사내아이로서는 너무 복잡했다. 그의 일생에 있어서도 매우 중요했다. 이것은 그 인생의 진정한 출발점이었다. 유목인의 후예로서 그는 처음으로 정식으로 말 위에 올라탔고, 꽃이 새겨진 은안장은 자신의 것이 되었다.

안장은 또 은장식이 있어서 운등에게는 너무 무거웠다. 하지만 그는 낑낑거리며 그것을 들어올려 그것이 바닥에 떨어지지 않도록 했다.

주변 유목인들은 새 옷을 입은 어린아이가 얼굴이 벌개질 정도로 낑낑거리며 전설 속의 은안장을 들어올리는 모습을 지켜봤다. 그들은 아이의 사랑스러운 모습을 보고 어여뻐 여기는 미소를 지었고, 운등은 억울한 일을 당한 듯 게르 입구에 서 있는 어머니를 바라봤다. 그는 이 때 어머니가 조용히 자신을 보고 있는 것에 주목했다. 그녀의 눈가는 젖어 있었다. 눈빛은 따스했고 기쁨에 넘쳤다. 하지만 그녀는 그에게 다가와서 무거운 말안장 드는 것을 도와주지는 않았다. 아버지는 유목인들 사이에 서 있었다. 그도 운등을 바라보고 있었다. 하지만 그의 얼굴에는 별다른 표정이 없었다. 그는 자신의 아들을 자랑스러워 했다. 그렇지만 평상시에 표현을 잘 하지는 않았다.

유목인들은 가슴속에서 우러나오는 찬탄을 뱉어냈다. 이 오래된 꽃이 새겨진 은안장은 마침에 새로운 유목인에게 전해졌다. 그들은 이 사내아이를 위해 진정으로 축복해 주었다. 그가 미래에 이 안장에 어울리는 준마를 타고 자신의 강인함과 용감함으로 바르구 초원의 오랜 전통을 더 풍부하게 해주고 새로운 전설을 성취해 줄 것을 바랐다.

의식의 후반부에 유목인들은 차례대로 게르 안으로 들어갔다. 고기는 이미 잘 익은 상태였고, 오랫동안 만나지 못했던 사람들은 술과 고기를 먹으며 회포를 풀었다.

초원의 전설은 이렇게 전해져 갔다.

이 때 게르에 들어간 사람들은 아직 밖에서 은안장을 들고 있는 운등을 잊고 있었다. 운등은 혼자서 한동안 서 있었는데, 아무도 그를 거들떠 보는 사람이 없었다.

그는 팔이 아팠다. 허리도 낑낑거리며 안장을 안고 뒤로 젖힌 상태로 있었기 때문에 떨리기 시작했다. 하지만 그는 여전히 손에서 안장을 놓지 않았다.

그는 힘들게 이 동작을 유지하고 있었다. 안장 다리 위의 은장식이 마침 그의 코를 건드렸다. 그는 산화된 은의 달콤한 냄새를 맡았다. 성인이 된 후에도 운둥은 그 냄새를 잊지 못했다.

얼마나 오래 지났는지 모르지만 쿤타가 게르 밖에 나왔을 때 여전히 안장을 안고 꼿꼿하게 서 있는 운둥을 발견했다.

그가 다가가서 운둥이 그 안장을 내리는 것을 도와주었다. 또 가볍게 그를 쓰다듬어 주었다. 오래도록 안장을 들고 있느라 어깨가 쑤시고 아팠을 터였다.

운둥은 마침내 불이 붙을 듯한 두 팔을 쉴 수 있게 되었다.

운둥은 이것이 테스트라고 믿었다. 그가 자신의 힘으로 이 안장을 들고 있을 수 있어야 비로소 그것을 가질 능력이 있는 것이었다.

쿤타는 운둥이 안장을 들고 게르 게르 안에 들어갈 수 있도록 달구지의 바퀴 위에 놓았다. 꽃이 새겨진 은안장은 지금부터 운둥 것이었다.

●

초원에서는 일반적으로 남자아이 나이 네 살 때 성인식을 거행한다. 삼촌이 안아 말에 태우는 것은 지금부터 준마를 타고 성인이 되는 것을 의미한다.

5
낙인

처음 핏빛 망아지의 낙인을 찍으려고 했을 때는 4월 말이었다. 당시 망아지는 벌써 두 살이었다. 두 살 된 핏빛 망아지는 같은 나이의 망아지에 비해서 튼튼하지 않았고 되려 바짝 마르고 늘씬하게 빠진 네 다리를 갖고 있었다. 서 있을 때 엉덩이가 우뚝 위로 치솟은 모습을 보였다. 여러 해 동안 말을 키워 온 샤오바트르는 전쟁에서 공을 세울 만한 이런 망아지는 잘 훈련시키기만 하면 나중에 분명히 장거리 기습에 능한 망아지가 될 것이라는 사실을 알고 있었다. 하지만 이 어린 망아지가 정말 사람의 눈길을 끌었던 것은 반짝거리는 붉은색 털이었다. 운둥이 그에게 핏빛 망아지血駒라는 이름을 지어줄 만도 했다. 털 색은 피와 같고 초원에서 날아가듯 지나갈 때 마치 눈부신 노을 빛과도 같았다.

그 해에 샤오바트르의 말 무리에는 모두 일곱 필의 두 살 된 망아지가 있었다.

유목인들은 말 무리를 한 군데에 다 모았고, 이 두 살 된 망아지들은 차례대로 샤오바트르와 다른 사람에 의해 마구가 매어졌다. 이어서 갈기를 잡고 귀쪽으로 잡아당겼다. 망아지가 빠져나가려 몸무림치며 앞으로 달려나가려 할 때 망아지의 다리 움직임에 스텝을 맞춰 직접 망아지를 뒤집어 굴레를 씌웠다. 그리고 나서 게르 앞으로 끌고 와서 화로에서 붉게 달궈진 인두를 꺼내 망아지들의 엉덩이에 낙인을 찍었다.

이것은 샤오바트르의 말 무리에게 대대로 전해져 온 낙인이다. 낙인이 찍힌 망아지 엉덩이 위에는 중첩해서 찍은 활의 자국이 남는다. 이 낙인은 줄곧 말의 몸뚱아리에 남아있게 되고 평생 퇴색되지 않는다. 초원에서 유목인들은 이 낙인을 갖고 있는 준마를 보면 샤오바트르 말 무리에서 나온 것이라는 사실을 알게 된다. 이것이 소유권의 인정이다.

이 망아지들은 태어나서 아무런 거리낌도 없이 하루종일 자유자재로 한없는 목초지를 달리던 바람과도 같은 천성이 처음으로 구속을 받게 된 것이다. 포승마대의 가죽 끈이 하늘 높이 솟아올라 정확하게 목에 걸치는 순간부터 겁에 질린 듯 올가미를 끊으려고 안간힘을 쓴다. 그러나 올가미 거는 사람은 올가미를 목덜미 사이로 내동댕이치는 동시에 재빨리 올가미 막대를 비틀고 가죽끈을 잡아당겨 망아지 목을 조여 숨쉬기 어렵게 했다. 부드러우면서도 강인한 가죽줄과 탄성이 좋은 느릅나무 장대는 아무리 좌우로 돌진하고 위아래로 뛰어도 멀쩡하다. 결국 망아지들은 힘이 빠져 고개를 숙이고 숨을 헐떡일 수밖에 없다.

하지만 성질이 불처럼 사나운 망아지들도 있다. 난폭하게 날뛰며 복종할 생각이 없는 망아지들이다. 이런 망아지들에 대해 유목인들은 한꺼번에 일어나서 망아지 등쪽으로 뛰어올라 죽어라고 누른다. 이 때 망아지는 아직 성년이 되지 않아 어쩔 수 없이 부들거리며 서 있을 수밖에 없다. 하지만 굴레를 씌우고 유목인들은 말등에서 미끄러져 내려가 망아지를 게르 앞에 있는 화로가에 가서 낙인을 찍을 준비를 한다. 이때 망아지들은 사람들이 대비하는 못한 틈을 타서 갑작스럽게 발작을 일으킨다. 사방으로 뛰면서 차고 물기도 한다. 심지어 아낌없이 높게 뛰어오르며 하늘을 향해 얼굴을 들고 목초지를 짓밟는다. 하지만 이런 기량은 이미 말의 성정에 익숙한 유목인들에게는 아무런 의미도 없다. 그들은 이런 대담한 용기로 갑자기 솟구쳤다 쓰러지는 말들을 유념할 것이다. 그를 통해 언젠가 말을 탈 때 망아지 배에 깔려 다리가 부러지는 것을 방지하는 것이다.

그러나 어떤 수를 쓰든 결국 너무 작아서 유목인들에게 대항할 힘을 갖지 못한 것도 유목인들이 두 살 때 낙인을 찍는 선택을 한 이유이다. 올가미가 씌워진 망아지가 여전히 몸부림을 칠 때, 건장한 한 남자는 망아지의 몸을 누이기만 하면 된다. 이미 이 망아지는 이렇게 하는 것만으로도 망연자실하여 한 발자국도 나아가지 못하게 할 수 있다. 이는 또한 유목인이 자신의 힘과 기예를 뽐낼 때이다. 그들은 필사적으로 빠져나가려는 망아지의 갈기를 붙잡고 함께 앞으로 나아가며 망아지가 행진해 가는 리듬을 찾고 나서 망아지의 앞다리가 착지하지 않은 찰나 한 발을 묶으면 망아지는 갑자기 쓰러지고 뒤이어 망아지에게 굴레를 씌우는 것이다. 물론 망아지가 발을 걸어 넘어지면서 망아지에 굴레를 씌운 뒤였다. 물론 기예를 뽐내지 않는 유목인도 있다. 그들은 말할 수 없이 힘이 세서, 한 손으로 망아지의 갈기를 잡고 다른 한 손으로는 말꼬리를 잡고 힘쓰는 소리와 함께 망아지를 들고 바닥에 던진다.

이어서 망아지들은 게르 앞에서 불타고 있는 소똥 불더미 앞으로 끌려온다. 유목인들은 불속에서 빨갛게 달아오른 인두를 끄집어 내어 망아지 왼쪽 엉덩이에 낙인을 찍는다. 망아지는 이때부터 평생 지워지지 않는 낙인 자국을 갖게 된다. 두터운 겨울털은 아직 빠지지 않아서 인두가 닿을 때 연기와 함께 털은 타오르기 시작한다. 유목인들은 웃음지으며 망아지 몸에 붙은 불을 끄고 이 망아지를 몰아낸다. 낙인이 찍힌 망아지는 뜨거운 엉덩이의 기억을 가지고 씩씩거리며 초원 깊은 곳으로 들어간다. 광야의 바람은 망아지들의 분한 마음을 가라앉혀 줄 것이다.

유목인들이 오후까지 바쁘게 움직이면서 모든 망아지들은 이미 낙인을 찍었다. 그들은 지쳐서 천천히 샤오바트르의 게르로 향했다. 게르에는 삶은 고기와 우유 고형물이 듬뿍 첨가된 밀크 티가 그들을 기다리고 있었다. 매서운 봄바람에도 쉴 새 없이 바빠도 추위를 느끼지 못다가 일을 멈추면 땀으로 젖은 몸은 덜덜 떨릴 수 밖에 없는데, 이 때 뜨거운 차 한 그릇을 들이켜 따뜻함과 활력을 주는 것이 필요했다.

마지막으로 핏빛 망아지만 남았다.

몇몇 올가미 기술자가 시도했었다. 다리가 긴 이 망아지는 그들의 올가미 막대를 빠르게 뛰거나 날쌔게 피하는 방법으로 도망치곤 했다.

결국 샤오바트르가 직접 말을 타고 뒤쫓았다. 하지만 이 망아지는 놀랍게도 교활하게 그의 추격을 피했다. 그는 두 번이나 올가미 막대를 내밀었지만, 모두 성공하지 못하고 돌아왔다. 핏빛 망아지는 다른 망아지보다 빨리 달리는 데다가 샤오바트르가 전용 말을 재촉하여 바로 뒤까지 쫓아가서 마지막 순간에 올가미 막대가 닿을만한 거리에 이르면 이 망아지는 갑자기 방향을 바꿔 샤오바트르가 타고 있던 말은 어쩔 수 없이 앞으로 전진할 수 밖에 없었다. 몇차례 시도 후에 샤오바트르가 타고 있던 말도 약간 싫증이 났다. 이 말은 스스로 자신이 이미 잘 달렸고, 타고 있는 주인도 가장 훌륭한 거리까지 접근했었는데 주인이 제 때 막대를 던지지 못했다고 생각했다. 세 번 막대를 던졌지만 걸지 못했다. 이런 상황은 샤오바트르의 유목 생애에 드문 경우였다. 그가 재차 자신의 말에게 재촉했을 때 이 말은 더 이상 추격하는 것을 거부했다. 샤오바트르도 자신이 분명히 실수했다는 것에 대해 부끄러움을 느꼈다.

마지막으로 십여 명의 올가미 기술자들이 함께 핏빛 망아지를 포위하고 올가미 막대 세 개를 차례대로 망아지 목에 던졌다. 이번에는 망아지가 도망갈 힘이 없어 보였다.

세 명의 기술자 역시 이미 망아지를 제대로 제어했다고 여겼다. 하지만 그들이 올가미 막대를 꽉 죄고 있을 때, 피빛 망아지가 갑자기 기술자를 향해 돌진해 왔다. 느릅나무로 만든 올가미 막대는 극도로 부드럽고 질기다. 그러나 핏빛 망아지가 이 기술자 옆으로 달려왔을 때 재빨리 기술자 주위를 돌기 시작했고, 다른 두 기술자수가 다시 올가미를 졸라 막으려 할 때는 이미 늦었고, 활 모양으로 구부러진 올가미 막대가 부러졌다.

이 같은 어지러운 상황을 이용해 핏빛 망아지는 남은 올가미 막대 두 개를 차례로 부러뜨리고 부러진 세 개의 막대기를 목에 두른 채 의기양양하게 사라졌다.

다른 올가미 기술자의 욕설과 함께 샤오바트르는 말 무리 속으로 핏빛 망아지를 보내면서 이 망아지의 재빠름에 기쁜 마음을 금할 수 없었다.

그 해에 낙인을 찍을 때 핏빛 망아지는 도망쳤다.

이듬해 이 망아지는 세 살이 되었다. 낙인 찍을 무렵에 이 망아지는 다시 쉽게 도망을 쳤고, 목에는 부러진 올가미 막대 다섯 개가 걸려 있었다.

세 번째 해가 되었고, 핏빛 망아지는 네 살이 되었다. 이 해에 낙인을 찍을 때가 되자 더 많은 기술자가 왔다. 핏빛 망아지에 관해 그들은 이미 오래 전부터 전해듣고 있었다. 모두들 직접 이 사나운 준마를 땅에 쓰러뜨리고 싶어 했다.

유목인들은 참을성이 매우 강하다. 그들은 핏빛 망아지 외에 모든 망아지들에게 낙인을 찍고 나서 포대자루 진영을 갖추고 망아지를 그 안에 들어가게 하였다. 오랫동안 기다려 온 의식을 거행하는 것 같았다.

네 살 먹은 핏빛 망아지는 더 이상 망아지가 아니었다. 이미 건장해져서 다른 말보다 머리 하나는 컸다. 혈구는 이미 성년이 되었고, 얼마 전에 포탄처럼 튼튼한 망아지에서 벗어나 자신의 말 무리를 가지게 되었다. 이 때 머리에는 전투의 상흔들이 남아 있었다.

올해에 두 말 무리를 한 곳에 몰아넣어 낙인 찍기가 편했다.

섞여 놓은 결과 두 무리의 망아지들은 소란스럽게 부딪혔다. 망아지들은 두 발로 벌벌 떠는 말 무리 위에 서서 튼튼한 앞발로 상대방의 가슴팍을 걷어찼다. 망아지들은 눈을 크게 뜨고 마치 얼굴에 눈만 있는 것처럼 보이게 했고, 거대의 이빨을 드러내며 서로 깨물었다.

그러나 이런 것들은 상대방에게 충분히 충격과 상처를 주기에 부족했다. 망아지들은 다시 몸을 돌려 엉덩이 부분을 상대방에게 향하게 했다. 양쪽은 필사적으로 뒷발질을 해댔다. 자신의 몸을 거대한 용수철로 삼아 허리와 배의 힘을 통제하면서 튼튼한 뒷다리로 상대방을 걷어찼다. 그것은 말이 공격할 때 가장 효과적인 방법으로, 뿔 재질의 발굽은 서로 요란한 소리를 내며 부딪혔다. 이 때 모든 말들은 필사적이었고, 절대로 물러서지 않았다. 일단 약세를 보이게 되면 영원히 자신 말 무리에서의 통제권을 잃어버리기 때문이었다.

그 순간 그것들은 말이 아니라 분노한 사자였다.

금세 혈구는 또 다른 말 무리 속의 흑백 무늬 수말의 몸싸움 과정에서 자신의 힘을 드러냈다. 상대방이 넘어져서 아직 일어나지 못했을 때 혈구는 그 말의 목을 물고 죽어라 놔주지 않았다. 그 말의 열세는 이미 분명했다. 다행히 올가미 기술자들은 얼른 달려와 그들을 분리시켰다.

하지만 혈구가 아직 씩씩거리면서 콧김을 내뿜고 있을 때 혈구도 이 올가미 기술자들이 자신을 위해 온 것이라는 사실을 의식하였다. 적령기 말에게 낙인을 찍고 나서 이렇게 하는 것은 기술자들이 오랜 기간 기다려온 프로그램이었다.

그들은 혈구를 중앙에 가둔 다음에 히힝 하는 소리와 함께 넓은 길쪽으로 몰아갔다. 이 길의 양쪽편에 십여명의 기술자들이 자신들의 말을 타고 있었고, 손에는 올가미 막대를 들고 두 줄로 서 있었다.

이것은 준마와 유목인 사이의 상당히 평등한 대치이자 각축으로, 양쪽은 모두 자신의 힘과 기교를 보여주는 것이다.

바람에 흔들리는 십여 개의 올가미 막대를 마주 대하고 혈구는 조금도 두려워하는 모습이 없었다. 혈구는 마치 이 순간을 기다린 듯 했다. 혈구는 달리기 시작했다. 여기에서 벗어나기만 하면 자신의 말 무리로 돌아가서 무리를 이끌고 초원 깊은 곳으로 달려갈 수 있었다.

혈구는 강한 힘을 갖고 있었다. 마치 통제할 수 없는 붉은색 거대한 물결처럼, 다듬은 적 없는 검은색 갈기를 휘날리면서. 마치 거대한 물결의 출렁임 같이.

혈구는 필사적인 격정으로 달렸다.

이 때야말로 진정한 유목인의 기예를 테스트 할 때이다.

기술자들은 떨리는 올가미 막대를 들고 혈구가 정면에서 달려오기를 기다렸다. 어떤 젊은 기술자들은 기술이 아직 노련하지 않아서 아직 반응을 보이지 않은 상황에서 혈구는 이미 바람처럼 지나가버려 기회를 놓치고 말았다. 또 몇몇 기술자들은 올가미를 정확하게 혈구의 목에 걸었다. 기술이 예사롭지 않은 유목인들만이 비로소 자신의 올가미 막대에 있는 밧줄을 한치의 오차도 없이 혈구의 머리에 걸 수 있었다.

 하지만 그 뿐이었다. 거는 것만 갖고는 안된다. 혈구와 맞서서 자신의 힘으로 혈구를 쓰러뜨려야 한다.

 이 유목인들은 두 손으로 막대기를 잡고 필사적으로 자신이 타고 있는 말 뒤로 움직이게 해야 한다. 하지만 이런 준비는 혈구의 손쉬운 기세 속에서 아무런 의미가 없어 보였다. 혈구는 목을 꼿꼿이 세우고 달려나갔다. 올가미 막대는 부드러운 갈대처럼 파박 소리를 내면서 부러져 버렸다. 몇몇 유목인들은 손에 있던 올가미 막대가 떨어져 나가는 것을 느꼈고, 두 손에는 불이 난듯 했다. 고개를 숙여서 봤을 때에는 손바닥의 표피가 벗겨져 나가고 말았다.

 그리고 이 때 혈구는 포위망을 뚫고 나갔다. 목에는 십여개의 올가미 막대를 건 채로 유유히 사라졌다.

 혈구는 다시 성공했다.

 혈구는 죽을 때까지 사람들이 자신의 몸에 낙인 찍는 것을 허락하지 않았다.

●

초원의 유목민들은 일반적으로 4월말부터 두 살 된 말에 낙인을 찍는다. 유목인들은 집집마다 낙인이 다르다. 일반적으로 낙인은 말의 좌측 엉덩이에 찍는데, 평생 색이 바래지 않아서 말의 소유를 구분하는 중요한 표식이 된다.

6
귀속

당시는 늑대 피해가 집중되던 해였다.

설령 초원에서 가장 나이 먹은 유목인이라 하더라도 그런 법칙을 정확하게 설명할 수는 없다. 하지만 그들은 그것이 봄눈과 관계가 있다고 믿고 있다.

초원에 추운 겨울이 지나가고 초봄이 되어 새끼양이 태어나는 계절이 되면 날씨가 점차 따스해지고 유목인들은 한시름 놓게 된다. 하지만 갑작스럽게 찾아오는 눈피해는 겨울을 힘들게 견뎌낸 짐승들을 많이 죽게 한다.

초원에는 얼어죽거나 유목인에 의해 버려진 짐승 사체가 널리게 된다. 게다가 노루와 황양黃羊, 야생 초식 동물들은 원래가 허약하다. 그것들의 발굽은 많이 쌓인 눈 위에서 달리기가 불편해서 잡아먹히기가 쉽다. 충분한 먹을 거리를 얻을 수 있기 때문에 봄에 태어나는 새끼 늑대의 생존률은 훨씬 더 높아진다. 따라서 늑대 무리는 놀랄만큼 빠른 속도로 늘어난다. 그 해 곧 찾아올 겨울에 지난 겨울의 손실로 인해 초식 동물들은 불쌍할 정도로 줄어들었다. 또 몽골 초원 전체 황양떼의 알 수 없는 이동으로 인해 늑대무리는 갑작스럽게 먹을거리를 잃고 배고픔 속으로 빠져들었다.

배고픔은 모든 것을 결정할 수 있었다. 황량하고 추운 초원에서 늑대 무리가 먹을 것을 구하지 못할 때 눈빛은 눈덮인 들판에서 눈에 띄는 존재, 유목인의 캠프로 향했다.

캠프에는 밥짓는 연기가 올라오는 게르와 달구지 외에는 가축떼가 있었다. 그것은 고기였고, 먹을거리였으며 늑대들이 생존해나갈 수 있는 모든 것이었다.

늑대들은 어두운 밤을 틈타 유목인의 가축떼들을 급습하였다.

오랜 기간 동안 유목인 게르 밖에는 사나운 양치기 개들이 누워 있었다. 바로 이 때를 대비해 키운 것이다. 그 개들은 강인하고 사나워서 주인의 캠프와 가축떼를 지키기 위해 목숨을 아끼지 않는다.

그 해 겨울에 근처에 있던 초원 캠프에서 샤오바트르의 양떼는 손실이 가장 적었다. 이는 모두 그의 집에 있던 검은 색 양치기 개 세 마리 덕분이었다.

매일 밤만 되면 멀리 지평선 너머에서 늑대 포효 소리가 들려왔다. 하지만 늑대들이 유목인들의 캠프에서 소란을 피우기 시작할 때가 되면 오히려 소리를 내지 않는다. 그렇더라도 늑대들은 후각이 예민한 양치기 개 앞에서 모습을 숨길 방법이 없다. 요컨대 늑대들이 지평선 위에 나타나서 조금만 걸어서 움직이면 양치기 개들은 나지막한 포효로 게르 안에 있는 주인에게 이 짐승들의 접근을 알린다.

유목인들은 크게 소리치면서 봉화를 올리고, 양떼 주변으로 긴 밧줄을 둘러친다. 위에는 색이 칠해진 헝겊 조각들을 달거나 철이나 뼈로 만든 방울을 걸어서 이 늑대들을 쫓아낸다.

오랜 기간 동안 유목인들은 늑대와 이 초원에서 함께 살아왔다. 다만 서로 침범하지 않는 전제 하에 평화로운 공존이 가능했던 것이다.

늑대 무리는 이 오랜 기억을 지켜왔고, 인간의 캠프와 그들의 가축을 멀리 피할 수 있었다. 하지만 이 계약은 배고픔 앞에서 아무런 의미가 없게 되었다. 기아가 갑자기 찾아오자 늑대들은 오랜 계약을 잊어버렸고, 거리낄 것이 없게 되었다.

특이한 소리를 내는 방울은 뼈로 만들었든 철로 만들었든 늑대들은 전혀 관심이 없었다. 하지만 늑대들은 여전히 칠흑같이 어두운 밤을 기다렸다. 밤의 어둠이 대지를 완전히 뒤덮은 후에 늑대들은 낮에 숨어있던 계곡에서 뛰쳐나와 유목인들의 캠프로 돌진하였다.

이런 소란은 아마도 겨울 내내 지속될 것이고, 유목인들은 양치기 개가 짖을때마다 작대기를 들 수는 없었다. 결국 그렇다면 밤새도록 편안하게 잠들 수가 없었다.

바로 이때 양치기 개는 자신들의 역할을 했다. 양치기 개들은 캠프 주변을 순시하면서 으르렁거렸다. 자신의 허스키한 목소리로 양떼를 호시탐탐 노리는 야생 늑대들을 겁먹게 하여 내쫓았다.

야생늑대가 집요하게 쳐들어오면 싸움은 불가피했다.

늑대들은 포효하며 함께 물고 뜯었다. 눈위에서 뒹굴면서 게르의 벽을 들이받으면서 소리를 냈다. 어쩌다가 잠을 자던 운등은 이런 소리에 잠을 깼고, 곧바로 울란의 품속에서 다시 잠들곤 했다. 이것이 바로 유목인 아이들의 어린 시절이었다.

낮에 바쁘게 움직이던 샤오바트르가 피로가 극에 달해 이런 것들을 거들떠 볼 아무런 기력도 없었다. 밤중이 되어 양의 안전은 양치기 개에게 달려 있었다.

아침이 되면 밤새도록 늑대와 싸운 양치기 개는 잠속으로 빠져들었고, 몸에는 하얀 서리가 내려 있었다. 그들이 입은 상처에서는 피가 많이 나지는 않았다. 추운 날씨에 상처가 늑대들에게 물리는 순간 얼어버리는 것이다.

울란은 양치기 개의 상처에 버터를 발라주었다.

샤오바트르가 양떼를 몰고 길을 나서면 양치기 개들은 캠프에 남아 쉬면서 또 다른 밤이 오기를 기다린다. 그 해 겨울에 샤오바트르의 양은 손실이 적었다. 양치기 개가 강하지 않은 캠프에서는 양의 절반을 잃기도 했다.

그 해 겨울에 샤오바트르 캠프에서 가장 나이가 든 양치기 개가 결국 밤에 늑대와 싸우다 물려 죽었다. 그것은 끝없이 누적된 과정이었다. 매번 야생늑대가 공격해온 밤이 지날 때마다 그의 몸에는 새로운 상처가 나타났다. 마침내 어느날 아침에 울란은 그 개가 게르 앞에 엎드려 있는 것을 발견했다. 이번에 그 개는 다른 양치기 개 두마리와 함께 성공적으로 늑대 무리를 몰아냈다. 하지만 상처가 너무 많아서인지, 아니면 너무 늙어서인지 아침 햇살이 비칠 무렵 그 개는 잠에 빠져들었다.

그리고 그 해 겨울에 샤오바트르의 돌봄이 필요치 않았던 말 무리는 혈구의 돌봄 속에서 강물계곡에서 따스한 바람을 맞으며 겨울을 났다. 며칠마다 한번씩 샤오바트르는 말을 타고 가서 살펴보았다. 동시에 자신이 타는 말을 바꿨다. 이런 겨울은 말의 체력을 급속하게 소모시켰다.

분명히 늑대 무리는 이 말 무리 공격을 한 두번 공격하지 않았을 것이다. 하지만 혈구는 매번 자신의 말 무리가 피해를 입지 않도록 보호하였다. 하지만 샤오바트르는 몇몇 말의 몸에서 늑대에게 물린 상처를 발견하였다. 하지만 그렇게 심각하지는 않았다.

그는 혈구의 엉덩이에도 물린 자국이 있는 것을 주목하였다. 혈구의 꼬리 부분도 조금 잘려 있었다. 분명히 늑대에게 쫓기다 물린 것이었다. 더 가까이 다가가서 살펴보려고 했지만 혈구는 놀랐는지 멀리 도망쳤다. 이제 혈구는 모든 것을 믿지 않았고 자신에게 접근하는 사람들과 거리를 유지하였다.

늑대에게 놀라고 사람에게 가지게 된 혈구의 이런 두려움은 한번 생기면 평생 지속되는 것이다.

그 해 봄이 되어 낙인을 찍을 때가 되자 혈구는 여전히 올가미 기술자의 접근을 거부했다.

혈구는 워낙에 강인했다. 유목인들은 혈구에게 올가미를 씌우는데 많은 힘을 들였다. 하지만 이제 혈구는 유목인들이 자신에게 아예 접근조차 하지 못하게 했다.

멀리서 기술자들이 말 무리에게 접근하는 것을 보기만 하면 혈구는 멀리서 말 무리의 바깥 쪽으로 자리를 잡는다. 요컨대 혈구는 자신을 유목인 사이에 위치하게 하여 다른 말들과 거리를 두게 한다. 설령 유목인의 목표가 자신 곁에 있는 다른 말이더라도 혈구는 언제나 접근하는 유목인을 경계하며 주시한다. 그리고 만약 유목인이 거짓으로 다른 말에게 올가미를 씌우는 척 하면서 접근한 다음에 다시 갑작스럽게 혈구를 향해 다가와 올가미 막대를 던져 그를 사로잡으려 하면 그것은 절대 성공

할 수 없다. 이 초원에서 모든 기술자들은 모두 시도해 봤었다. 전부 소득 없이 돌아갔다. 결국 혈구만큼 빠른 말은 없었던 것이다. 예전에 몇몇 기술자가 올가미를 걸 기회가 있었다. 최종적으로 혈구의 목에 잘려진 올가미 막대기를 걸고 의기양양하게 돌아갔는데, 기술자는 남겨진 막대기를 돌무더기 위에 씩씩거리면서 꽂을 수밖에 없었다. 이제 혈구는 그럴 기회를 허락하지 않았다. 혈구는 기술자와 상당한 거리를 영원히 유지하게 되었다.

후에 초원의 올가미 기술자들은 집단적으로 혈구를 몇 번 포위한 적이 있지만 전부 실패로 막을 내렸다. 혈구는 갈수록 접근하기 어려운 대상으로 변했다. 접근하는 기술자들이 만약 자신을 사로잡으려고 하면 혈구는 죽어라 달렸고, 산간 밀림 속으로 도망쳐 들어가 여러 날 동안 말 무리 속으로 돌아오지 않았다. 때로는 직접 초원의 호수로 달려가서 허리 깊이의 호수 속에 서서 멀리 바라보기도 했다. 말을 타고 호수 속으로 들어가고 싶어하는 유목인은 없었다. 올가미 기술자가 떠나지 않으면 혈구는 절대 호수에서 나오지 않았다.

이렇게 혈구는 아무도 길들일 수 없는 말이 되었다.

혈구가 다섯 살 되던 해였다.

그 해에 낙인을 찍느라 말 무리를 포위했을 때 한 젊은 올마기 기술자가 갑자기 일어나 올가미 막대를 혈구에게 던졌다. 뜻밖에 올가미가 씌워졌다.

그 때 혈구의 성격에 대해 잘 알고 있던 경험많은 기술자들은 혈구를 거들떠보지 않았었다. 혈구를 잡으려는 시도는 손에 상처와 올가미 막대가 부러지는 결과로 마무리되기 때문이었다. 나무재료가 나지 않는 초원에서 올가미 막대로 쓰이는 자작나무는 가격이 비쌌다. 그래서 경제적 측면에서도 그 유목민들은 더 이상 이 길들여지지 않는 붉은색 준마에게 다시 올가미를 씌우는 시도는 하고 싶지 않았던 것이다.

모두 예상하는 바와 같이 그 젊은 올가미 기술자는 직접 혈구에 의해 잡아당겨졌다. 하지만 그는 계속 시도했다. 자기 손에 꽉 잡힌 올가미 막대가 부러지고 나서야 흙이 잔뜩 묻은 채 일어났다. 두 손을 흔들면서 다른 유목인들 곁으로 걸어가자 그 유목인들은 가죽이 타는 냄새를 맡을 수 있었다.

그 날 운등은 난로 곁에 서서 일을 거들고 있었다. 난로 속에서 붉게 달궈진 인두 두 개를 차례대로 말을 땅에 자빠뜨린 유목인에게 전달하고 있었다.

그 날 쿤타도 그 자리에 있었다. 그는 혈구가 천천히 멀어지는 것을 보고 곧바로 운등에게 눈짓을 했다. 운등은 아버지 말을 타고 쿤타의 뒤를 따랐다.

혈구는 멀리 도망치지 않고 느긋하게 풀을 뜯고 있었다. 멀리 그들이 다가가는 것을 보고도 멀리 도망칠 생각이 없었다. 아마도 그들이 올가미 막대를 가지고 있지 않았기 때문인 듯 했다.

부러진 올가미 막대는 혈구가 막 도망칠 당시에 이미 혈구가 밟아서 부러졌고, 연기처럼 흩날려 이제는 가죽끈만 그의 목에 대롱대롱 걸려 있었다.

혈구가 멀리 도망치지 않은 또 다른 원인은 운등을 알아보았기 때문인 듯 했다. 하지만 혈구는 이미 당시의 어린 망아지가 아니었다. 혈구가 운등을 자신의 가까이로 접근하지 못하게 해도 최소한 운등은 자신에게 두려움을 느끼게는 하지 않았다.

그들 간의 거리가 10여미터쯤 되자 혈구는 콧소리를 내기 시작했다. 또 뒷편의 초원을 가늠하기 시작했다. 혈구는 언제라도 도망칠 준비가 되어 있었다.

쿤타가 오른쪽 발 등자를 가볍게 밟자 타고 있던 검은색 말은 멈췄다. 운등도 따라서 멈췄다.

쿤타는 말에서 내렸다.

운등은 쿤타가 뭘 하려는지 알수가 없었다.

쿤타의 허리춤에 가죽끈이 달려 있었다. 그는 혈구를 잡으려고 온 것이었다. 하지만 손에 올가미 막대를 갖고 있던 유목인들도 어쩔 도리가 없었었다. 운등은 걸음을 옮기는 쿤타에게 어떤 방법이 있는지 할 수가 없었다.

쿤타가 앞으로 몇 미터쯤 걸어갔다. 이 때 혈구는 콧소리를 내기 시작했다. 바로 이 때 쿤타는 뜻밖에 무릎을 꿇었다. 운둥은 깜짝 놀랐다. 그는 쿤타가 이런 행동을 하리라고는 전혀 생각하지 못했다. 쿤타는 천천히 기기 시작했다.

혈구도 운둥처럼 곤혹스러움을 느꼈을 것이다. 혈구는 그곳에 서서 가까이 다가오는 쿤타를 주시하였다. 하지만 혈구는 도망치지 않았다.

쿤타는 이런 방식으로 혈구에게 천천히 다가갔다. 이어서 허리춤에서 그 가죽끈을 꺼내서 천천히 던져 그 가죽끈을 혈구의 등에 걸쳤다.

혈구는 도망치지 않았다. 또 어떤 움직임도 없었다. 혈구의 어깨 위에 놓인 가죽끈은 끝없는 마력을 가진 것 같이 불안해하던 혈구를 진정시켰다. 혈구는 순종했고 도망치려 하지 않았다.

쿤타는 천천히 일어섰다. 혈구의 몸을 쓰다듬으면서 그 가죽끈을 혈구의 머리에 씌웠다.

쿤타는 운둥을 자신의 곁으로 오라고 불렀다. 그리고 나서 혈구의 가죽끈을 느슨하게 해주었다. 혈구는 무슨 일이 일어났는지 모르는 것 같았다. 하지만 본능적으로 십여미터를 뛰고 나서 호기심 어린 눈으로 고개를 돌리고 이쪽을 바라봤다.

쿤타는 가죽끈을 운둥에게 건네주고 운둥도 한 번 해보라는 눈짓을 했다.

운등이 무릎을 꿇고 쿤타의 모습을 흉내내어 천천히 무릎으로 걸었다. 그는 이 동작이 익숙하지 않아 무릎이 심하게 아팠다.

멀지 않은 곳에서 혈구가 따스한 눈길로 그를 바라보았다. 도망칠 생각은 전혀 없었다. 사람이 이런 자세로 혈구에게 접근하면 혈구는 받아줄 수 있고, 안전한 느낌을 받는 것처럼 보였다.

운등이 천천히 앞으로 갔다. 그는 성인처럼 한숨을 쉬었다. 그는 이런 방식으로 나아가는 데 익숙하지 않았다. 초원에서 자라는 모든 아이들처럼 말에 타는 그 날부터 그는 말타는 생활에 익숙해졌고, 말에 타면 말은 그를 태우고 자신이 가고 싶은 방향으로 가게 했다. 말에 대한 신뢰는 그를 나태하게 변화시켰다. 그래서 가능하면 그는 말에 있고자 했고, 두 발은 그에게 있어서는 걷는 용도가 아니고 등자에 끼우는 데 제한되는 것으로 그는 믿었다.

거리가 멀리는 않았지만 이렇게 무릎으로 걷는 방식은 그에게 피로감을 주었다. 마찬가지로 그는 무릎이 이미 녹색 물이 들었다는 것을 알고 있었다. 돌아가서 울란에게 뭐라고 설명해야 할지 몰랐다. 그에게 있어서 가장 중요한 것은 쿤타 외에는 그의 이런 어색한 자세로 목초지에서 무릎으로 걸었다는 것을 본 사람이 없었다는 사실이다.

망망한 초원에서 뒤에 있는 쿤타와 두 필의 말 외에는 그와 앞에 있는 혈구만 있었다.

 이 때 혈구는 갑자기 불안함을 느꼈는지 두 발로 서서 크게 소리를 냈다. 운등은 그것이 무슨 의미인지를 모르고 고개를 돌려 쿤타를 바라보았다. 쿤타는 아무런 표정도 짓지 않았다. 다만 눈빛으로 그에게 계속 기어가라고 했다.

 운등이 다시 고개를 돌리자 혈구는 안정을 되찾았다. 검은 색 갈기는 두껍고 아름다운 비단처럼 햇빛 아래에서 가늘게 떨리고 있었다.

 운등은 마침내 혈구에게 다가가서 그의 앞에 이르렀다.

 이것인 운등 평생 처음으로 이 각도에서 말을 관찰하는 것이었다. 혈구를 올려다보면서 그의 배와 발굽을 더 살펴볼 수 있었다. 혈구는 높이 위에 있었고, 못할 것이 없었다. 물론 혈구가 원하기만 하면 언제든 발굽을 들어올려서 그의 머리를 가격할 수도 있었다. 그는 잘 알고 있었다. 인간의 머리는 혈구의 발굽과 비교해서 약하디 약하다는 사실을 말이다. 무너지는 듯한 공포와 놀라움이 혈구의 몸에서 마침내 사라졌다. 이는 분명히 혈구가 받아들일 수 있는 인간의 자세임이 분명했다. 혈구는 단지 발굽을 가볍게 구르면서 거의 무릎까지 내려오는 갈기 사이로 간교한 눈빛을 보내고 있었다.

 운등은 천천히 몸을 일으켰다. 그리고 나서 가볍게 혈구의 등에 그 굴레를 던졌다. 그 굴레를 어깨 위에 놓은 다음에 혈구에게 굴레를 채웠다. 이어서 그는 품속에 있던 월병 하나를 꺼내 혈구에게 먹여주었다.

혈구는 기분좋게 먹었다. 쿤타가 다시 접근했다.

그는 운등의 왼발을 받쳐 주면서 운등이 말에 오르게 했다.
"다른 사람에게 말하지 말거라. 이 말은 너만 탈 수 있다."

곧 이어 쿤타는 손으로 혈구의 엉덩이를 세게 때렸다.

혈구는 이내 달리기 시작했다. 혈구는 순식간에 사나운 폭풍이 되었다. 운등의 귓가에 바람이 쉭쉭 불었다. 운등은 이렇게 빨리 달리는 말을 타본 적이 없었다. 말 타는 것은 그에게 있어서 그렇게 즐거운 일은 아니었다.

혈구가 빠른 속도로 달릴 때에 안장이 비록 없었지만 그는 혈구와 한몸이 되어 공중에서 날아다니는 듯 했다.

그 순간 운등은 자신이 혈구를 길들이지 않았는데, 혈구가 자신을 태우는 것을 원하고 참아냈다는 것을 알게 되었다.

그 날 운등은 줄곧 혈구를 탔다.

그들은 샤오바트르의 말을 치고 있었는데, 혈구를 위해 안장을 준비했다. 그들은 그 낭떠러지를 지나게 되었다.

쿤타는 운등이 혈구의 뱃대를 꽉 조이는 것을 도와주었다. 그리고 나서 푸른 말을 타고 낭떠러지에서 뛰어내렸다.

운등은 가볍게 혈구의 목을 두드려 주었다. 그 후에 모든 발전은 그의 예상을 뛰어넘었다. 그가 장화 뒷축에 신호를 보내면 혈구는 뛰어올라 절벽 아래로 뛰어내려 간다. 이 때 혈구는 상황을 이해하고 운등이 평형을 유지하고 등자를 밟는 동작을 할 수 있게 해 준다. 혈구는 쿤타의 푸른 말에 손색이 없었다.

운등이 혈구를 타고 흙먼지를 일으키며 내달릴 때 쿤타는 말 위에서 그를 주시하였다. 얼굴에는 기쁜 기색이 역력했다.

잠시 후에 쿤타는 갑자기 말을 몰아 끝없이 평탄한 계곡을 따라 달리기 시작했다.

운등이 장화 뒷축으로 가볍게 혈구의 배 한쪽을 치는 것만으로 혈구는 이미 마음껏 내달리기 시작했다. 혈구는 뒤쫓고 달리는 것에 익숙해져 있었다. 다른 말은 도저히 따라잡을 수 없었다.

매우 빠르게 혈구와 쿤타의 푸른 말은 어깨를 나란히 하게 되었고 얼마 후에 뛰어넘었다. 혈구의 뜀박질은 운등을 놀라게 했다. 이제 그는 집 안에 있는 10여필의 말을 탔다. 하지만 어떤 말도 혈구만큼 달릴 수 없었다. 혈구가 뜀박질 속도가 붙자 혈구의 등에 타면 요동치는 것을 느낄 수 없었고, 상상할 수 없을 만큼 차분했다. 그리고 이 말의 이해 능력은 사람을 놀라게 했다. 혈구에게 어떤 방향을 바꾸게 하려면 채찍을 흔들 필요가 없었다. 다만 등자의 발에 약간 힘만 주면 혈구는 그 방향으로 뛰어간다. 혈구는 기수의 생각과 바람을 느낄 수 있는 말이었다.

평탄한 하곡에서 운등은 자신이 이 말에 의해 빠르게 앞으로 당겨지는 것을 느꼈다. 처음에 그의 몸은 그 속도를 따라갈 수가 없었다. 일종의 느낌이었다. 그는 혈구의 발굽이 바닥에 닿을 때마다 지면의 미세한 기복을 느끼기 위해 노력했다. 달리는 것에 따르는 혈구의 근육 움직임을 운등은 모두 느낄 수 있었다. 그 속에서 혈구가 겪고 있는 모든 것을 느꼈던 것이다. 혈구는 사실 스스로 조절하고 있었다. 타고 있는 운등에게 영향을 주지 않기 위해서 혈구는 발의 근육이 평형을 유지하도록 노력했다. 그것은 일종의 리듬의 전환이었다.

말과 소년은 마침내 하나로 융합되기 시작했다. 그는 자신이 혈구의 일부분이라고 생각했다. 혈구가 빨리 달리면 달릴수록 주변의 모든 경치와 사물은 빠른 속도로 인해 모호해지기 시작했다. 운등은 그것이 또 다른 세상이라고 믿었다. 즉 현실세계와 동떨어진 세계였던 것이다. 그가 지금 보고 있는 것은 평탄한 하곡 초원이 아니었다. 불어오는 바람은 한없는 힘을 갖고 있었다. 여러 해 뒤에 운등은 이런 준마를 탈 수 있었던 것은 자신의 운이라는 것을 알게 되었다.

운등이 혈구를 타고 오랜 시간이 흘렀다. 그는 줄곧 하곡으로 나갔다. 어린 시절에 그는 멀리 지평선을 보면서 광활한 푸른 하늘과 맞닿은 곳 그 뒤에 무엇이 있는 가보고 싶었다. 하지만 말이 없이는 이루어질 수 없는 생각이었다. 나중에 그는 마침내 말을 탈 수 있게 되었을 때에 여러 차례 기회를 잡아 말을 타고 지평선으로 나아갔다.

하지만 그 여정이 지금처럼 기분좋게 이루어지지 않았을 때 그 말들은 언제나 그의 마음에 꼭 들게 해주지 못했다. 말들은 길들여지지 않아 갑작스럽게 뛰어올랐다. 그는 어쩔 수 없이 긴장된 상태에서 말들이 갑작스럽게 공격해 오는 것을 준비할 수밖에 없었다. 그는 재빨리 두 무릎을 바짝 조일 수 있었다. 무릎의 힘이 아직 세지는 않았지만 그가 말 위에서 안정감있게 앉아 있게 할 수는 있었다. 설사 갑작스럽게 쓰러지는 말에 대해서도 운등은 그 말이 쓰러지는 그 순간 한쪽 다리를 들어올릴 수 있었다. 이렇게 하면 나이가 아직 어린 덕분에 등자를 가볍게 툭 치기만 하면 됐고, 동시에 집안이 수대째 말을 치고 있어서 그의 몸 속에 유목인의 피가 흐르기 때문이기도 했다. 또 어떤 말들은 타고 있는 사람에게 순응하여 활력이 줄어들고, 부리는 것에 의해 앞으로 나아가기만 한다. 마치 그저 네 발굽이라는 기계를 움직이는 데 불과하다. 그 말들은 눈을 감고 앞으로 걸어가는 것 같다. 앞에 낭떠러지가 있다 해도 그것들을 앞으로 나아가게 하면 그 말들은 천천히 걸어나갈 것이다.

그런 말에 타고 있으면 운등은 계속 나아갈 흥미가 빠르게 사라진다. 그런 말은 기수의 우울한 정서만 불러일으킬 뿐이다. 그래서 서서히 운등은 자신이 왜 말을 타고 끝없는 초원으로 가려고 했는지 잊어버렸고, 지평선 뒤에 있는 세계를 탐색하려는 흥미를 잃고 말았다.

혈구를 소유하고 나서 운등은 계속 앞으로 달려갈 생각이 들었다.

얼마나 달렸는지 모른다. 운등은 자신의 세계로 서서히 돌아온 듯 했다. 그리고 혈구는 운등의 느낌을 느낀 듯 했다. 혈구는 점점 속도를 늦췄고, 혈구가 천천히 걷다가 결국 산보식으로 걷게 되었을 때 그 등에 타고 있던 운등은 어떠한 속도의 기복도 느끼지 않게 되었다.

한동안 걷다가 쿤타는 푸른 말을 타고 뒤에서 쫓아왔다. 그들은 이렇게 천천히 걸어서 캠프로 돌아왔다.

안장을 내린 후에 쿤타는 장화 속에서 땀 닦개를 꺼내어 푸른 말 가슴과 등에 묻은 땀을 세심하게 닦아주었다.

예전에 운등도 샤오바트르가 이렇게 하는 것을 본 적이 있었다. 하지만 그는 말을 타고 난 뒤에 참을성 있고 성실하게 말의 몸에 난 땀을 닦아준 적이 없었다.

땀을 모두 닦아준 후에 쿤타는 푸른 말을 잘 매어놓았다. 그 뒤에 땀 닦개를 운등에게 넘겨 주었다. 안장이 내려진 후에 혈구의 몸은 땀이 스며든 털이 피가 스며든 것처럼 색깔이 짙어져 있었다. 운등은 쿤타가 했던 것을 흉내내어 닦개를 들고 몸의 근육 곡선을 따라 천천히 닦아 주었다. 땀방울은 몸에 달라붙어 있다가 닦개에 의해 떨어져 나갔다. 그는 쿤타의 모습대로 남아 있는 땀방울을 털어냈다. 마침내 그는 예전에 샤오바트르가 자신이 탔던 말의 땀을 닦아 주지 않는다고 혼을 냈는지 알게 되었다. 이는 땀을 닦는 것만이 아니라 말이 감기 걸리지 않도록 하기 위해서였던 것이다. 기수는 말을 위해 땀을 닦아줄 때 사실 말의 몸을 살펴보고, 또 발굽에 상처가 있는지, 등에 안장을 놓기에 적합한지를 살펴보는 것이다.

그 땀닦개를 쿤타가 운등에게 주었다. 그것은 나무로 조각된 것으로 손으로 쥐는 부분은 말머리 형상으로, 전체에 기수가 말을 타고 빠른 속도로 달리는 모습의 조각이 있다. 말의 몸은 곧게 펴져 있고, 배 부분은 땅에 닿아 있다. 등 위의 기수는 납작하게 엎드려 있고, 그 몸에 걸친 두루마기와 머리위에 있는 두건은 바람에 흩날리고 있다. 이 가벼운 나무판은 오랜 기간 사용하고 말의 땀이 스며들어 이미 검게 변해 있었다.

운등은 쿤타가 하던대로 땀 닦개를 자신의 오른쪽 장화의 통속으로 찔러넣었다.

이후로 혈구 몸에서 늑대에게 습격당했을 당시의 두려움은 사라졌다. 하지만 혈구는 줄곧 늑대에 대해 원한을 품고 있었다. 늑대가 시야에 나타나기만 하면 혈구는 능동적으로 공격에 나서 아무것도 돌아보지 않고 미친듯이 걷어차고 물어뜯었다. 철 발굽과 날카로운 이빨을 가진 준마가 죽기를 각오하고 용기

있게 나아가는 모습 앞에서 늑대들은 혼비백산 도망쳤다.

●

몽고말은 가장 원시적인 마종에 속한다. 난폭하고 강인하며 쉽게 길들여지지 않는다. 초원의 유목인들은 각자 남다른 말 훈련기술을 갖고 있고, 비밀스러운 것이 많아 전해지지 않는다.

7
거세한 말

따스한 겨울이었다.

그 해 겨울에 눈은 많이 쌓이지 않았다. 그런 겨울에 추운 초원 위에 눈 위로 황색 풀이 보이기도 한다.

유목인들은 이 계절에 말 무리 가운데 세 살짜리 망아지를 골라내어 매우 뛰어난 것을 종마로 하고, 나머지는 모두 거세한다. 말 무리 가운데 수말이 너무 많이 있게 되면, 그것들은 종마의 지위를 차지하기 위해 하루 종일 싸움을 벌여 말 무리 전체가 편안할 날이 없다.

이 때가 유목인들이 올가미 매는 기술을 보여주는 때다. 세 살 먹은 망아지는 굴레가 씌어진 이후 유목인들이 다가가 잡아 직접 그것을 쓰러뜨려 묶는다. 물론 강인한 망아지는 무슨 수를 쓰든 항복할 생각이 없다. 어쩔 수 없이 유목인들 떼거리가 둘러싸 그것을 쓰러뜨리고 발굽을 묶어야 한다. 이 때 연로한 유목인은 앞으로 나아가 작은 칼로 그 낭대를 잘라내고 고환을 짜내어 이어져 있는 혈관과 신경을 잘라낸다. 그리고 나서 이 신선하게 살아있는 두 알은 칼로 말꼬리에 꿴다. 텅 빈 낭대에는 조그만 주전자를 이용해서 백수를 주입하여 소독한다. 거세당한 말은 내보내지는데, 어떤 것들은 멍하니 초원 위에 서서 뒷발 사이로 피가 뚝뚝 떨어지는 것을 아랑곳하지 않는다. 아픈 것을 제외하고는 그것들은 무슨 일이 일어났는지 알지 못한다. 모든 것은 갑작스럽게 일어난 일이다. 꼬리 쪽의 고환으로 점점 떨어지면서 망아지들의 상처도 점차 치유된다. 하지만 망아지들은 이때부터 수컷으로서의 소유권을 잃게 되고 다른 망아지와 싸울 수 없게 된다. 암말에 대해서도 흥미가 없어지고, 달릴 때 그것들의 주의력을 분산시킬 수 있는 것은 아무것도 없다.

당시 거세한 말에 관해서 운등이 평생 잊을 수 없는 두 세가지 일이 있다.

매년 샤오바트르의 캠프에서 거세를 할 때 쿤타가 와서 도와주었다.

쿤타가 나타났다는 것은 이 가정에 신기한 선물을 주기 위해서였다. 그 해에 운등은 멋진 러시아 말장화를 얻었다. 조금 커서 이 장화에 맞추기 위해 그는 두 덩어리의 헝겊으로 싸맬 수밖에 없었다. 울란에게 준 것은 매우 아름다운 옷감이었다. 그리고 샤오바트르의 선물은 아름다운 유리병에 들어있는 백주였다. 이 선물들은 초원에서는 사기 힘든 것으로서, 국경 이남에서 온 것이었다.

그 해에 쿤타는 처음으로 사람들 앞에서 자신의 올가미 막대를 보여주었다. 그 전에 유목인들이 대화하는 중에 운둥은 뼈로 만든 쿤타의 올가미 막대에 대해 어렴풋이 들은 적이 있었다.

초원에서 전설은 현실에 비해 더 많은 매력이 있다. 하지만 사람들은 어떻게 해야 양의 뼈로 올가미 막대를 만들 수 있는지 상상할 수가 없었다. 양의 다리뼈를 얼마나 사용해야 하고 어떤 방식으로 이어 붙이며, 또 어떻게 조종해 올가미를 던져 말을 잡을 수 있는지 등에 대한 이야기였다.

몇몇 유목인이 쿤타가 어떻게 뼈로 만든 올가미 막대로 정확하게 던질 수 있는지 믿을 만하게 묘사하고 나서 거친 망아지의 머리를 잡아맸다. 머리의 반을 잡아 매야 최고의 경지라 할 수 있다. 초원에서는 거친 망아지의 머리 반 개를 정확하게 잡아 그것을 잡아당긴 유목인이 뛰어난 인물이 된다. 이 유목인은 또 사람들이 본 적 없는 양뼈로 만든 올가미 막대를 갖고 있다. 이 일 자체는 전기적 색채를 많이 띠고 있는 것이다.

처음에 쿤타는 도와주는 사람이었다. 더 많은 경우에 그는 말을 타고 바람을 맞으며 우뚝 서서 짐승들이 잘 있는지 살펴보는 일을 했다.

운등은 그의 혈구를 탈 기회를 얻어서 쿤타를 뒤따랐다. 그의 품속에는 쿤타가 이번에 그에게 가져다 준 또 다른 선물인 금속으로 만든 장난감 병사가 있었다. 이 장난감 병사는 금속으로 만든 것으로, 그것이 정말 진귀한 보물로 만든 것이라고 믿을 정도로 무거웠다. 검은 색 바지에 붉은색 상의, 검은 색 모자를 쓰고 어깨에는 총을 맸다. 오똑한 코는 불가사의할 정도로 높이 솟아 있었다. 잠을 잘 때 그는 이 병사를 침대 옆에 놓았다. 그리고 나올 때에 그는 줄곧 품에 품고 있었다.

말 한 마리가 겹겹의 포위망을 탈출했다. 목에 올가미 막대가 달려 있는 것으로 봐서 올가미 기술자 손에서 빠져나온 것이 틀림없었다. 그 말은 자신이 성공했다고 느끼는 듯 했다. 그것의 목에 걸려 있던 올가미 막대가 갑자기 힘을 잃은 후에 그 말은 미친듯 내달리기 시작했다. 유목인의 포위망을 벗어난 후에 곧바로 이쪽을 향해서 날듯이 달려왔다. 운등이 똑똑히 본 것은 아니었다. 하지만 자신의 나중 기억에 근거해서 쿤타의 올가미 막대가 허리띠 아래에서 빠져나온 것이 틀림없었다. 올가미 막대가 빠져나올 때 마디마디 느슨하게 늘어져 있어서 정상적인 막대에 비해 좀 짧았다. 쿤타는 이 느슨한 양뼈를 손에 넣었다. 운등은 이것이 바로 전설 속의 올가미 막대라는 것을 상상할 수 없었다. 보기에는 한 줄로 꿰어진 양뼈인데, 실제로 현장에서 쓰기는 어려워 보였다.

하지만 그 말이 그의 곁으로 몸을 스치며 지나가는 그 순간 쿤타는 갑자기 팔을 흔들자 그 느슨한 양뼈가 갑자기 생명을 얻은 듯 했다. 그것들은 순식간에 수축되어 튼튼한 백색 곤봉, 하얀 올가미 막대로 변했다.

쿤타는 몸을 앞으로 내밀면서 이 막대를 던졌다. 막대끝의 가죽끈이 정확하게 굴레를 씌웠고, 가죽끈은 미끄러지면서 말 목 부분에서 닿지 않는 순간에 조여졌다. 쿤타는 그 순간 두 손으로 막대를 잡아당기면서 등자를 힘차게 밟고 몸을 뒤로 하였다.

미친듯이 달리던 그 망아지는 갑작스러운 이 힘에 의해 꼼짝없이 머리를 잡혔고, 전신의 힘은 여전히 유목인과 올가미 막대가 없는 초원으로 향하려는 관성을 유지하고 있었다. 그리고 그 머리를 누르고 있는 힘은 거역할 방법이 없었다. 망아지는 직접 하늘을 쳐다보면서 땅으로 쓰러졌다.

쿤타는 말에서 뛰어내려 올가미 막대를 붙잡아 이 망아지가 일어나지 않도록 했고, 이어서 직접 그의 몸 위에 올라타서 그를 제압했다. 뼈로 만든 그 올가미 막대는 이미 원래의 모양을 회복하였고, 그의 허리띠 아래로 숨겨졌다.

그리고 잠시 후에 굴레를 씌울 때에 더 아슬아슬한 일이 일어났다.

황색 망아지 한 필의 목에 두 개의 올가미 막대가 채워졌다. 네 사람이 뜻밖에도 붙잡고 있지 않았다. 10여명의 유목인들이 뒤쳐져서 쫓아갔다.

그런데 이 황색 망아지는 집요하게 앞으로 나아가려 했다. 두 개의 올가미 막대로 씌워진 부위는 모두 말 목의 윗부분이었다. 따라서 모든 힘이 그 곳에 집중되어 있었다.

그 녀석은 강인했고, 굴복하려 하지 않았다. 필사적으로 앞을 향해 달리려 했고, 뒤따르는 유목인들은 그 녀석에 의해 앞으로 끌려가고 있었다. 장화로 있는 힘껏 땅을 밟아 깊은 골이 패이기만 했고, 마침내 두 유목인이 더 추가되어 힘을 겨루는 대열에 합류했다.

운등은 그 소리를 영원히 기억한다. 마치 표면이 매끄러운 돌이 가볍게 부딪히는 소리다. 그 소리를 따라 온몸이 꽁꽁 묶여 앞으로 나아가려다 갑자기 무너지는 돌덩이가 바닥으로 떨어지는 것처럼 느슨해졌다.

황색 망아지의 목이 끊어졌다. 목이 끊어지는 게 낫지 속박되기는 싫다는 것이었다.

●

후룬베이얼 초원의 바르구 유목인들은 일반적으로 양력 2월 초에 말 무리 가운데 종마 준비를 하지 않는 세 살 먹은 수말을 거세한다. 이때 날씨는 차가워서 말이 상처를 치유하는 것이 쉽고 염증이 나지 않는다. 이런 날에 주인은 부근 유목민들을 초청해 함께 참여시킨다. 이 또한 유목인들이 올가미 기예를 선보이는 중요한 기회다. 이런 날에는 또 말달리기, 씨름, 소뼈 치기(소뼈를 손바닥으로 쪼개기를 통해 힘을 보여주는 경기) 등 전통 기예를 겨룬다.

8
라마교 사원 셔우닝사 壽寧寺

처음 셔우닝사 묘회廟會에 간 것은 윤등 나이 아홉 살 때였다.

그 전에 셔우닝사는 윤등에게 있어서 아득히 먼 곳이었다. 1년 중 한두 번, 아버지 샤오바트르는 그 곳에 갔다. 갈 때에는 언제나 집에 있는 말 몇 필을 끌고 갔고, 돌아올 때 소가 끄는 달구지에는 초원 생활에서 꼭 필요한 차, 식량, 소금, 옷감, 장화가 가득 실려 있었다. 요컨대 모든 초원 목장에서 생산되지 않는 물건들을 그 곳에서 마련해 오는 것이었다.

윤등이 보기에 그곳은 신기한 곳이었다.

초원 가정의 나들이는 셔우닝사 시장에 가는 것이었다. 어머니 물란은 달구지를 타고 뒤따라갔고, 윤등과 아버지는 말을 타고 그 뒤로 말 무리에서 골라낸 말 네 필을 끌고 갔다. 이 말 네 필은 묘회에서 팔려나갔고, 말을 판 돈으로 시장에서 그들에게 필요한 물건들을 구매하였다.

그들 뒤에는 캠프에 있던 양치기 개 두 마리도 따라왔다.

샤오바트르는 자신의 흰색 암말을 타고 운등은 혈구를 탔다. 이는 그들 이번 행차의 또 다른 목적이기도 했다. 셔우닝사 묘회에서는 매일 황혼 무렵에 소형 경마 대회가 열린다. 그리고 이어지는 며칠 동안 길이 60리의 대형 경마 대회가 열린다. 대회에 참가하는 신바얼후 좌우 양기의 유목민들 뿐만 아니라 후룬베이얼 전체 초원에 준마를 갖고 있는 유목민들은 모두 자신의 말들을 데리고 온다. 심지어 러시아 상인들도 둔하마頓河馬(러시아 둔하 초원이 원산지로, 지구력이 좋아 장거리 경주에 많이 사용된다)를 데리고 대회에 참가하기도 한다.

그들은 새벽에 출발했다. 때는 맑고 상쾌한 가을이었다. 하늘은 푸르고 대지는 광활했다.

이 초원 가정은 걸음이 너무 느렸다. 황혼이 다 되어서 운등이 귀찮다고 느낄 무렵이 될 때쯤에야 한 사당이 초원 위에 멋지게 나타났다.

인적이 드문 초원에서 오랫동안 살아왔던 운등이 보았던 가장 많은 인구 취락지는 초원의 조그마한 마을이었다. 10여채의 흙담집이 초원 위에 자리잡고 있는 곳이었다.

그런데 여기는 초원 위에 우뚝 솟은 사당이었다. 붉은색 담장은 녹색 초원과는 판이하게 달랐다. 그 사이에 가장 높은 건물, 금색 지붕, 높은 처마, 지붕에 있는 거대한 금색 바퀴, 그 위에 상감된 각양각색의 보석들이 햇살 아래 밝게 빛나고 있었다. 바퀴 양쪽에는 금색 개 두 마리가 있었고, 탑 하나가 우뚝 솟아 있었으며 탑의 각 모퉁이에는 무수한 방울들이 달려 있어서 바람에 불려 맑은 소리를 내고 있었다. 사당 건축군을 중심으로 사방으로 뻗어나가는 형상으로 천막과 게르가 쳐져 있었다. 기적적인 현상이 초원 위의 연못위에 나타난 것 같았다.

운등은 유목인들이 말하는 것을 들은 적이 있었다. 셔우닝사 묘회 시장에서 발굽 달린 개와 녹색 새끼양을 제외하고 유목인은 없는 게 없을 정도로 생활용품이 많이 있다는 것이다.

이 초원 가정은 사람들의 주목을 끌었다. 초원의 모든 유목인들은 말을 잘 알아본다. 운등이 타고 있는 붉은색 준마를 곁눈질했다. 그들은 자신들의 눈길을 거둘 수가 없었다. 그 시장에서 오랜 기간 굴러먹던 가축 장사치들이 사냥개처럼 냄새를 맡았다. 그들 눈에서 탐욕의 빛이 한순간 스쳤다. 사람들은 모두 알고 있었다. 이런 준마는 쉽게 얻지 못한다는 것을.

사람들은 멀리서 관망했다. 혈구 품평에 들어간 것이다.

"숫사자의 어깨에 황소 같은 목, 독수리 가슴에 황야의 배를 가졌고, 허리는 여우 같은데 꼬리는 늑대 같군. 뒷발은 숫사슴이나 발굽은 야생 당나귀야."

연로한 유목인은 옛 시를 읊조리듯 이 붉은색 몽고말 몸의 비범한 점을 읊어댔다. 사람들은 이에 대응하면서 혈구를 감상했다. 또 자신도 모르는 사이에 그럴 듯하다고 느끼면서 고개를 끄덕이고 칭찬을 했다.

하지만 이 연로한 유목인과 나이가 비슷한 유목인들은 다른 관점을 갖고 있었다. 그들은 혈구의 등이 검은 담비 같고, 뒷다리가 낙타 같으며 어깨는 야크 같다고 했다.

각기 다른 관점을 가지고 논쟁을 계속하고 있는데, 구경하는 유목인들도 흥미진진하게 듣고 있었다. 이런 준마를 볼 수 있는 기회를 얻었고, 또 경험이 풍부한 연로한 유목인들의 평가를 받는 것도 얻기 힘든 기회이기도 하다.

반면 이 아이가 사용하는 말 안장에 주목하는 사람들도 있었다. 새겨진 은색 등자와 안장 앞뒤에 상감된 오래된 은장식 등은 모든 유목인들의 탄식을 자아냈다. 이 안장은 종종 유목인 평생의 꿈이기도 했다. 그들은 왜 이 아이가 이처럼 멋진 붉은색 말을 탈 수 있게 된 것인지, 또 이처럼 값비싼 안장을 이용하는지도 알 수 없었다.

아버지 샤오바트르와 잘 알고 지내는 유목인들이 서로 인사를 나눌 때 운등은 이미 부끄러워서 어찌할 바를 몰랐다. 네 살 성인식 이후로 그는 아직 이런 관심을 받아본 적이 없었다.

묘우廟宇 주변은 이미 놀러나온 유목인들의 게르가 깔려 있었다. 샤오바트르는 자신의 임시 게르를 시장 서쪽의 게르가 비교적 적은 공터에 설치하였다. 임시 게르를 다 설치하고 나서 샤오바트르는 먼저 운등의 안장을 게르에 넣었다. 그는 어떤 사람이 운등의 안장을 탐욕스러운 눈길로 쳐다보는 것을 보았다. 셔우닝사 시장에서는 여태까지 도적이 적지 않았다. 이후로 그는 급하게 말과 소를 잘 묶어놓고 먹을 것과 물을 주었다. 양치기 개 두 마리는 게르 문 앞에 묶어놓았다. 그리고 울란은 게르 앞에 난로를 피워 차를 끓이고 저녁을 준비했다.

그리고 운등은 혼자 황혼이 깃든 시장에서 돌아다녔다. 그는 이렇게 많은 품종의 말을 본 적이 없었다. 그 가운데 아바가에서 온 검은 색 준마는 정말 새까만 말이었는데, 몸에 잡스러운 털이 하나도 없이 반짝일 정도로 검은 색이었다. 검은 색에서 일종의 금속이 반짝이는 것 같았다. 검은 색 말에 어울리는 아바가식 안장은 마찬가지로 경이로웠다. 그 말안장은 원보元寶 모양으로, 앞뒤로 우뚝 솟아 있고, 바르구 안장과는 확연히 달랐다. 운등은 이런 형태의 말안장은 대체로 유목인들이 더 편안하게 그 위에 앉을 수 있게 해준다고 생각했다. 앉기만 하면 사람은 단단히 말안장 안에 새겨넣어진다고 그는 상상했다.

이곳은 준마들이 모이는 장소이기도 했다. 운등은 말을 감상하는 유목인의 뒤에 마찬가지로 바짝 붙어서 세심하게 경청하였다. 밥 먹으러 오라는 울란의 고함소리가 들렸을 때 그는 이미 우주무친마烏珠穆沁馬, 바이차百岔 철제마鐵蹄馬, 우션마烏審馬를 구분할 수 있게 되었다. 울란이 부르는 소리가 들리자 자신이 이미 배가 고파 꼬르륵 소리가 난다는 것을 의식하게 되었다. 하지만 그는 빠른 걸음으로 자신의 임시 게르로 돌아가면서도 여전히 계속해서 바이차구百岔溝에서 온 얼룩말을 바라보고 있었다. 그는 어찌 되었던 그 말의 발굽이 철로 만들어졌다는 것을 믿지 않았다.

그 날 저녁식사를 마친 후에 하루종일 돌아다니느라 샤오바트르 집 식구들은 너무 피곤해서 일찍 잠자리에 들고 싶었다. 그런데 몇몇 유목인이 샤오바트르 게르에서 멀지 않은 곳에서 모닥불을 피웠다. 그들은 러시아 보드카를 돌아가면서 마시고 있었다. 술기운이 올라오자 그들이 빈 술병을 던지는 소리가 요란하게 들렸고, 웃음소리와 노래소리가 점점 더 커져갔다. 나중에 이미 잠자리에 들었던 샤오바트르는 게르에서 나와 그들 무리에 합류했다. 그 유목인들 중에는 샤오바르트의 어릴 적 죽마고우들도 있었다.

이 날 운둥은 너무 피곤했다. 그는 어머니의 곁에 붙어 있었다. 술에 취한 유목인들이 부르는 노래소리는 운둥의 잠을 방해하지 않았다. 하지만 잠들기 전에 그는 게르 밖에 묶어놓은 혈구가 불안하게 콧소리를 내는 것을 들었다. 이 유목인들이 내는 시끄러운 소리가 혈구가 잠드는 것을 방해하는 것이 틀림 없었다. 운등은 이렇게 되면 혈구의 다음날 경기에 영향을 줄 것이라고 생각했다. 그러다가 운등은 잠이 들고 말았다.

이튿날 오후에 운등은 혈구를 타고 셔우닝사와 전체 시장 구역을 아우르는 대회에 참가하였다. 3킬로미터가 되지 않는 거리에 있었고, 상품은 세 살 된 양이었다. 처음 1킬로미터 구간에서 둔하마가 혈구와 어깨를 나란히 하고 달렸다. 잠시 후에 혈구가 치고 나가서 가볍게 결승선을 통과하였다. 세 살 배기 양도 샤오바트르 게르 앞에 묶이게 되었다.

혈구가 가볍게 달린 것처럼 보였지만 타고 있던 운등은 혈구가 기분좋게 달리지 않았고, 시종일관 너무 초조해한다는 것을 느낄 수 있었다. 운등과 혈구는 달리는 것이 전혀 상쾌하지 않았다. 처음에 운등은 경기의 거리가 짧기 때문이라고 생각했다. 하지만 끝나고 나서 혈구를 데리고 자신의 게르 앞으로 천천히 걸어올 때 진바르구기의 게르를 지나면서 어제 샤오바트르와 함께 술을 마셨던 그 유목인이 보였는데, 그들은 여전히 게르 앞에 모여 앉아 백주를 마시고 있었다. 운등이 지나가자 그들은 의미심장한 눈길을 보냈다. 그들 뒤에는 밤색 몽고말이 묶여 있었다. 그 말은 방금 벌어졌던 대회에 참가하지 않은 말이었다. 하지만 운등은 이 날 여러 사람이 말하는 것을 들었다. 내일 거행되는 셔우닝사 묘회의 60리 말달리기 대회에서 이 밤색말이 1등을 할 가능성이 있다는 것이었다.

황혼이 내리기 시작하자 그 유목인들은 어제처럼 모닥불을 피우고 가져온 백주 파티를 벌였다. 이 유목인들은 낮에 운등이 보았던 몇 사람들이었다.

울란이 저녁식사로 국수를 삶았고, 샤오바트르는 간략하게 식사를 마친 다음 게르를 나섰다. 울란은 이 때 샤오바트르가 그 모닥불 쪽으로 가는 것을 막지 못했다.

운등은 낮에 봤던 장면을 울란에게 말했다. 울란은 게르에서 멀리 떨어져 있지 않은 모닥불을 주시하면서 생각에 잠겼다.

어둠이 깊어지자 운등은 울란이 잘 싸매놓은 양피이불을 메고 혈구의 밧줄을 풀어주고는 그것을 끌고 모닥불 쪽에 있는 유목인들이 말굽 소리를 듣지 않는 곳까지 간 후에 혈구를 타고 곧장 동쪽의 높은 언덕으로 향했다.

달빛이 밝은 밤이었다. 교교히 빛나는 달빛이 비추면서 초원은 씻은 듯이 밝았다. 운등은 혈구를 타고 모래산을 올라 커다란 녹나무와 소나무를 찾았다.

끝없는 초원에서 이 거대한 나무들은 이미 수백년을 살아왔다. 더 오래 산 것도 있다. 처음에 그것들은 날아가던 새의 깃털 속에 끼어있던 씨앗이 척박한 모래 위에 떨어졌다가 어쩌다 내린 비로 싹이 텄을 것이다. 모래산에서는 영양분이 부족했고 빗물도 충분하지 않아 그것들은 매우 서서히 자랐을 것이다. 하지만 튼튼하게 자랐고 광풍과 폭설을 견뎌내면서 이 평평한 초원에서 거인같은 존재가 되었다.

 운등은 혈구를 나무에 잘 매어놓은 다음에 부드러운 모래 위에 양피 이불을 깔았다. 거기에 누워 있다가 무의식중에 고개를 돌려 아랫쪽 초원에 수없이 많이 피워져 있는 모닥불에 둘러싸여 있는 셔우닝사를 내려다 보았다. 많은 모닥불이 따스하게 불타오르고 있었고, 각 게르의 중간중간을 장식하고 있으면서, 맑은 밤하늘의 별들과 마주보며 빛나고 있었다.

 하루종일 모래밭이 빨아들인 열기는 서서히 양피이불에 스며들었고 양피이불에 누워있는 운등의 허리를 따스하게 해주었다. 곁에 있는 혈구는 잠에 들기 직전에 마지막 콧소리를 냈고, 운등도 잠에 빠져들었다.

 이튿날 새벽, 운등은 혈구를 타고 자신의 게르로 돌아왔다. 울란은 화로 앞에서 차를 끓이고 있었다. 샤오바트르는 여전히 술에 취해 있었다. 밤새도록 마신 것 같았다.

 운등은 간단하게 아침을 먹고 나서 어머니가 마련해준 홍색 두건을 둘렀다. 이어서 샤오바트르의 흰색 암말을 타고 혈구를 데리고 경기 출발점으로 향했다.

 운등은 경기 출발점이 어딘지 몰랐다. 하지만 가는 길에 말달리기 대회에 참가하는 유목인들이 많아서 그들을 따라가기만 하면 문제 없었다.

 아지나이아오바오阿吉奈敖包는 높은 언덕에 위치해 있다. 출발 지점은 바로 그곳의 계곡이었다. 출발 지점에서 말 훈련사는 긴장상태로 바쁘게 움직이고 있었다. 각자 경기마 머리에 있는 갈기, 꼬리를 바짝 묶고 마지막으로 굴레와 가벼운 안장을 검사하면서 하나라도 빠지지 않도록 했다.

다른 기수들은 친척이나 친구들을 대동한 경우가 많았다. 운등도 별다른 것은 없었으나 다만 서로 알고 지내는 유목인들에게 백색 암말을 셔우닝사로 데리고 돌아가 달라고 하고, 자신은 혈구를 탔다.

경기의 전체 거리는 60리였다.

운등은 이미 모든 지형을 자세하게 살펴 두었었다. 기복이 많지 않고 평탄한 초원만 있었다. 혈구에게 필요한 것은 열심히 달리는 것 뿐이었다. 체력을 조절할 필요도 없었다. 이 거리는 혈구에게는 한번 힘을 내서 달리는 정도였다.

그 전에 운등은 기 안에서 10여 차례 말달리기 대회에 참가한 적이 있었다. 가장 짧은 거리가 대략 10리였고, 가장 먼 거리는 100리를 넘었다. 기 안에서 혈구는 적수가 없었고, 패한 적이 없었다.

모든 경주마는 질서를 유지하면서 환호성 속에서 서서히 모여들었고, 운등이 탄 혈구는 이미 불안한 콧소리를 내는 같은 종류들의 영향을 받았다. 혈구는 급하게 발굽을 굴렀고, 고삐를 잡아당겼다. 잠시 후에 벌어질 달리기는 더 이상 늦출 수 없었다.

말이 많아서 혼란스러웠다. 몇몇 기수는 마치 자신의 말을 격려하는 것처럼 소리를 질러대고 있었다.

너무 혼란스러웠다. 운등은 경기가 어떻게 시작되는지 알지 못했다. 다만 갑자기 말 무리가 거대한 홍수처럼 앞으로 움직이기 시작하는 것을 느꼈다. 모든 기수들은 있는 힘껏 소리를 질러댔다. 마치 이 함성이 자신에게 용기와 힘을 안겨줄 수 있는 것 같았다.

20리를 달려나간 후에 가장 앞에 있는 것은 말 네다섯 마리였다. 운등은 혈구를 타고 선두에 섰다. 그들은 여태까지 그래왔다. 처음 말달리기 대회에 참가했을 당시에 앞에 달리는 말발굽이 일으키는 먼지를 마셔본 적이 없다. 그들은 언제나 가장 선두였다. 대회에 참가한 모든 말들이 따라잡지 못했다. 운등은 뒤에 바짝 따라오는 것이 어제 보았던 밤색 말이라는 사실을 주목하였다.

경기가 반 정도 지났을 때 혈구와 뒤에 있는 말 몇 마리는 거리가 벌어지기 시작했다. 그런데 그 밤색 말은 다시 4,5리를 따라오다가 서서히 뒤로 처졌다.

그 날 아침에 셔우닝사 묘회에 게르를 쳤던 유목인들은 일찌감치 차를 마셨다. 차 안에는 요우탸오 두 개를 담가 급하게 먹은 다음에 셔우닝사 앞에 있는 광장으로 달려갔다. 그곳은 말달리기 대회의 결승선이었다. 모든 사람들은 결국 어느 준마가 우승을 하게 될 것인지를 알고 싶었다. 기다리고 있던 사람들 중에 누군가 지르는 첫 환호성 소리가 들렸을 때 더 많은 사람들은 여전히 알아보지 못했다. 그 사람의 시력이 남달랐던 것이다. 잠시 후에 마침내 사람들은 지평선 위에서 멀리 한 사람이 말을 타고 오는 것이 보였다.

이 때 해는 이미 눈부시게 빛나고 있었다. 햇빛이 녹색 대지를 비추고 있었고, 그 말은 활시위를 떠난 화살처럼 곧장 이쪽으로 달려오고 있었다. 순식간에 눈부신 햇빛 아래 그 말은 기수를 태우고 점점 더 가까워지고 있었다. 마치 빛을 꿰뚫기라도 하듯이.

사람들은 마침내 그것이 붉은색 준마라는 것을 알아차릴 수 있었다. 타고 있는 기수는 아이였고, 몸에는 녹색 두루마기에 홍색 두건을 두르고 있었다.

사람들의 환호성 속에서 운등은 셔우닝사 앞의 광장으로 들어와서 유목인들이 건네는 등수가 적힌 목판을 받았다.

이 때 인파 뒷쪽에 샤오바트르가 또 한 번의 구토를 하고 있었다.

입가에 묻은 침을 닦을 때 이미 유목인들의 환호성 속에서 그의 이름을 부르고 있었다. 모든 사람들은 들었다. 유목인 샤오바트르의 아들, 유명한 우야친 바트르의 손자가 셔우닝사 묘회 60리 말달리기 대회에서 우승을 차지했노라고.

숙취에 아직 헤어나오지 못한 샤오바트르는 또 한 차례 구토하고 싶은 것을 참았다. 사람들은 이미 그에게 길을 내주었고, 그는 광장으로 걸어나갔다. 이 때 운등은 목판을 손에 쥔 채 혈구를 타고 서서히 다가오고 있었다. 혈구의 몸에서 나는 후끈한 땀냄새는 그의 구토를 자극했지만 그런대로 참을만 했다. 혈구를 데리고 광장을 한 바퀴 돌았다. 이어서 그는 운등을 말에서 안아 내렸다. 그리고는 자신의 암말을 타고 혈구를 천천히 걷게 했다.

샤오바트르는 셔우닝사 주변을 한 바퀴 돌았다. 다시 제자리로 돌아왔을 때 마침 2등으로 들어온 그 밤색 말이 결승선에 가까와지는 것을 보았다. 하지만 이 말은 이미 지쳐보였다. 거의 인파에 접근했을 무렵에 바닥에 쓰러지는 동시에 좌측 다리가 완전히 부러져 버렸다. 그리고 바로 뒤따라온 청색 말이 지나가면서 기수는 목판을 받았다.

모든 기수들이 결승선에 도착한 뒤에 5등까지의 기수들이 목판을 받았다. 기수는 말에 타고 있고, 말 주인은 말을 끌면서 셔우닝사 광장을 세 바퀴 돌았다. 이 때 샤오바트르는 아무리 해도 인파 속에서 운등을 찾을 수가 없었다.

초조해하는 가운데 그는 온 몸에 식은 땀이 났다. 어젯밤 마신 술 때문이 아닌 긴장감 때문이었다. 결국 샤오바트르는 운등을 찾지 못했다. 그래서 이 붉은색 준마는 샤오바트르가 끌고 안장을 비운 채 광장을 세 바퀴 돌았다. 그리고 그 뒤를 따르는 말 네 필은 그 위에 기수가 모두 타고 있었다.

거대한 차양이 연단 앞에 설치되고 초원에서 유명한 가수들의 노래와 찬사가 이어졌다. 그러기 전에 가수는 먼저 혈구가 태어난 곳을 노래했다. 우승을 차지한 것은 후룬베이얼 바르구 초원 샤오바트르의 말 무리의 갈기빛 암말이 낳은 핏빛 여섯살 짜리 말이다. 기수는 샤오바트르의 아들 운둥이다. 오래된 찬사는 초원에서 천년간 전해져 오고 있다.

나는 듯한 이 준마는
초원에서 벌써 명성이 자자하다네.
만 필의 준마 중에서
그 중에서 가장 태양처럼 반짝인다네.
멀리서 달려와
거센 파도처럼 기세등등하고
숲 속의 사자처럼
푸른 초원을 가로질러,
달릴 때는 구름으로 둘러싸여
마치 구름과 안개를 타고 날아오르는 듯한 교룡이라네
그 앞길을 따라 달려가니
유목인에게 상서롭고 복된 소리를 가져다 준다네.
그것은 태평성대의 사도였고,

초원 성대한 모임의 영광이라네.

그것은 광활한 목장의 보배이고,

모든 말의 우두머리 명성은 사방에 울려 퍼지네…

모든 말의 우두머리라는 이 칭호는 바로 혈구에게 내려진 것으로, 셔우닝사 묘회 60리 경마 대회의 우승이었다.

그리고 상품은 보석이 박힌 은으로 만든 말머리로서, 후투그투呼圖克圖 지바吉巴가 직접 샤오바트르 손에 넘겨주었다.

동시에 황색 바탕에 녹색 테두리가 쳐진 깃발이 있었는데, 그 위에는 달리는 붉은 말 그림이 수놓아져 있고, 몽골어로 다음과 같이 씌어져 있었다. "구름 끝까지 날아오르고 날아오르고 바람도 뒤쫓을 수 있는 준마"

운등은 이 모든 것을 여전히 모르고 있었다. 그는 여전히 시장 서쪽의 장화 파는 가게 앞을 서성이고 있었다.

●

간주르 사당(셔우닝사)

후룬베이얼 지역에서 가장 큰 티베트 불교 사원으로 현재 신바르구 좌기 아무구랑진阿木古郎鎭 서북쪽 20킬로미터에 위치해 있다. 1773년에 처음 지어졌는데, 티베트-몽골 문자로 된

〈간주르경經〉을 소장하고 있어서 현재와 같은 이름이 붙여졌다. 건륭황제가 직접 쓴 셔우닝사 편액이 있다. 1785년 셔우닝사에서 처음 묘회가 열렸고, 180여 년간 160여 차례 열려 유명한 간주르 시장을 형성하였다. 원래 셔우닝사는 1968년 문화대혁명 때 파괴되었다가 2001년 중건되었다.

9
늑대 무리

그 해 초겨울 운등은 아버지 샤오바트르를 위해 약을 구하러 하이라얼海拉爾에 갔다. 빨리 갔다 돌아오기 위해 운등은 말 무리 속에서 혈구를 택했다.

오랫동안 타지 않아서 혈구는 배가 많이 나와 있어 풍만한 모습을 보였다. 운등이 혈구에게 안장을 올리고 올라탄 그 순간 혈구는 고삐를 끌면서 억제하지 못하는 격정으로 앞으로 달렸다.

운등은 고삐를 바짝 당길 수 밖에 없었다. 너무 빨리 달려서 살이 빠지게 하고 싶지 않았던 것이다. 결국 후룬베이얼의 추운 겨울은 금세 찾아왔다.

운등이 캠프를 떠나기 전에 샤오바트르는 재차 신신당부하였다. 어떻게 해서든 약을 갖고 돌아오는 길에 널찍한 초원쪽으로 와야지 산속 숲으로 오지 말라는 것이었다. 그곳에 늑대 떼가 출몰한다는 이유에서였다.

혈구는 고삐를 잡아당기면서 날듯이 달렸고, 운등은 고삐를 잡아당겨 속도를 조절할 수 밖에 없었다. 보기에는 기수가 말의 속도를 제약하는 것 같은 이상한 승부 같았다. 그럼에도 불구하고 정오가 되기도 전에 운등은 하이라얼에 도착하여 약 가게에서 약을 구했다.

길가의 점포에서 찐빵 여섯 개를 먹고 양탕 한 그릇을 비운 후에 운등은 약 봉지를 안장 주머니에 넣은 후 혈구를 타고 소란스러운 시장과 장화를 파는 가게에 미련을 두지 않은 채 급하게 캠프로 길을 재촉했다. 캠프에서 그가 해야 할 일이 많았던 것이다. 그는 살짝 고삐를 느슨하게 했다. 혈구도 매우 기분 좋은 듯 걸었다.

운등은 샤오바트르의 당부를 듣지 않았다. 조금 더 빨리 캠프로 돌아오기 위해서 그는 가까운 길을 선택했다.

겨울에는 무슨 이유에서인지는 몰라도 초원의 늑대들이 갑자기 많아진다. 겨울로 접어든 후에 운등은 여러 차례 늑대 무리가 모이는 것을 본 적이 있다. 며칠 전에 양을 칠 때에 지평선에서 멀리 다가오는 늑대 무리를 보았다. 그 늑대들은 매우 빨리 뛰었고, 조용히 종대를 형성하면서 긴박하게 뒤따라 왔다. 운등이 숫자를 세어보니 모두 아홉 마리였다. 늑대들은 빠르게 달려 곧바로 양떼가 있는 쪽으로 다가왔다. 운등은 소리를 질러 겁을 주었다. 하지만 늑대들은 아랑곳하지 않고 달리는 노선을 바꾸지 않았다. 그는 어쩔 수 없이 밧줄에 걸어놓은 포로布魯를 꺼내 들었다.

한줄로 늘어선 이 늑대들은 정말 이상했다.

운등이 자세히 관찰해 보니 제일 앞에서 달리는 그 늑대의 체형이 가늘고 왜소했다. 어미 늑대인 것 같았다. 그리고 그 뒤에 죽 이어서 달리는 것들도 몸집이 큰 수컷 늑대였다. 어미 늑대는 급하게 달리는 것 같았는데 뒤에 따라오는 늑대들을 신경 쓰지 않았고, 달리는 자세도 허리가 유연하면서 꼬리를 높이 치켜들어 경망스럽게 노는 의미를 띠고 있었다. 어미 늑대의 이런 수단은 뒤를 따르는 수컷 늑대를 흥분시키는 것이다. 그것들도 꼬리를 높이 쳐들면서 마치 이성을 잃도록 미혹시키는 듯 했다. 하지만 극도의 흥분을 억누르고 선후 질서를 넘어서지 못하게 했다. 운등은 어미 늑대 뒤에 있는 수컷 늑대 배열에도 일정한 규칙이 있다는 것에 주목했다. 위치가 앞에 있을 수록 수컷 늑대 몸집은 더 건장해졌다. 게다가 이 수컷 늑대의 몸에는 많든 적든 색이 있었다. 어떤 것은 목에 혈흔이 있고, 어떤 것은 다리에 물린 상처가 있으며 가장 곤란한 것은 가장 뒤에 있는 늑대로서, 왼쪽 귀 전체가 물어뜯겨져 있었다. 그들의 이런 순서는 죽기살기식 싸움을 통해 배정된 것으로, 강인한 자만이 전방을 차지할 수 있는 것이다.

　기괴한 늑대 무리가 이렇게 양떼의 정중앙을 어느 쪽으로도 치우치지 않은 채 뚫고 지나갔다. 양들은 놀라 혼비백산했지만 늑대들은 지척에 있는 양과 운둥을 못본 양 양떼를 의기양양하게 지나가 빠르게 지평선 위로 사라져 갔다.

　때는 바야흐로 늑대의 발정기였다. 수컷 늑대의 눈에는 오로지 어미 늑대만 보였고, 어미 늑대가 가는 방향으로만 가는 것이었다. 어미 늑대는 늑대 세계의 전부였고, 어미 늑대 없이는 그것들은 다른 모든 것에 대해, 심지어는 눈 앞에 나타난 양 조차도 거들떠 보지도 않는 것이다.

　오는 길에 운둥은 혈구에게 채찍을 휘두르지 않았다. 혈구는 오랜 기간 운둥이 타지 않았기 때문에 아주 상쾌하게 길을 걸었다. 운둥이 자신을 통제해서 마음껏 달리게 하지 않았는데도 그 속도는 놀랄 만했다. 혈구는 이 때에서야 즐거움을 느꼈다. 혈구는 운둥이 자신을 타는 것을 좋아했다. 달리는 중에 그들의 호흡 빈도는 점차 일치되었고, 서서히 운둥과 혈구는 이 속도로 인해 그들만의 시공간을 가지게 되었다. 운둥의 손은 하릴 없이 고삐에 놓여 있었다. 그와 혈구는 그들만의 시공간 속에서 하나가 되어 있었다. 그리고 혈구는 타고 있는 운둥이 있음으로 해서 달릴 이유가 있었다. 만약 혈구가 이렇게 달리고 싶으면 세상 끝까지라도 달릴 수 있었다.

운등과 혈구는 마침내 암묵적인 합의의 경지에 도달했다. 때로는 이런 암묵적인 규칙은 다양한 부분에서 고려되었다. 혈구를 위해 여러 장비를 준비할 때에 가급적 느슨하고 쾌적한 것을 준비했고, 혈구가 달릴 때 호흡에 미칠 영향을 고려하였으며 그 영향도 별 것 아니었지만 어떻게 해서든 기분좋게 달릴 수 있도록 하였다. 그것은 장점의 균형이었다. 혈구가 줄곧 달릴 수 있는 것처럼 운등은 혈구를 타고 정말 세상 끝까지 달릴 수 있었다. 그리고 운등이 유일하게 해야 할 일은 좌우 엉덩이의 앉는 자세를 때때로 조정하는 것 밖에 없었다.

 이렇게 운등이 혈구를 타고 하이라얼 성에서 벗어나 초겨울의 초원으로 들어섰다.

 3분의 2쯤 왔을 때 하늘빛이 어두워졌다. 원래 길로 되돌아가도 운등은 어둠이 완전히 내리기 전에 캠프에 돌아갈 수 있었다. 하지만 운등은 좀 더 빨리 집에 돌아가고 싶었다. 결국 며칠 전에 양떼 무리를 지나가면서 양을 본체만체 했던 그 늑대 무리가 그의 경계심을 느슨하게 해주었다. 그래서 운등은 혈구를 가볍게 두드리면서 황혼이 비치는 따싱大興 안링安嶺의 검푸른 색 산지 쪽으로 방향을 틀었다. 그곳에서 계곡을 지나가기만 하면 가까운 길을 찾을 수 있을 것이고 시간을 앞당겨 집에 도착할 수 있을 터였다.

 초원에는 초겨울 눈이 드문드문 쌓여 있고, 가끔 내리는 눈은 초원 전체를 뒤덮지 못했다. 햇빛은 마지막 따스함을 유지하고 있었다. 운등은 해가 지평선으로 떨어지면 날씨가 갑자기 추워지고 초원 위에 따스함은 햇빛이 대지에 가져다 주는 은사라는 것을 알고 있었다. 그는 해가 떨어지기 전에 일찌감치 집에 도착해야 한다고 생각하고, 다시 혈구를 두드리며 따싱 안링의 산기슭을 따라 앞으로 나아갔다.

운등이 가볍게 등자를 밟으면서 혈구를 길이 좁은 계곡으로 들어서도록 하는 순간 혈구가 약간 주저하였다. 혈구는 가볍게 고삐를 잡아당기면서 그 자리에서 한바퀴 돌았다.

급하게 캠프로 돌아가려 했던 운등은 혈구의 이런 행동이 의미하는 바를 몰랐다. 그는 발뒷꿈치에 힘을 주면서 혈구의 배에 가하는 힘을 높였다. 혈구는 더 이상 주저하지 않고 계곡으로 뛰어들었다.

혈구는 아직 계곡 입구에 들어서기도 전에 바람을 타고 날려오는 희미한 냄새를 맡았던 것이다. 그것은 혈구가 가장 싫어하는 냄새였다. 망아지 때의 고통과 관련이 있는 것이기도 했다. 이런 냄새를 맡을 때마다 고통스러운 기억은 혈구의 머리 속에서 넘실거렸고 혈구를 심하게 떨게 했다. 그것은 마음 속 깊이에서 오는 공포였다. 그날 밤 그것들은 초원과 전혀 다른 황야의 냄새를 띠고 말 무리에게 접근하였고, 놀란 가운데 혈구는 암말을 따라 말 무리 속에서 사방으로 도망쳤다. 분노한 망아지가 침입자에게 세차게 부딪혔을 때 그것들은 교활하게 덮쳐왔고, 망아지는 손쉬운 포획 대상이었다. 연약하고 반항할 힘도 없었다. 심지어 칼슘이 아직 쌓이지도 않은 망아지 뼈는 그들의 먹을거리가 되었다. 그것들은 이렇듯 어린 망아지에게 침을 흘린 지가 오래 되었다. 그 순간 암말은 사나운 사자처럼 침략자에게 달려드는 동시에 되돌아와 망아지를 보호하였다. 말 무리 전체는 이미 망아지를 보호하면서 유목인 캠프와 더 가까운 것으로 달려갔다. 암말은 이미 망아지를 보호하려고 힘을 많이 소진하였다. 암말은 자신들에게 접근하려는 들짐승들을 걷어차고 물어뜯었다. 이렇게 서서히 그것들을 자신들 뒤로 쳐지게 하였다. 마지막으로 들짐승이 쳐들어 왔을 때 결국 쓰러졌고, 그 순간 들짐승들이 덮쳐 왔고 더 이상 일어서지 못했다. 망아지는 말 무리에 둘러싸인 채 앞으로 내달렸고, 계속해서 다른 말들에 부딪혔다. 하지만 망아지는 넘어지지 않았다. 그날 밤 이후로 망아지는 더 이상 암말을 볼 수 없었다.

또 한 번 그것들은 야간 공격을 해왔다. 혈구는 이미 건장해졌다. 달리기도 빠르고 자신의 말 무리를 보호할 책임이 있었다. 혈구는 본래 자신들이 솜씨있게 일을 처리한다고 생각했지만 부주의하는 바람에 꼬리를 물렸다. 극도의 공포 속에서 사납게 뒷발굽질을 하는 바람에 뼈가 부러지는 소리를 들을 수 있었다. 밖에서 나는 소리는 아마도 꼬리를 물린 들짐승인 듯 했다.

들짐승의 턱뼈가 부러지면 오래 살지 못하고 몸안에서 나는 소리는 마지막 꼬리뼈가 부러지는 소리였다. 어느 밤에 그것은 꿈속에서 불에 데인듯한 통증을 느낄 것이고, 그 통증은 꼬리뼈에서 척추까지 이어질 것이다. 그 통증에서 벗어나기 위해서 어두운 초원에서 미친듯이 달리면서 한창 쉬고 있던 새들을 놀래킬 것이다.

이 때 혈구는 운등을 믿고 있었다. 또 운등의 의도를 어기려 하지 않았다. 마치 낭떠러지 아래로 떨어질 때의 그 순간처럼 말이다.

계곡 안에는 바람이 불지를 않았고, 눈도 더 두껍게 쌓여 있었다.

눈은 거의 혈구의 복사뼈까지 쌓여 있어 빨리 달릴 수 없었다. 골짜기를 지나 계곡 입구가 가까워질 무렵에 공간이 약간 넓어졌고 눈도 적어졌다. 계곡 입구의 알칼리성 토양에는 산을 따라 촘촘한 관목이 자라나 있었다.

처음에 혈구가 앞으로 나아가지 않고 제자리에서 빙빙 돌면서 히힝 소리를 불안하게 낼 때 사실 운등은 관목숲 속에서 언뜻 나타난 것이 뭔지를 몰랐다. 하지만 잠시 후에 관목숲이 흔들리기 시작하고 회색 그림자가 우거진 관목숲에서 나타나기 시작했다. 또 갈수록 그 윤곽이 분명해졌다. 그는 자신도 모르게 차가운 공기를 들이마셨다.

늑대, 늑대 무리였다.

그는 늑대가 얼마나 있는지 보지 못했다. 하지만 늑대들은 멀리서 달려왔고, 아무런 주저함도 없었다. 정말 굶주린 늑대 무리였다. 그것들의 목적은 매우 분명했다. 하늘이 내려준 말과 사람을 사로잡아 자신들의 먹을거리로 삼는 것이었다.

늑대가 가장 위험할 때가 언제냐고 묻는다면 아마도 그것들이 가장 굶주렸을 때일 것이다. 겨울에 먹을 것을 찾을 수 없을 때, 늑대들은 먹을 것을 위해서라면 아무것도 고려하지 않는다. 이 시기는 교배하는 계절이 막 지나는 때로 수컷 늑대는 어미 늑대를 쫓아다니느라 잠도 안 자고 먹지도 않아 바짝 마른 상태다. 이미 임신한 어미 늑대는 배속에 있는 새끼 늑대를 위해서 충분한 영양분을 섭취하려고 한다.

전례없던 굶주림으로 늑대 무리는 급하게 먹을 것을 찾아야 했고, 이 때 그들은 어떤 사냥 기회도 놓치지 않는다.

늑대 무리는 우르르 몰려들었다.

운둥은 샤오바트르의 경고를 듣지 않고 혈구를 타고 늑대 무리가 모여 사는 계곡으로 들어왔다.

운둥은 혈구의 고삐를 잡아당겨 방향을 바꾸면서 말안장 밧줄에 걸어놓았던 채찍을 꺼냈다. 그는 채찍으로 혈구의 엉덩이를 때리면서 왔던 길로 도망쳤다.

막 달리기 시작했을 때 운둥은 계곡에 눈이 많이 쌓여 그를 태우고 있는 혈구가 빨리 달릴 수 없다는 것을 의식했다. 운등이 되돌아보니 늑대 무리는 이미 가까이 쫓아왔다. 거리가 계속해서 가까와지고 있었다. 그는 늑대 무리가 굶주림으로 인해 털 아래로 갈비뼈가 드러난 것을 볼 수 있었다. 늑대들은 바짝 말랐는데도 빠르고 소리없이 뛰어오고 있었다.

눈 속에서 혈구는 더 빨리 달릴 수가 없었다.

처음 뛰어오른 늑대는 운등 왼쪽 발 장화를 물었다. 그는 손에 있던 채찍을 휘둘러 늑대의 콧등을 정확하게 가격하였다. 그 힘은 매우 세서 자신도 손에 울림을 느낄 정도였다. 그 늑대는 눈 위로 쓰러졌다. 하지만 늑대는 너무 많았다. 늑대들은 무자비하게 차례로 뛰어올라 공격했다. 어떤 것은 혈구 뒷발굽에 채이는 위험을 무릅쓰고 혈구의 꼬리를 물기도 했다. 혈구는 놀라 뛰어올랐고, 하마터면 운등이 떨어질 뻔 했다. 다행히 다시 제자리를 잡았다.

운등은 마음 속 두려움을 억제하려고 노력했다. 늑대가 몰려온 것은 뼈대로 지탱하는 털난 야생짐승에 불과하다, 그것들의 몸은 배고픔으로 바짝 말라 있다. 하지만 머리는 배고프다고 변화가 일어나지 않고 여전히 원래 모습을 유지하고 있다. 따라서 고개를 숙여서 보면 거대한 머리만 보이고 위로 뛰어오를 때 하얀 기운을 내뿜으며 음산한 이빨만 드러날 뿐이다.

늑대들은 이미 유리한 형세를 이용하여 운등을 포위해 왔다.

이때 운등은 늑대 무리에서 머리가 큰 검은 늑대를 주목했다. 망아지만한 크기에 목에는 갈기만 많이 있었다. 바로 전설로 전해지는 아둔창이었다. 하지만 크기만 클 뿐 그 늑대도 마찬가지로 바짝 말라 있었다. 하지만 다른 늑대에 비해 더 높이 뛰어올랐다.

운등이 할 수 있는 일이라곤 계속해서 채찍을 휘둘러 한놈씩 맞추는 것이었다. 마침내 그는 전력을 다해서 손에 있던 채찍을 휘두른 뒤에 자신의 손에서 이 채찍은 더 이상 힘을 감당하지 못하고 끊어지고 말았다. 그의 손에는 3분의 1만 남은 끊어진 그루터기만 남아 있었다. 그가 원래 그것을 가지고 다녔던 것은 성에 들어갈 때부터였다.

이 때 호신용 무기를 잃고 나서 운등은 계속해서 도망쳐 갈 길을 생각했다. 혈구는 눈이 많이 쌓여 있어서 빨리 달리기 어렵고, 끝내 늑대 무리에 의해 넘어질 것이다.

운등은 혈구의 고삐를 잡아당겨 방향을 바꾸게 했다. 운등이 다시 늑대 무리로 들어가는 행동은 분명히 혈구가 어찌할 바를 모르게 했다. 혈구는 주저하는 모습을 보였다. 하지만 잠시 주저하는 사이에 늑대 무리는 그들을 다시금 포위해 들어왔다.

늑대 무리 사이에서 빙빙 돌다가 잠시 후 마침내 결심이 선듯, 바로 앞을 막고 있던 늑대를 치받고 계곡 입구로 달려나갔다.

이 계곡을 빠져나가기만 하면 드넓은 초원이다. 이 늑대들은 미친듯 내달리는 혈구를 이겨낼 방법이 없게 되는 것이다.

눈이 얇게 쌓여 있어 혈구는 잠시 늑대 무리의 포위망에서 벗어났다. 이 짧은 순간을 이용해서 운등은 등자에서 왼발을 빼냈다. 이어서 오른쪽 등자를 풀었다.

고개를 숙이고 등자를 빼내는 동작은 운등의 주의력을 분산시켰다. 몸을 일으켜 꺼낸 등자의 밧줄을 더 단단하게 묶어 그것으로 무기로 삼으려 할 때 늑대 한 마리가 음험하게 달려와서 죽어라고 운등 왼쪽 장화를 물었다.

그 늑대는 사정없이 물어뜯으면서 운등의 장화에 매달렸다. 하루 종일 굶주려 체중이 많이 줄기는 했지만 몇십 근의 중량이 운등의 발에 얹히고 그 날카로운 이빨이 장화 가죽을 물어뜯으니 운등은 그 이빨이 자신의 발에 닿는 것이 느껴졌다. 하지만 그는 등자에 채찍을 매느라 급급한 나머지 오른쪽 발은 등자가 없었기 때문에 균형을 유지하기 위해서 그는 어쩔 수 없이 왼쪽으로 몸을 떨어뜨려 다행스럽게 말에 오르기 전에 말의 뱃대를 더 단단히 할 수 있었다. 아니면 너무 느슨한 뱃대는 안장을 느슨하게 하기 쉽고, 이렇게 말에서 떨어지게 되면 생환 기회는 없어지고 마는 것이다.

운등은 채찍의 다른 쪽을 팔에 꽉 묶어맸다. 그는 만약 이 무기를 잃어버리면 자신은 더 이상의 기회가 없다는 것을 알고 있었다.

운등은 손에 있는 등자를 휘두르며 왼쪽 장화에 있는 늑대를 쳐냈다.

등자를 오른손에 매단 채였고, 그가 휘둘러 공격하는 방향은 왼쪽에 있었다. 휘두르는 것이 능숙하지가 않았고, 또 타고 있는 혈구를 때릴까 봐 걱정이 되어 매달려 있는 늑대의 등만 대충 스칠 뿐이었다.

처음 시도를 하고 나서 그는 필요한 것은 타격 역량과 각도였다는 것을 알게 되었다. 두 번째 시도에 그는 전력을 다했다. 동으로 만든 등자는 휘두르면 쇠망치처럼 튼튼했다. 운등의 장화에 완강하게 매달려 있는 늑대의 가슴쪽을 정확하게 타격하였다. 그것은 엄청난 타격이었다. 운등은 손에 있는 등자가 나무토막 같은 것들을 부러뜨리는 것이라 느끼고 늑대의 몸에 깊이 박아넣었다. 부러진 것은 물론 늑대의 갈비였다. 늑대는 비명소리를 내면서 물고 있던 것을 놓쳤다. 하지만 이빨은 여전히 장화통에 걸려 있었고, 몇 차례 흔들거린 다음에 마침내 떨어져 나갔다.

갑작스럽게 왼쪽발에 매달려 있던 것이 없어지자 일순간 우측으로 기울이면서 균형을 유지하고 있던 운등이 까딱하면 말에서 떨어질 뻔 했다.

줄곧 뒤따라오던 검은 색 아둔창이 이 기회를 노리고 있다가 갑자기 도약하면서 힘들이지 않고 운등 어깨쪽으로 직접 뛰어올랐다. 아둔창은 운등의 목을 직접 공격했다. 운등이 순간적으로 피했고, 아둔창은 운등 두루마기 우측 소매만 물었다. 말에 타고 있던 운등을 잡아당겨 떨어뜨릴 심산이었다. 그 중량은 막 떨어져 나간 늑대의 두 배 정도 되었고, 무는 순간 혈구도 속도를 늦출 수밖에 없었다. 운등의 두 다리는 죽을 힘을 다해 혈구의 배에 붙였다. 결국 떨어지지 않았다. 등자는 그의 오른팔에 매어 있었다. 풀 생각도 없었지만 이 음험한 큰 늑대를 공격할 힘도 없었다.

혈구의 속도가 느려지자 다른 늑대들도 따라붙었다. 그것들은 입을 댈 부위를 찾고 있었다. 이 때 끌어내려지면 다시는 기어올라오지 못할 상황이었다.

혈구는 바로 이 순간 발작하였다. 혈구는 먼저 뛰어올라 뒤에 따라붙은 늑대 두 마리를 걷어찼다. 이어서 직접 몸을 돌려 운등 소매를 죽어라고 물고 있는 아둔창의 허리측이 드러난 것을 보고 주저없이 물었다. 초원에서 달리는 동물인 말은 물어뜯는 데 쓰는 이빨은 없다. 하지만 거친 풀을 가는 거대한 어금니가 마찬가지로 무서운 힘을 갖고 있다. 혈구는 죽어라고 아둔창의 허리를 물었다. 바짝 말랐기 때문에 아둔창의 등도 불쑥 나온 상태여서 물기가 좋았다.

이 순간 혈구는 전력을 다 했다. 초식동물로 말하자면 많은 경우에 도망치는 것이 유일한 무기다. 하지만 황량하고 추운 초원에서 가장 강인한 생명만이 살아남을 수 있다. 이것은 생존을 위한 반격이었다.

말은 아귀힘을 갖고 있다. 말은 온 힘을 다해서 커다란 늑대의 척추를 물었고, 그 늑대는 그 고통을 이겨낼 수 없었다.

거대한 늑대는 물었던 것을 놓고 땅에 떨어졌다. 물었던 것을 놓는 순간 고개를 돌려 혈구를 향해 되물려고 할 때 운등은 이미 해방된 오른손에 있는 등자를 높이 휘둘러서 강력한 타격을 가했다. 등자는 정확하게 늑대의 뒷머리를 강타하였고, 그 힘은 그 머리를 박살낼 수 있을 정도였다. 거대한 늑대는 마침내 혈구를 깨물려는 동작을 다 마치지 못하고 쿵 소리를 내면서 땅에 떨어졌다.

그 순간 운등은 마침내 깨달았다. 아둔창은 전설로 전해지는 것처럼 그렇게 무섭지 않았고, 좀 더 큰 늑대일 뿐이었다.

곧 이어 포기를 모르는 늑대들이 덤벼들었는데, 모두 운등의 등자 공격을 받고 떨어져 나갔다. 등자 휘두르는 것을 빠르게 배운 운등은 등자가 말을 탈 때에는 손으로 사용하기 좋은 무기가 된다는 것을 알게 되었다.

이 때 혈구는 이미 계곡에서 벗어나고 있었다. 혈구의 발굽은 튼튼한 땅을 딛었다. 혈구가 달리면 천하 무적이었다. 남은 늑대들은 저 뒷쪽으로 멀리 쳐졌다.

울란은 줄곧 게르 밖에 서서 운등이 돌아오기를 기다리고 있었다. 날이 어두워질 무렵에 초조한 울란은 지평선에 급하게 달려오는 말 탄 모습이 보였다. 그녀는 운등이 습관적으로 몸을 기울이는 모습을 보고 그제서야 안심이 되었다.

운등이 캠프로 돌아온 후에 말에서 내려 안장을 내려주기도 전에 안장 주머니에 있는 약을 꺼내 어머니에게 주었다. 그리고 나서 혈구를 타고 다시 천천히 한 시간 정도 산보를 한 다음에 혈구를 달구지에 매어놓고 게르로 들어갔다.

운등이 어머니가 건네준 차를 마셨다. 그 차는 식도와 위장으로 내려가 따스한 기운이 온 몸으로 서서히 퍼져 나갔다. 그제서야 온몸의 피로와 함께 두루마기 안의 속옷도 땀에 흠뻑 젖은 것이 느껴졌다. 오른쪽 팔은 들 수도 없었다. 아마 늑대를 공격할 때 난 상처 같았다. 그는 어쩔 수 없이 왼손으로 찻잔을 들었다. 차를 다 마시고 장화를 벗으려고 할 때 갑작스런 통증으로 자신도 모르게 신음소리를 냈다. 울란은 다급하게 안장 주머니에서 알약을 꺼내 샤오바트르에게 먹게 했다. 그리고 초를 꺼내서 가까이 다가왔다. 그녀는 자신도 모르게 비명을 질렀다. 촛불에 비춰보니 운등의 좌측 발 장화의 장화통이 너덜너덜해져 있는 상태였다. 울란이 장화를 벗겨낼 때 그는 자신을 애써 통제하였다. 통증으로 인한 신음소리는 더 내지 않았다. 울란은 등운 발을 싸맨 천을 벗겨냈다. 맨발에 거대한 이빨로 인한 상처가 드러났다. 그리고 그 사이로 줄줄 피가 흐르고 있었다.

울란이 깨끗하게 닦아내고 상처를 싸맬 때 그는 대충대충 지금 막 먹은 약에 대해 말한 후에 낮은 기침소리를 내는 아버지 샤오바트르에게 자신의 돌아오는 길에 늑대를 만난 사실을 말했다.

샤오바트르는 운둥이 시간을 절약하기 위해서 가까운 길을 택한 것을 나무랐다.

울란은 운둥을 위해 상처를 치료해 주었다. 운둥은 엉망이 되어버린 장화를 발에 신으면서 자신에게 공기를 넣는 것 같은 헤이 하는 소리를 냈다. 장화를 다 신은 후에 일어나서 게르를 나섰다. 그의 손에는 버터 반그릇이 들려 있었다. 아직 남아 있는 마지막 햇빛을 이용해서 그는 혈구의 엉덩이와 허리 부분에서 찢어진 상처를 찾아내어 세심하게 버터를 발라 주었다.

이 때서야 운둥은 혈구의 안장을 내려 주었다. 지금 혈구의 등에 있던 땀은 모두 말랐다. 안 그러면 스며든 땀으로 인해 저녁 바람 속에서 혈구 등은 부풀어 올랐을 것이다.

운둥은 굴레를 벗기고 혈구 등을 두드려 주었다. 혈구는 히힝 하는 소리를 내고 나서 자신의 말 무리 속으로 되돌아갔다.

이튿날 샤오바트르는 약을 먹은 후에 컨디션이 좋아져서 근처의 유목인 두 명을 찾아서 채찍과 포로를 갖고 운둥의 인솔하에 그 계곡을 찾아갔다.

그들은 계곡에서 살펴보았다. 맞아서 마비가 된 늑대를 포함해서 모두 28마리였다. 그 중에는 검은 색 아둔창이 포함되어 있었다. 한 유목인은 아둔창의 무게를 가늠해 보았다. 정말 커다란 늑대였다. 일찍이 후룬베이얼 씨름대회에서 4등 안에 들었던 장사가 그것을 한 번 안아보기 위해 용을 쓴 적이 있다. 그는 힘을 다해 이미 굳어버린 이 늑대를 지면에서 들어올리려 있다. 그는 자신의 머리를 늑대의 목쪽으로 받쳤다. 그런데 이때 그 늑대의 엉덩이가 아직 땅에 닿아 있었다.

몇몇 늑대들은 같은 무리에게 잡아먹히고 가죽이 손상되었다. 하지만 손상되지 않은 늑대 가죽은 10장 남아 있었다. 그 늑대들은 껍질이 벗겨져 봄날 허베이에서 온 손님에게 팔렸다. 아둔창의 거대한 검은색 늑대 가죽을 보고 손님은 자신을 억제하지 못하고 달려들어 거대한 늑대 가죽의 털을 샅샅이 훑었다. 그것은 온전히 벗겨진 가죽으로 위에는 상처가 하나도 없었다. 두툼한 검은색 가죽에 은회색의 가느다란 융모가 떠 있었는데, 바람에 가볍게 흩날리면서 마치 실감나지 않는 엷은 안개 또는 꿈속 같았다.

그날 신중한 단골손님이 샤오바트르 게르에서 꽤나 많이 마셨다. 등 뒤에 놓인 나무들에서 잠에 들때까지 그는 여전히 이 28마리의 늑대가 운등 한 사람 손에 의해 죽었다는 사실을 믿지 못했다.

후룬베이얼 초원에서 더 이상 아둔창을 포획할 수는 없었다.

이후로 후룬베이얼 늑대 무리는 점차 몰락해 간 듯 했고, 더 이상 수백 마리로 이루어진 성황은 없었다. 유목인들도 초겨울에 발정난 늑대가 한 줄로 늘어서서 양떼를 스쳐 지나가는 장면을 볼 수 없었다. 망아지처럼 크고 등에 갈기가 나 있는 검은색 늑대 아둔창은 초원의 전설로만 남게 되었다.

이런 거대한 늑대에 관한 기억은 마침내 1960년대 쯤에 끝이 났다. 아둔창 한 마리가 신바르구기에 나타나자 사람들은 군용 지프를 타고 추격하였다. 결국 거대한 늑대는 모래 구덩이로 도망쳐 들어갔다. 사람들은 구덩이 주변까지 쫓아갔다. 구덩이는 크지 않았고, 모래 위에는 거대한 늑대가 들어간 족적만 보일 뿐이었다. 하지만 모래구덩이에서 그 거대한 늑대는 물론이고 족적도 사라져 버렸다. 이 전설 속의 신비한 짐승이 마지막으로 나타난 것은 모종의 신비한 색채를 띠고 있기도 하다.

늑대가죽을 판 돈으로 샤오바트르는 하이라얼로 진료를 받으러 갔다. 이번에 가지고 온 것은 더 쓸모가 있는 듯 해서, 겨울내내 샤오바트르는 과거 겨울처럼 쉬지 않고 기침을 하는 일은 없게 되었다.

그 해에 운등의 나이 12살이었다.

●

1949년에 중공 중앙 내몽골 분국에서는 봄과 가을에 목축구 구역의 대중들이 사냥활동을 조직하여 사냥을 많이 하는 이들에게 상을 주기로 결정했다. 불완전한 통계에 따르면, 1948년부터 1995년까지 전체 구역에서 늑대 43여만 마리를 사냥하였다.

《내몽골 목축업 대사기大事記》

(내몽골인민출판사 1997년 10월 제1판)

10
말 훈련

초원에서 경기에 참가한 말들은 조련과정을 거쳐야 한다. 하지만 운등은 혈구를 조련한 적이 없었다. 경기가 열리기 며칠 전에 말 무리에서 잡혀 나와 하루 이틀 매어 있다가 곧장 경기에 참가하였다.

그러나 이번에는 달랐다. 한 달 전에 샤오바트르는 운등에게 혈구를 말 무리에서 잡아오게 하였다.

샤오바트르는 게르 앞에 있는 두 말뚝 사이에 긴 밧줄을 걸어 놓았는데, 혈구를 그 밧줄 위에 서게 묶어놓았다.

낮 시간동안 혈구는 그곳에 매여 조련을 받았고, 그리고 나서 저녁이면 풀려나서 초원에 가서 풀을 먹고 아침에는 다시 잡혀 왔다. 운등도 말을 조련한 적은 없지만 그는 알고 있었다. 샤오바트르의 이런 조련 방법이 가장 원시적이고, 혈구가 먹는 양을 통제하는 것일 뿐이라는 사실을 말이다. 하지만 운등은 또 혈구 같은 말은 조련을 거쳤는지 여부가 그렇게 중요하지 않다는 사실도 알고 있었다.

샤오바트르가 정식으로 혈구 조련을 시작한 지 얼마 지나지 않아서 운등은 혈구를 데리고 근처 마을로 가서 소형 말달리기 대회에 참가하였다. 경기 구간은 10킬로미터가 채 되지 않았다. 혈구는 손쉽게 우승하였다. 그 날 경기가 끝난 뒤에 급하게 캠프로 돌아오느라 운등은 혈구 산책시키는 것을 하지 않고 곧바로 혈구를 타고 자신의 게르로 돌아왔다. 캠프에 도착했을 때는 저녁 식사시간이었다. 운등은 혈구를 게르 밖에 매어 놓고 식사를 했다. 식사를 마치고 게르를 나섰을 때 혈구가 고삐를 당겨 뜯고 스스로 하천으로 물을 마시러 간 것을 보게 되었다. 운등이 혈구를 다시 데리고 왔을 때 혈구의 배는 물을 많이 마셔 동그랗게 되어 있었다. 그 후 며칠이 지나서 혈구는 활기가 없어졌고 풀이나 물을 먹으려 하지 않았다. 운등은 근처 마을에서 언제나 잔뜩 취해 있는 수의사를 청해 왔다. 혈구에게 거품이 일고 냄새가 코를 찌르는 탕약을 먹인 뒤에도 혈구는 여전히 좋아지지 않았다. 하지만 돈은 지불해야 했다.

쿤타가 왔을 때 혈구는 병적으로 수척한 모습을 보였다. 쿤타는 제일 처음 운등에게 말을 치료하는 방법을 보여주었다.

쿤타는 자신의 가죽 주머니에서 양뿔로 만든 병을 꺼냈다. 그리고 나서 그 안에서 손톱만한 크기의 기름진 것을 꺼냈다. 거즈로 싸여 있었는데 혈구의 입에 넣고 나서 혈구에게 굴레를 씌웠다. 이튿날 아침에 운등이 일찍 일어나서 혈구를 보러 갔다. 분명히 혈구는 그가 커튼 올리는 소리를 들었다. 운등은 혈구가 이 세밀한 움직임을 따라서 기민하게 귀를 쫑긋거리는 것을 보았다. 그는 혈구가 이미 다 치유되었다는 것을 알았다.

"그 양뿔 병 안에는 뭐가 있는 건가요?" 운등이 쿤타에게 물었다. 그는 호기심이 많았다. 또 자신도 그런 신기한 약을 가졌으면 좋겠다고 희망을 가졌다.

"늑대 쓸개."

곧 이어 쿤타는 자신의 가죽 주머니에서 양창자로 싸맨 조그만 주머니를 꺼냈다. 기름을 바른 것처럼 투명한 창자 외피 안에 응고된 하얀색 물건이 들어 있었다.

"이거", 쿤타 얼굴에 야릇한 미소가 흘렀다. "늑대기름이다."

"혈구는 말달리기 경기가 끝나고 나서 땀이 배출되지 않은 채로 찬물을 마셔 감기가 걸렸으니 늑대 쓸개를 먹어야 한다. 이후에 반나절 조련을 해야 하고 물을 마시지 못하게 해야 해. 만약 위장에 문제가 생기면 늑대기름을 사용해 똑같은 방법으로 헝겊으로 싸서 말 입에 매어 줘야 한다."

쿤타는 이 두 물건을 운등의 손에 놓아 주었다. 이후 조련 일은 쿤타가 떠맡게 되었다.

나중에야 운등은 알게 되었다. 쿤타가 샤오바트르가 혈구를 조련시켜 달라고 부탁했다는 것을 말이다. 그는 샤오바트르가 이렇게 그 대회를 중요하게 생각하는지 상상도 하지 못했다.

당시 운등은 혼자서 한 게르에 살고 있었다. 그 게르는 또한 집안의 주방이기도 했다. 쿤타는 자신의 그 노루가죽으로 만든 침낭을 운등의 게르로 옮겨놓았고, 그때부터 살기 시작했다.

쿤타는 매일 새벽에 일찍 잠을 깼다.

쿤타가 여러 해 동안 사용하다가 껍질이 말라붙은 노루 침낭은 일어날 때마다 종이가 뒤집히는 것처럼 바스락거리는 소리를 내고 운등은 그 소리를 듣고 잠에서 깼다.

운등은 쿤타 앞에서 자신이 아침 일찍 일어나는 것을 받아들이고 스스로 적응할 수 있다는 것을 충분히 보여주고 싶었다.

평상시에 어머니 울란은 아침 차를 준비하며 운등을 깨우지 않기 위해 게르에 들어갈 때 큰 소리를 내지 않으려 애썼다. 그러나 잠든 중에도 운등은 울란이 어떻게 가볍게 게르 커튼을 들추고 게르 안으로 들어오는지 알고 있었고, 그녀의 두루마기와 게르의 문틀이 부딪치며 바스락거리는 소리가 나면 곧 이어 그녀는 양 똥 상자와 쇠삽을 들고 나간다. 그리고 다시 게르 안으로 들어가 양 똥을 난로에 넣고 불을 붙였다. 난롯불이 이글이글 타오르고 게르가 따뜻해질 무렵 그녀는 도끼로 찻잎을 빻는다. 가볍게 빻아진 찻가루는 봉지에 담아 냄비에 넣고 끓인 뒤

우유를 탄다. 그 후 끓이는 동안 계속 숟가락으로 냄비의 밀크티를 떠서 높이 올리고 다시 부어주는 동작을 수없이 반복해 끓인 밀크티가 붉은 빛깔의 말간 차 국물이 될 때까지 반복한다. 이 뜨거운 밀크티는 초원의 유목인에게 거의 모든 것을 의미한다. 초원 유목 지구에서는 이 식물이나 나뭇잎 제품에 대한 수요를 저지할 수 없다. 꼭 필요한 차를 얻기 위해 전쟁에까지 호소한다. 채소가 부족한 유목인에게 비타민을 공급하는 중요한 공급원이기도 하지만, 겨울이 극히 추운 초원 유목지에서 차는 가장 추운 계절에 유목인이 살아남기 위해 꼭 필요한 열량을 제공하기 때문이다.

어머니 울란이 밀크티를 끓여 먹던 장면은 줄곧 운등의 기억 속에 남아 있다. 초원에서 아침마다 그는 밀크티의 향긋한 냄새에서 깨어났고, 어머니가 길어올려 다시 냄비에 담근 밀크티가 지붕에서 쏟아지는 아침 햇살에 유혹적인 금홍빛 빛을 발하는 것을 보았다. 사실 그런 이미지는 초원 위 모든 아이들의 기억 속에 남아 있다.

그러나 운등은 완전히 깨어난 상태가 아니었다. 그가 두루마기를 입고 장화를 찾을 때 아직 눈은 감겨 있었고, 이것이 꿈 속의 일부분이라고 생각했다. 게르 밖으로 걸어나올 때 정신이 깨지 않아 몽롱해서 머리를 문설주에 부딪혔다.

날은 아직 밝지 않았다. 새벽의 찬 기운 속에서 운등은 추위에 떨면서 소변을 봤다. 여전히 그는 완전히 깬 상태가 아니었다.

운둥이 쿤타가 이미 준비해 놓은 말을 탈 때 한 줄기 햇살이 먼 지평선을 넘어 가을날 초원을 밝게 비추었다. 차가운 서리가 풀 끝에서 빛나고 있었고, 온 사방에 흩어진 깨진 다이아몬드 같았다. 그리고 이 때 새들도 이 햇빛을 따라 함께 깨어났다. 새들은 즐겁게 지저귀었다. 햇빛 속에서 자신의 깃털을 말리고 얼어붙은 몸을 따뜻하게 했다.

운둥도 마찬가지로 햇빛 속에서 자신의 몸을 일광욕하고 그러면서 점점 깨어났다.

운둥은 매일 쿤타가 길을 인도하여 말을 타고 앞에 간다는 것을 의식하게 되었다.

어느 정도 시간이 흐르고 나서 그들은 말 무리를 빨리 찾을 수 있었다. 그것은 운둥이 조금은 이상하게 만들었다. 쿤타는 처음부터 말 무리가 어디 있었는지를 아는 듯 했다.

매일 말 무리가 있는 곳은 달랐다. 말들은 자취 없이 이동을 하고 쉬지 않고 이동한다. 그들은 말을 타고 두 시간 정도를 갔는데, 한 언덕을 넘어서자 정말 말 무리가 풀밭에서 풀을 뜯고 있었다.

운둥은 평상시처럼 기어서 천천히 혈구에게 접근했다. 그리고 나서 혈구에게 굴레를 씌웠다. "번거롭게 생각하지 마." 운둥이 말에 올라 혈구를 끌고 캠프로 올 때에 쿤타가 그에게 말했다.

"이건 너만 잡을 수 있는 말이다. 다른 사람은 혈구를 잡는 비책을 모른다. 혈구는 오직 네 거야. 자신 소유의 말은 다른 사람이 타서는 안 되고, 혈구도 다른 나쁜 습관을 배워서는 안된다."

혈구가 캠프로 이끌려 돌아오고 두 말뚝 사이에 걸려 있는 밧줄에 매었다. 아침에 잡았다가 저녁 때 풀어주었다. 처음 며칠 동안 큰 변화는 없었다. 매우 빠르게 운등은 아침에 일찍 일어나는 것에 적응했다. 게르에서 나올 때에도 흐리멍텅하지 않았다. 또 이때 그는 마침내 쿤타의 매우 특별한 행동을 발견하였다.

매일 아침에 쿤타가 게르를 나서서 처음 하는 일은 운등과 마찬가지로 먼저 소변을 보는 것이었다. 이후 그는 마치 무언가를 찾는 듯 게르 주변을 한 바퀴 돈다. 그리고 나서 그는 어떤 위치에 머물러 심호흡을 한다.

운등은 그가 언제나 바람이 부는 곳에 서는 것에 주목하였다. 즉 바람이 불어오는 방향에 서는 것이다. 그 날 쿤타는 정확하게 말 무리를 찾아냈다.

돌아오는 길에 운등은 쿤타에게 아침에 하는 그 행동의 의미를 물어보았다.

"항상 순풍을 타고 가는 것이 말의 습관이다." 쿤타는 분명 그의 질문을 기대하고 있었고, 운등이 예전에 미리 쿤타가 바람을 맡는 것을 주의 깊게 봤다고 언급해 매우 기특해 했다.

"바람의 냄새를 맡고 바람의 방향을 보면 말 무리가 어느 방향인지 알 수 있다." 바람의 방향을 보는 것은 운등도 할 수 있다. 높은 곳에 서서 바람이 어디에서 불어오는지 보면 된다. 그렇지만 바람의 냄새는 아직 이해하지 못한다. 대략 10일의 시간 동안에 쿤타는 매일 운등을 데리고 아침 일찍 일어나 말 무리에서 혈구를 데려와 게르 앞에 매어 놓았다가 황혼 무렵에 놓아주어 초원으로 가서 풀을 뜯게 하였다.

낮 동안에 게르 안에 앉아서 차를 마시는 것을 제외하고 쿤타는 매 시간마다 일어나 게르 밖으로 가서 혈구 상황을 살펴보았다. 그는 혈구가 싸는 분변을 진지하게 탐구하였다. 때로는 직접 신선한 똥 덩어리를 들고 자세히 살펴보기도 했다. 마지막 며칠이 되어 그는 뜻밖에 그릇에 맑은 물을 가득 담아 주워온 똥덩어리를 물속에 넣고 나서 가볍게 그릇을 흔들었다. 그 똥덩어리는 물 속에서 요동쳤다.

이는 분명히 운등의 예상 밖이었다. 그는 쿤타가 분변을 살펴보러 갈 때마다 뒤따라 갔다. 그는 분명히 이 10일 내외의 시간 동안에 혈구 분변의 변화를 발견하였다. 최초 며칠간 혈구의 분변은 정상적인 공 모양이었다. 표면은 밝은 광택이 나고 수량도 많았다. 그런데 이후 3,4일 동안 분변의 수량도 뚜렷하게 적어졌고, 광택도 갈수록 떨어졌으며, 모양도 가늘고 긴 형태로 바뀌었다. 마지막 3~4일이 되자 수량은 더욱 감소하였고, 표면은 이미 어두운 무색으로 변했다. 점액 같은 것은 아예 사라졌고, 모양은 길어졌다. 마지막으로 혈구가 싼 분변은 보기에 전통적인 의미에서의 말똥 같아 보이지 않았다. 뭔지를 알아볼 수가 없었고, 더욱이 물에 오래 담가두어 썩은 후에 다시 말린 오래 된 풀 같아 보였다. 사료 안에 있는 모든 영양분은 이미 혈구의 강인한 위로 인해 눌려 짜내졌다.

10여 일의 과정 속에서 하루 걸러 한 번씩 쿤타는 운등이 혈구를 타고 한 바퀴 천천히 4~5킬로미터를 뛰게 하였다. 돌아올 때 혈구 몸에는 거품 같은 땀을 흘렀다. 쿤타는 직접 혈구 몸에 있는 땀을 씻어주었다. 그리고 나서 운등에게 다른 말을 타고 혈구를 이끌고 천천히 한 시간 정도 산책하게 한 다음에 다시 묶어 놓았다. 혈구 몸의 땀이 전부 마른 뒤에 다시 놓아주어 풀을 뜯게 하였다.

혈구는 10여 일이 지나자 별 변화가 없는 듯했다. 몸에는 가을풀로 인해 오른 지방이 아직 감소되지 않았다. 운등도 지금까지 조련이 성공적이지 않다는 사실을 알고 있었다. 아마도 매일 더 많은 시간이 필요하고 혈구가 풀 뜯는 시간을 줄여야 혈구 몸에 있는 지방을 통제할 수 있을 것이라는 사실도 알고 있었다.

하지만 쿤타는 흔히 쓰는 이런 방법을 취하지 않았다. 그가 곧바로 취한 방법은 운등이 들어보지 못한 방법이었다.

그 날 그들은 평상시처럼 아침 일찍 일어나서 초원 깊은 곳으로 가서 혈구를 데려와 게르 밖에 매어 놓았다.

하지만 오후가 되자 쿤타는 운등에게 혈구를 잘 끌고 오게 하고 나서 그를 데리고 캠프 서쪽의 낮은 지역으로 향했다.

얼마 걷지 않아 그들은 높은 언덕 하나를 넘자 멀지 않은 낮은 지대에 조그만 호수가 있었다. 여름철 우기에는 빗물이 많이 모이는데, 면적이 적다고는 할 수 없었고, 항상 물오리 같은 물새들이 그 곳에서 서식했다. 때로는 거대한 백조가 수면에 내려앉기도 한다. 하지만 가을이 됨에 따라 초원의 건조한 바람 속에서 그 호수는 면적이 빠르게 축소되었고, 결국 너비 수십미터에 불과한 조그만 호수로 축소되고 말았다.

물이 줄어들고 나서 호수 밑바닥이 드러났다. 진흙뻘에 짐승 발굽자국이 가득 했고, 또 햇빛에 바짝 마르면서 고기 비늘이 날아오르기도 했다. 몇몇 발굽 자국에는 손톱 같은 우렁이들이 보이기도 했다. 쿤타와 운등은 말을 타고 갔는데, 말굽에 밟히자 햇빛을 받아 균열된 진흙 조각이 사삭 소리를 내기도 했다.

호숫가의 무성했던 갈대는 이미 말랐고, 어쩌다가 이곳에서 물을 마시거나 바람을 쐬는 가축들에 의해 먹히고 짓밟혀 남은 호수는 끊임없이 이곳으로 와서 더위를 식히는 가축들이 망쳐놓아 혼탁하기 그지 없었다. 많은 날짐승들이 이곳에 날아와 모이고, 호수 안에서는 물짐승의 분변이 악취를 풍기고 있었으며 수면 위에는 새의 하얀 깃털이 떠 있었다.

운등은 사실 이런 곳에 뭐 하러 오는지 몰랐다. 만약 말에게 물을 마시게 하기 위해서라면 죽처럼 걸쭉한 흑수탕을 마시게 하면 건강한 말을 쓰러뜨리기에 족할 것이다.

호숫가에까지 걸어갔을 때 운등은 그 호수의 정중앙에 말뚝 하나가 외롭게 서 있는 것에 주목했다. 엊그제 운등이 말 무리를 이끌고 이 곳을 지나갈 때 그 말뚝을 발견하지 못했었다.

쿤타가 언제 그 자리에 세운 것인지 모르는 것이 당연했다.

물 속에 말뚝을 세우는 것도 쉬운 일은 아니다. 운등은 쿤타가 어떻게 말뚝을 큰 망치로 호수 밑바닥의 뻘에서 옷 하나 적시지 않고 두들길 수 있었는지 상상할 수가 없었다. 또 검은 진흙탕 같은 호수에 자신의 장화를 부었는지 상상이 되지 않았다. 요 며칠 쿤타는 검은 색 몽골 두루마기를 입었었고, 그가 옷과 장화를 바꾼 것을 보지 못했었다.

이는 분명 쿤타가 자신의 말을 타고 호수에 들어갔고, 그리고 나서 말 위에 서서 큰 망치로 호수 밑바닥에 말뚝을 박은 것이라며 운등은 놀라워했다. 단지 생각하는 것만으로는 불가능하게 느껴졌다. 말 위에 서서 한 손에 말뚝을 잡고, 다른 한 손으로 큰 망치를 이용해서 말뚝을 천천히 호수 밑바닥에 박아 넣으려면 말 위에서 균형을 유지해야 한다. 불가사의한 일이다. 하지만 쿤타이기 때문에 불가능한 일도 아니었다.

쿤타는 운등에게 혈구를 호수 안으로 끌고 가서 그 말뚝에 매라고 눈짓했다.

그건 어렵지 않았다. 호수 밑바닥에 뻘이 있어서 막 들어가게 되면 자칫하면 운등의 말이 미끄러져 쓰러지는 것 외에는 어떤 위험한 것도 없고, 호수 가운데 있는 물도 말의 무릎 정도에 불과했다. 운등의 등자 밧줄은 높게 매어져 있기 때문에 장화도 조금 젖을 뿐이었다.

하지만 그가 밧줄을 매고 있을 때 뭍에 있던 쿤타는 큰 소리로 그 밧줄을 높고 좀 짧게 매라고 고함을 질렀다. 분명히 그것은 혈구가 설사 매우 목말라 하더라도 그 호수에 있는 말뚝으로 마실 수 없도록 한것이었다.

그것은 새로운 과정이었다.

이후 7,8일의 시간 동안 매일 오후에 혈구는 그 조그만 호수에 끌려갔고, 오후 내내 그 곳에 매어 있었다. 그리고 나서 황혼 무렵에 풀려나 풀을 뜯었다. 하루 걸러 한 번씩 쿤타는 운등에게 혈구를 타고 땀날 때까지 천천히 뛰도록 했고, 돌아오면 쿤타는 혈구 몸에 천천히 스며든 땀을 닦아주었다. 그 후에 운등은 말을 탄 채로 혈구를 끌고 한 시간 정도 산책을 한 다음 놓아주었다.

이 단계가 끝나자 혈구 몸에 있던 지방층이 소실되기 시작했다. 허리 부분도 서서히 줄어들어 날씬해 보였고, 골격 윤곽도

미미하게 드러나기 시작했다.

　마지막 10일에 첫 번째 단계와 어떤 다른 점은 없었다. 여전히 하루종일 혈구를 게르 밖에 묶어 놓았다. 하지만 첫단계와 다른 점은 매일 황혼 무렵에 혈구를 놓아주기 전에 쿤타는 운등에게 혈구를 타고 조금 빠른 속도로 달리도록 했다. 하지만 마음대로 달리는 것은 아니고 느린 걸음보다 조금 빠른 정도였다. 이 무렵 운등이 혈구를 탈 때 혈구의 발걸음이 모르는 사이에 보다 경쾌해졌다는 것을 느낄 수 있었다. 하지만 쿤타는 운등에게 어떻든지 혈구를 마음껏 달리지 못하게 하라고 경고했다.

　달리기를 마치고 쿤타는 땀닦개를 이용해서 혈구 몸의 땀을 닦아 주었다. 그 때 혈구 몸에 있던 땀들은 견직물 같은 걸죽한 기름땀이었다.

　마지막 며칠동안 쿤타는 오전에 혈구에게 풀을 뜯게 하고, 정오에 운등에게 혈구를 데리고 오게 했다. 이튿날 새벽에 곧바로 다시 놓아주었다. 동시에 혈구에게 수수면과 현미를 먹이도록 했다.

　그날 아침에 운등은 쿤타보다 일찍 일어났다. 그는 소변을 보고 나서 게르 남쪽에 서서 바람냄새를 맡았다. 소변을 보고 나서 운등은 게르 남쪽에 서서 바람 냄새를 맡았는데 이 날 날씨가 맑게 개인 매우 괜찮은 날이란 사실을 깨달았다. 자신도 모르게 갑자기 바람 냄새라도 맡는 능력이 생긴 듯 했다. 운등은 뭐라 말해야 할지 알 수 없었지만 아마도 바람이 지니고 있는 물의 함량이거나 말로는 설명할 수 없는 무언가 때문이라는 것을 알고 있었다. 그리고 그는 말 무리가 캠프에서 대략 5킬로미터 떨어진 남쪽 언덕 위에 있을 것이라고 매우 정확하게 예측했다. 그는 어제 말 무리의 위치와 바람의 방향에 근거하여 판단을 했다.

운등은 말에 대한 이해에 있어서 자신이 쿤타 같은 유목인이 되고 있다고 생각했다. 운등은 밧줄에 매어 있는 혈구 쪽을 멀리 바라봤다. 혈구의 귀는 이른 아침의 새소리를 들으며 재빠르게 움직이고 있었고, 새소리가 나는 방향을 찾고 있었다.

따스한 가을 바람을 맞으면서 혈구는 서 있었다. 그 바람이 털에 닿는 쾌감을 누리고 있었고, 그의 골격과 근육은 분명하게 드러나 있었다.

운등을 보고 혈구는 밧줄을 당기며 히힝 소리를 냈다. 운등은 혈구가 운등에게 자신을 타라고 하는 것임을 알았다. 그리고 나서 마음껏 달리겠다는 것이었다.

그 날 오후에 혈구를 초원에서 풀을 뜯으라고 놓아주어야 했는데, 쿤타는 혈구에게 안장을 장치해 주고 나서 운등에게 나가서 한바퀴 뛰고 오라고 하였다. 거리는 캠프에서 철길까지였다. 그리고 나서 천천히 혈구를 산책시키며 돌아오라는 것이었다.

속도로 말하자면 쿤타 요구는 혈구가 달릴 수 있는 가장 빠른 속도보다 조금 느리면 된다는 것이었다.

처음부터 끝까지 운등은 혈구의 속도를 통제하였다. 혈구의 몸 안에는 타오르는 불이 있는 듯 했다. 그것은 언제라도 폭발할 듯한 조그만 화산이었다. 그리고 달리는 것은 혈구가 이 뜨거운 불을 터뜨릴 수 있는 유일한 방식이었다. 안 그러면 혈구가 일단 달렸는데 계속 그럴 수 없다면 아마도 혈구는 자신의 몸에 있는 뜨거운 불에 데일 수도 있을 것이다.

한 달 가까이에 걸친 조련을 통해 혈구는 뛸 때 전에 없이 경쾌한 모습을 보였다. 물론 혈구는 예전에도 잘 뛰었었다. 지금은 나는 듯한 발걸음으로 바람처럼 빠르게 하늘을 미끄러져 가는 속도를 갖게 되었다.

운등이 이렇게 혈구를 타고 초원을 가로지르는 철로에 이르렀다. 이 철로는 중동 철도의 서쪽 끝으로, 초원을 가로질러 만주까지 이르는 철로다.

운등은 칙칙 소리를 내며 지평선을 넘어가는 기차 소리를 그다지 좋아하지 않는다. 어쩌다가 기차가 초원에서 방목하고 있는 가축들을 만나게 되면 의도적으로 기적소리를 크게 내고, 방목되고 있던 모든 가축들은 깜짝 놀라서 사방으로 흩어진다. 유목인들은 어쩔 수 없이 사방으로 쫓아다녀야 한다. 가축은 기차가 지나가고 한참 지나고 나서야 안정을 되찾는다.

운등은 쿤타의 지시를 진지하게 따랐다. 철로를 보고 난 후에 그는 고삐를 당기면서 혈구가 속도를 줄이게 하였다. 혈구가 깔린 자갈들을 밟으면서 철로를 지나가고 나서 다시 앞으로 백여 미터 이상 달리고 나서야 운등도 고삐를 당긴 후에 천천히 발걸음을 옮겼다.

운등은 고삐를 당겨서 혈구가 방향을 바꾸도록 했다.

혈구는 마음껏 달리지 못해서 약간은 불만이었다. 이런 식으로 돌아오고 싶지가 않아서 머리를 들고 고삐를 당기면서 옆걸음으로 걸었다.

바로 이 때 푸른 들판을 통과하던 열차가 검은 연기를 내뿜으면서 하늘끝에서 달려와 눈깜짝할 사이에 코앞에 다다랐다. 운등은 혈구가 놀랄 것을 염려하여 가볍게 혈구의 엉덩이를 때렸다. 혈구가 뛰어서 피하게끔 한 것이었다. 기차길과 간발의 차이였다.

이 기차의 기관사는 운등을 실망시키지 않았다. 맹렬하게 기적을 울린 것이다. 끝없는 후룬베이얼 초원에서 기차를 몰면서 심심하기는 했던 모양이다. 기적 소리로 가축들을 놀라게 해서 심심한 여정을 해결할 수 있으니 말이다.

일순간 원래는 고삐를 당겨 운등과 대치하던 혈구가 갑자기 속도를 붙이기 시작했다. 혈구 등에서 아무런 준비가 없었던 운등은 하마터면 떨어질 뻔 했다.

혈구는 전혀 놀란 것이 아니었다. 혈구는 다만 자신보다 더 빠른 것을 용인할 수 없었던 것이다.

요컨대 초원에 울러퍼지는 날카로운 기적 소리에 기차 머리에서 뿜어져 나오는 검은 연기, 크랭크 축에 의해 움직이는 거대한 쇠바퀴를 포함하여 이 모든 것들은 혈구로 하여금 그것과 각축을 벌이고 싶은 생각을 불러일으키기에 충분했던 것이다.

몇번 발길질만으로도 혈구는 이미 초원에서 미친 듯 달리는 열차와 어깨를 나란히 하고 달렸다. 처음에 운등은 혈구를 통제하려고 했다. 하지만 바로 이때, 기차 기관사가 높디 높고 좁은 창문으로 보고는 그 옹졸한 얼굴에 높은 데 앉아 무시하는 모습이 가득했다. 이 순간 운등은 이 강철기계를 추월해야겠다는 생각을 하게 되었다. 그래서 그는 고삐를 늦추고 동시에 두 발꿈치로 혈구의 양쪽 옆구리를 무겁게 두드렸다.

길고 긴 여정에서 차창 밖으로 천편일률적으로 끝없이 펼쳐진 광야와 초원에 무료함을 느끼던 여행객들은 생각지도 못한 기이한 경험을 하게 되었다.

사람들이 적막함을 느끼는 초원에서 녹색 두루마기를 입은 소년이 붉은색 준마를 타고 갑자기 하늘에서 뚝 떨어져 빠른 속도로 가고 있는 열차와 나란히 달리고 있으니 모든 것이 꿈속 같았다.

이 장면을 가장 먼저 발견한 여행객이 크게 소리를 질렀다. 이어서 모든 승객들은 열차의 한쪽 편으로 달려나와 차창에 바짝 얼굴을 들이댔다.

  그 준마의 털색깔은 햇빛속에 투명할 정도로 붉게 빛났고, 눈길을 사로잡는 보석처럼 빛을 발하고 있었다. 혈구는 네 발굽을 최대한 움직이면서 날개같은 발걸음으로 초원 위에 떠다니고 있었다. 말에 타고 있는 소년은 홍건을 두르고 있어 마치 매처럼 건장했다.

  이 모든 것이 사실 같지가 않았다.

  처음에 기수를 태우고 있는 그 준마는 기차와 같은 속도였다. 잠시 후에 그 준마는 네 발굽을 차고 오르면서 몸길이를 더 늘려 점점 달리는 열차보다 더 빨라졌다.

  생명을 가진 것은 기계보다 훨씬 더 감화력이 풍부한 활력을 갖고 있다. 이 준마는 자신의 생기 넘치는 달리기로 내연기관에 의해 움직이는 강철기계와 각축을 벌였다.

  그리고 결과는 혈구의 승리였다.

  준마는 기수를 태우고 달리면 달릴수록 빨라졌다. 열차에 타고 있던 승객들은 그들의 모습을 금세 볼수 없게 되었다. 그들이 이상하다고 느낄 무렵 열차의 다른 쪽에서 새로운 환호성이 들렸다.

  그 승객들은 몰려가서 다시 그 준마와 기수를 보았다.

  혈구는 운등을 태우고 멀리 열차를 추월한 후에 철로를 건너 철로의 반대쪽에 도착한 것이었다.

그들이 다시 보게 되었을 때 그 소년은 이미 준마를 타고 높은 언덕으로 달려 올라가 그곳에 우뚝 서서 눈으로 열차를 배웅하고 있었다.

몽골 고원의 용맹스러운 몽고말과 매와 같이 빠르던 기수의 실루엣이, 열차의 여객들에게는 원동 여행 중 가장 인상적인 기억으로 남을 것이다. 이어지는 여정에서 그 여행객들이 그 소년과 준마를 이야기할 때 눈빛은 여전히 빛날 것이다.

그날 황혼 무렵에 운둥이 혈구를 타고 캠프로 돌아왔을 때 쿤타는 이미 떠났다. 게르 안에 쿤타가 매일 잠자던 곳에 노루가 죽 침낭에 바늘 모양의 털만 남겨져 있었다.

●

말 조련

대회에 참가하기 전에 초원의 유목인들은 계획을 가지고 말을 매어둔 뒤에 먹을 것과 마실 것을 통제한다. 체중을 유지하여 최상의 상태로 유지하기 위해서이다. 서로 다른 말 조련사들은 서로 다른 방법을 갖고 있어 비밀로서 전해지지 않는다.

11
가을

 운등은 샤오바트르의 백색 암말을 탄 채 혈구를 데리고 이틀 여정으로 하이라얼에 갔다.

 가는 길에 그는 그렇게 급할 것도 없었다. 첫 번째 날 저녁에 그는 강가에서 한 유목인의 게르를 빌려 잤다. 이튿날 저녁에 그는 초원에 양가죽을 깔고 안장을 베개 삼아 별을 보며 노숙했다.

 운등이 오전에 하이라얼에 가서 자신의 집과 친구인 주인의 객잔에 들었다. 초원의 많은 유목인들과 마찬가지로 모든 유목인들은 자신들의 친구를 갖고 있다. 유목인이 일처리를 하고 일상용품을 구매하기 위해 하이라얼에 오면 친구가 수고를 해 주고, 말도 가게에서 책임지고 돌봐준 다음에 비용은 연말에 정산한다.

당시 경기 날짜까지는 며칠 남아 있었다. 운등이 오전 내내 잠을 자고 처음으로 하이라얼에서 한가한 시간을 보냈다. 오후에는 가장 번화한 정양가를 거닐었다. 그를 가장 매혹시켰던 것은 장화를 파는 가게였다. 그는 오랫동안 그 안에서 머물렀다. 초원의 바르구 장화와 불리앗 장화 외에도 더 뛰어난 러시아 장화와 미국 장화도 있었다. 돌아오는 길에 그는 또 지식을 늘렸다. 거대한 조롱박이 걸려 있는 점포는 약 가게였다. 예전에 그가 샤오바트르를 위해 하이라얼의 다른 약 가게로 약을 받으러 갔을 때 그 가게 밖에는 이런 조롱박이 걸려 있지 않았다.

객잔으로 돌아온 다음에 운등은 통으로 물을 길었다. 백색 암말에게 물을 먹이기 위해서였다. 그리고 혈구는 조금만 마시게 했다. 백색 암말의 구유에 여물을 채워주고 혈구가 불만의 히힝 소리를 내는데도 그는 여전히 혈구에게는 사료를 조금만 채워 주었다.

하지만 혈구가 객잔의 마굿간에 매어 있었는데, 그 곳에는 또 다른 말들이 매어 있었기 때문에 혈구의 고삐줄을 매우 짧게 하기는 했지만 고삐줄이 느슨해져 구유 안에 있는 다른 말들의 사료를 훔쳐 먹을까 봐 걱정이 되었다. 잘 조련한 말이 만약 대회 전에 많이 먹게 되면 몸이 불어나 대회에 참가할 수 없을 수도 있다.

굳이 대회에 출전하려다간 위험해질 수도 있다.

운등은 객잔 주인에게 마굿간에 혈구를 위해 단독으로 칸막이를 따로 마련해 달라고 했다. 하지만 객잔 주인은 운등을 데리고 뒷마당 한쪽에 단독으로 있는 조그만 뜰로 데리고 갔다. 그곳에 단독 손님방이 있었다. 마굿간도 독립되어 있었다.

이 뜰안에 있는 손님방은 운등 이전에 살았던 목재 침대가 있는 커다란 손님방보다 깨끗하고 반듯했다. 운등은 혈구를 마굿간에 잘 매어놓고 방으로 들어가 자신의 양가죽을 침대보로 깔았다. 다시 뜰로 나왔는데, 가게 안에 있는 한 나이 어린 점원이 여물을 안고 혈구의 구유에 채워넣는 것이 보였다.

운등은 생각할 겨를도 없이 뛰어갔다. 단숨에 그 점원을 밀어서 땅에 쓰러뜨린 뒤에 구유에서 그 여물들을 끄집어냈다.

그 점원은 깜짝 놀라 일어서서 그 자리에서 어찌할 바를 모르고 서 있었다. 주인이 뛰어와서 살펴보고는 어떻게 된 일인지를 금방 눈치챘다.

"이 멍청하기 짝이 없는, 이 멍청아!" 주인은 질책하면서 세지도 강하지도 않게 점원의 뒷목을 때렸다. 이어서 한숨을 쉬었다. "멍청하게 조련 중인 말을 먹이려 들다니."

그 점원은 알아들었는지 알 수 없지만 목을 움츠리고 객잔 주인의 뒤로 갔다.

그날 저녁에 운등은 잠을 이루지 못했다. 몇 차례나 일어나서 살펴보았다. 혈구가 몰래 도망치거나 밤에 그 점원이 혈구에게 사료를 줄까봐 걱정이 되었다.

날이 밝아져서야 운등은 깊이 잠이 들었다. 하지만 얼마 지나지 않아서 잠이 깼다. 나이는 어리지만 초원의 유목생활은 그로 하여금 적당한 절제를 알도록 해 주었다.

기상한 뒤에 그는 뜰에 있는 마굿간을 살펴보았다. 혈구는 콧김을 뿜으면서 그에게 인사를 했다. 그가 다가가서 혈구의 갈기를 쓰다듬어 주었다. 혈구는 풀냄새 나는 입술로 운등의 어깨를 가볍게 깨물어 주었다.

혈구의 상태는 좋았다.

운등이 돌아서서 어제 그에게 밀려 쓰러졌던 점원이 문 앞에 서 있는 것을 보았다. 모습이 위축되어 보였다. 그는 어색하게 허리를 숙이고 팔에 수건을 걸치고 있었다. 운등이 방으로 돌아와 대야에 뜨거운 물이 담겨져 있는 것을 보았다. 세수를 다 하고 나자 그 점원은 수건을 건네 주었다.

이 때가 되어서야 운등은 이 점원이 사실 자신과 나이가 비슷하다는 것을 알게 되었다. 하지만 영양상태가 좋지 않아서 바짝 마르고 안색이 좋지 않았던 것이다.

운등이 양치질을 끝내자 그 점원은 잽싸게 한쪽에 있던 찬합을 열었다. 막 삶아서 김이 모락모락 나는 고기만두가 탁자 위에 놓여 있었다. 동시에 소금에 절인 채소, 젓가락, 찻잔이 놓여 있었다. 또 직접 주전자로 그를 위해 밀크티를 가득 따라 주었다.

　여위고 허약했지만 점원은 차분하게 커다란 주전자를 높게 들어올렸고, 그 동안 뜨거운 밀크티는 주전자 입을 통해 거침없는 포물선을 그리면서 탁자 위의 찻잔으로 빨려 들어갔다. 그러는 사이에 차는 이미 가득 채워졌다. 점원은 신속하게 주전자를 거두었다. 차는 뜻밖에도 한 방울도 흘리지 않았다.

　운등은 이때서야 자신이 너무 지나치게 점원의 행동에 몰두하고 약간은 정신이 나가 있었다는 것을 알고, 쑥스럽게 그에게 미소를 지었다.

　점원은 자신의 이번 동작이 반응이 좋은 것을 보고 자신도 모르게 흥분되어 얼굴이 온통 붉어졌다. 양고기 과자를 구운 지 얼마 되지 않아 그 윗면의 바삭한 껍질은 아직 부스러기가 없었는데 운등은 겨우 한 장만 먹었단. 진하고 맛 좋은 밀크티 역시 겨우 한 잔만 마셨다. 점원은 운등이 밀크티를 다 마셔주길 원했다. 그 밀크티는 최고의 전차와 아침에 막 짜낸 생유를 끓여 만든 것이었다.

　운등은 위에서 갈망을 느꼈지만 너무 많이 먹고 싶지는 않았다. 안 그러면 잠시 후에 경기를 시작할 때 말 위에서 심한 흔들림 때문에 구토를 할 수 있기 때문이었다.

　패티 다섯 장이 남았는데, 운등이 그 패티를 먹으려 할 때 운등은 점원이 목이 메는 모습을 보았다. 침을 꼴깍 삼키는 동작이었으나 점원 자신이 소리를 내지 않으려 애쓰고 있는 것에 불과했다.

운등은 배를 문지르면서 배부르다는 동작을 했다. 그리고 나서 점원에게 나머지 패티를 먹으라는 신호를 보냈다.

점원은 필사적으로 손을 내저었다.

하지만 운등이 재차 권하자 그는 약간 주저하는 듯 하더니 운등이 농담이 아닌 성의껏 권하고 있다는 것을 눈치챘다.

그는 열려 있는 창문 너머 작은 뜰 문쪽으로 쳐다보았다. 그리고 나서 부뚜막 앞에 서서 직접 패티 한 장을 들고 두 입에 삼켰다. 목구멍에서는 막힌 듯한 목이 멘 소리가 났다. 하지만 그는 다시 한 장을 더 집어들고 순식간에 또 삼켰다.

운등은 그가 목이 메일까봐 찻잔을 건네 주었다. 그는 찻잔을 받아들고 방금 입에 넣었던 패티를 순조롭게 삼켰다.

점원이 계속해서 나머지 패티를 삼킬 때에 운등은 몰래 그 자리에서 벗어나서 혈구의 고삐를 풀어주었다. 그러자 혈구는 히힝 하는 소리를 내면서 마치 앞으로 시작될 대회를 기대하는 것 같았다.

운등이 앞마당으로 걸어나가 마굿간에서 백색 암말을 풀어주고 암말에게 안장을 올린 후에 말에 올랐다. 혈구를 데리고 밖으로 나왔다. 일찍 일어나 길을 나선 상인들은 밥을 먹는 사람도 있었고, 낙타와 노새에게 짐을 지우는 사람도 있었다. 공터에 노새 몇 마리는 가볍게 걸으면서 피로를 풀고 있었다. 모두들 번잡하고 혼란스러운 모습이었다.

녹색 두루마기를 입고 말을 탄 수척한 소년이 혈구를 데리고 말없이 지나갈 때 사람들은 모두 숨을 죽였다. 그들은 이미 초원의 전설로 남아 있는 준마와 소년에 대해서 듣고 있었던 것이다. 소년이 타고 있는 백색 암말은 그 자체가 이미 준마라고 소문이 나 있었는데, 그 뒤를 따르는 붉은 준마와 비교해서 차이가 많이 났다. 이 준마는 아침 햇살에 피처럼 새빨간 빛을 내뿜고 있었고, 소년 뒤에서 빛나는 검은색 갈기를 흩날리며 걷고있었다. 억제할 수 없는 힘이 그 가죽 아래에서 팽창된 근육으로부터 언제든 튀어나올 듯 했다.

혈구를 본 이 사람들은 몇 년 후에 자신의 자손에게 그날 아침 순간을 말하게 될 것이다.

준마와 그것을 타고 있는 소년, 그들은 후룬베이얼 초원의 마지막 전설을 직접 목격하는 행운을 가지게 된 것이다.

운등은 뒤쪽에서 달려오는 급한 발걸음 소리를 듣고 돌아보니 그 점원이 쫓아온 것이었다. 그의 손에 운등의 붉은색 두건이 들려 있었다. 어제 저녁에 운등이 이부자리 아랫쪽에 놔두었던 것이다. 그는 소리를 지르지 못했기 때문에 급히 달렸다. 그는 패티를 먹을 때 묻은 기름때가 두건을 더럽힐까 봐 그래서였는지 팔목에 두건을 끼고 높이 들어 올려 운등에게 건넸다.

운등이 몸을 숙여 두건을 받아 품속에 넣었다. 운등이 그에게 미소지으면서 감사를 표했다.

점원은 자신이 여러 사람들의 주목의 대상이 될 것이라고는 상상도 하지 못했다. 그는 부끄러워하면서 고개를 숙였다.

운등이 길을 가면서 뒤를 돌아보니 객잔의 문 앞에 많은 사람들이 그가 떠나는 것을 지켜보고 있었다. 점원이 가장 앞에 서 있었다.

경기의 출발 지점은 하이라얼 동쪽에 있는 산 위였다. 성에서 멀지 않은 곳이었다. 아침 햇살 속에서 가는 길에는 떠들썩한 행인들이 그 방향으로 가고 있었다. 그들은 말을 타고 있는 운등과 혈구를 보고 갑자기 눈이 반짝거렸다. 이 때 운등은 미소지으며 말 등위에 비스듬히 앉아 있었다. 여러 차례 대회를 거치면서 그는 이미 어떻게 해야 오만함과 무심함을 매치시키면서 주변의 모든 것에 대처해야 하는지를 잘 알고 있었다. 그는 사람들의 시선 속에서 떠다니고 있었다.

동쪽 산의 소나무 숲 주변에 대회에 참가하는 기수들이 모여들었다. 운등은 쭉 훑어보고는 대회에 참가하는 말이 60필이 채 되지 않음을 알았다.

대회에 참가할 기수와 말들 중에는 운등이 익히 알고 있는 사람이 많았다. 또 그의 캠프 주변에서 온 기수도 있었다. 운등의 백색 암말은 그들이 샤오바트르의 캠프로 데리고 갈 예정이었다.

 운등이 그 기수들을 관찰하면서 그가 더 주목한 것은 물론 기수들의 승마화였다. 바로 그의 곁에서 누군가 말에게 사료를 주고 있었다. 백색 포대였는데, 그 사람은 그 포대를 말의 입에 대고 말은 입을 크게 벌려 씹을 때 검은색 분말이 포대에서 떨어져 나왔다. 이 차는 전차를 가늘게 빻은 것으로 운등이 예전에 말을 더 빨리 달리게 한다는 얘기를 들었었다. 경기 첫날 말에게 찻잎을 먹인다는 얘기였다. 하지만 이런 방법은 매우 위험한 것으로, 말이 흥분상태로 너무 빨리 달리게 되면 대회 후에 갑자기 죽을 수도 있다는 것이다. 하지만 찻잎은 경기 전날 먹이는 것인데, 경기가 시작될 무렵에 임시로 먹이는 것은 금시초문이었다. 아마도 이번 경기의 여정이 너무 길어서였을 것이다.

 부근에서 작은 소란이 있었다. 운등이 바라보니 흰색 바탕에 홍색 표범 무늬가 있는 말이 곁에 있던 다른 경주마를 공격하고 있었다.

 그 말은 사나운 늑대처럼 굴었다. 온몸에 원한을 품고 있는 듯 했다. 주변에 있는 말을 물어뜯고 앞발로 차고 뒷발질을 해댔다. 다른 말들은 모두 기수에게 이끌려 거리를 유지하고 있었다. 그리고 말 등위에 있는 그 소년 기수는 방금 찾아온 듯 이 난폭한 표범무늬 말에 익숙하지 않아 보였다. 게다가 그는 그 말을 통제할 능력이 없었다. 말 위에서 속수무책이었다. 그가 죽어라고 고삐를 당겼지만 말은 빙빙 돌면서 저항하였다. 이 때 말의 분노를 잠재울 수 있는 방법은 말을 마음껏 달리게 하는 것 밖에는 없어 보였다.

이런 말에 대해 운등은 예전에 쿤타가 하는 말을 들은 적이 있었다. 극한의 속도를 내기 위해 말은 고환을 거세당한다. 이 형벌을 당한 말은 비정상적으로 난폭해지고 눈앞에 나타나는 모든 말이나 사람을 공격하기도 한다는 것이다. 분명히 이런 난폭함은 경기에서도 표출될 것이다. 그것들은 경기에서 필사적으로 달릴 것이다. 물론 더 빨리 달리기 위해서가 아니라 앞에서 자신보다 더 빨리 뛰어가는 다른 말들을 뒤쫓아가서 물기 위해서이다.

바로 이 때 이 표범무늬 말이 갑자기 자신 곁을 지나가는 말을 물었다. 그 말이 피하면서 하마터면 말에 타고 있던 기수가 떨어질 뻔 했다. 말이 몸을 돌리는데 꼬리가 치켜올라가 있었다. 정말 고환 한쪽이 떨어져 나간 것이 보였다.

운등은 이 말이 정말 그런 형벌을 받았는지 생각지 못했다. 그는 바로 일본인과 그들의 말을 보았다.

하이라얼에 이르기 전에 운등은 이 대회가 일본인이 조직한 것이라는 사실을 몰랐다. 또 일본인이 참가한다는 것도 몰랐다. 객잔에서 이곳으로 오는 길에 길에 있던 사람들이 얘기하는 것이 들렸다. 그제서야 이번 대회가 과거의 대회와는 다르다는 것을 모호하게 눈치챌 수 있었다. 그는 평상시에 개의치 않았던 샤오바트르가 왜 갑자기 진지하게 말을 조련하고 객잔 주인이 왜 갑자기 그에게 잘 대해 주어 단독 방에서 쉴 수 있게 해주었는지 알 수 있을 것 같았다.

하지만 운등은 그다지 생각을 많이 하지 않았다. 빠르게 그의 주의력은 다시 일본인 손에 이끌려 대회에 참가하는 말에 빨려들어갔다.

서너 명의 일본군 곁에 대회에 참가할 일본 말이 서 있었다. 서양 말 혈통이 혼합되어 균형 잡히고 크며 뻗은 네 다리는 늘씬했고, 기름기가 흐르는 털과 세심하게 빗질된 갈기는 물론 꼬리도 잘 다듬어져 있었다. 혈구는 몽고말 가운데 상당히 크고 준수했다. 하지만 완벽한 비율로 빚어낸 도자기같은 일본말과 비교해서 체형상 지나치게 투박해 보이고 머리 반 개는 작아 보였다. 하지만 운등이 관심을 가진 것은 이 말의 몸에 융모가 전혀 없이 얇은 가죽 밑에 뚜렷한 혈관을 볼 수 있다는 것이었다. 그는 그 말이 후룬베이얼 초원의 추운 겨울을 날까 걱정되었다.

운등은 원래 이 말의 네 다리 아랫쪽이 백색이라고 생각했다. 하지만 그 백색은 지나치게 가지런하고 눈부셨다. 자세히 보니 말의 발목 부분에 백색 헝겊으로 칭칭 감아놓은 것이었다. 운등은 이상한 생각이 들었다. 만약 단거리 경주에서 이렇게 감아놓으면 발목뼈에 문제가 없지만 5킬로미터가 넘는 장거리를 달리게 되면 말의 발목이 너무 타이트하게 묶여 있어 혈액순환이 안 될수도 있는 것이다.

운등이 이 일본말을 자세히 보자 서너명의 일본군 가운데 연령이 비교적 많은 한 군인이 말에 타고 있는 기수를 향해 고함쳤다. 그의 고함소리는 귀를 찢을 정도로 컸다. 분명 말에 앉아 있는 기수를 격려하는 것이었다. 그 기수도 한 소년이었는데, 하얀 피부를 갖고 있었고, 몸에는 약간 헐렁한 군복을 걸치고 있었다. 하지만 그가 신고 있는 장화는 운등이 부러워할만한 것이었다. 마치 금속처럼 빛나는 가죽으로 만든 것이었다.

총소리가 들리고 기수들은 소리를 지르면서 채찍을 휘둘러 타고 있는 말들이 뛰쳐나갈 때 운등은 혈구를 가장 앞에 나서지 않도록 통제하였다. 이 때 모든 말들은 한데 엉키게 되어 있고 서로 부딪혀 다칠수도 있기 때문이었다.

말들이 하이라얼에서 벗어나 광활한 초원으로 들어서서 서로 간 일정한 거리를 유지하게 된 이후에 운등은 등자를 살짝 밟아 혈구가 속도를 좀 내게 하였다.

이 때가 운등과 혈구가 가장 좋아하는 순간이다. 혈구가 하려는 것은 매우 단순하다. 가속하여 다른 경주마들을 따돌리는 것이다.

운등과 혈구는 이 순간 그들만의 공간을 갖게 된다. 이 공간에서 속도는 다르다. 혈구의 속도가 갈수록 빨라지고 그가 초월

하는 기수와 말은 배경에 불과하다. 그들의 색은 검게 변하고 그들의 동작은 모두 느린 동작으로 보인다. 이 때 운등은 자신이 혈구를 갖고 있어 못할 것이 없다고 느낀다. 그들이 모든 말과 기수를 멀찌감치 추월한 다음에 그 기수들은 추월을 당했을 때 마음이 조급해지고 채찍을 더 세게 휘두른다. 잘 만들어진 채찍도 너무 세게 때려 부서지고 그런데도 불구하고 혈구의 뒷모습은 갈수록 멀리 사라져 간다.

마침내 혈구가 운등을 태우고 말들이 일으킨 먼지를 뚫고 신선한 공기를 호흡할 수 있게 되었다.

이 때 앞에는 말이 두 마리만 남아 있었다. 일본말과 표범 무늬 말이 앞에서 나란히 달리고 있었다.

혈구가 계속 속도를 붙여 얼룩무늬 말 바깥쪽으로 추월할 준비를 했다. 혈구가 빠르게 그들과의 거리를 좁히면서 어깨를 나란히 하게 되었고, 그들을 추월하려는 순간 얼룩무늬 말이 운등과 혈구가 예상할 수 없었던 행동을 했다. 갑자기 고개를 돌려 혈구를 문 것이다.

운등은 혈구를 타고 여러 차례 대회에 참가했었고 혼란 속에서 기수가 채찍을 휘두르다가 부지불식간에 친 적은 있지만 이런 공격을 받아본 것은 처음이었다.

요컨대 얼룩무늬 말은 갑자기 입을 벌려 운등과 혈구를 놀라게 하면서 운등과 혈구의 공간으로 침입해 들어왔다. 혈구의 발걸음이 한 순간 어지러워졌다.

그리고 이 찰나의 틈을 노려 그 일본말은 앞으로 달려나갔다. 얼룩무늬 말은 혈구를 어지럽히는 동시에 이로 인해 자신의 속도도 느려졌다. 어지러운 가운데 운등은 채찍을 꺼내 입을 벌리는 있는 얼룩무늬 말을 향해 휘둘렀다. 확실히 말 같지가 않았다. 마치 육식을 하는 들짐승 같았다. 분명히 이런 특수한 거세 방식은 말의 마음속에 어떤 특별한 변화를 일으킨 것이다. 이 말의 기수는 여전히 통제 능력이 없었다. 말에 타고 있는 소년은 장식품 같았다. 갑자기 발작을 일으키는 이 말에 의해 던져지지 않기 위해서 그는 죽어라고 고삐를 잡아당겼다.

하지만 이 얼룩무늬 말은 타고 있는 기수는 아랑곳하지 않고 재차 운등의 다리쪽을 물었다. 운등도 그것과 얽힐 생각이 없어서 채찍으로 그것의 입을 내리쳤다. 동시에 그것에서 벗어나는 가장 좋은 방법은 그것을 멀리 뒷쪽으로 처지게 하는 것이라고 생각하게 되었다. 그의 장화는 더욱 세게 혈구의 허리를 찼다. 그 전에 운등은 그런 식으로 세게 혈구를 찬 적이 없었다.

말에 타고 있던 운등은 진동을 느꼈다. 사실 그것은 혈구가 일순간 마음에서 느낀 진동이었을 것이다. 운등은 후회할 겨를이 없었다.

그 순간 혈구는 내달리기 시작했다. 자신에게 가져보지 못했던 불만을 그로써 배설하였다. 혈구는 앞을 향해 빠른 속도로 내달렸다. 분하기도 했고 타고 있는 운등을 더 이상 생각하지도 않았다. 운등은 관성적으로 등에 내버려졌다. 그는 마침내 자신을 통제하게 되었다.

얼룩무늬 말은 뒤에서 필사적으로 쫓아왔다. 하지만 여전히 뒤에 처졌고, 갈수록 멀어졌다. 이후 혈구와 일본말의 각축만 남았다.

그 사이에 또 몇 명의 기수가 채찍을 휘두르며 뒤쫓아왔다. 하지만 오래지 않아 그 얼룩무늬 말이 그 말들을 제치고 다시 쫓아왔다. 이런 장거리 경주에서 필요한 것은 충분한 경험과 함께 합리적인 체력 안배다. 그런데 이 얼룩무늬 말은 처음 이런 대회에 참가한 것이 틀림없었다. 단지 거세로 야기된 호르몬의 자극에 힘입어 얻어진 난폭함으로 승리를 할 수 있다고 생각하는 것이다. 그 말에 타고 있는 기수는 말 다루는 능력이 없었다. 따라서 그를 마음대로 전진하게 하였다. 말은 노선의 길이를 알지 못한다. 이렇게 잠깐 폭발하는 식의 작은 용기는 오래 갈 수가 없다. 또한 말의 심장이 견뎌낼 수도 없다. 경주가 시작되기 전에 운등은 이미 그 말의 허리가 지나치게 뚱뚱한 것을 발견했다. 합리적인 조련을 받지 못한 게 틀림없었다. 일정한 거리를 달리고 나서 말의 그런 난폭함도 기력이 쇠진하기 때문에 아무런 의미가 없다. 지금 그 말은 달리면서 사람을 무는 장난을 더 이상 할 힘도 없어졌다. 그 말은 다만 마지막으로 남아있는 위력을 품고 절망적으로 앞으로 내달리고 있었다. 얼룩무늬 말은 심지어 혈구와 일본말을 추월해서 앞으로 나아가기도 했다.

운등은 이미 어깨를 스치고 지나간 얼룩무늬 말이 힘이 다 빠졌다는 것을 눈치챘다. 그 말이 옆을 지나갈 때에 그는 심지어 의식적으로 혈구의 고삐를 늦춰 속도를 줄였다. 이 얼룩무늬 말이 어느 정도로 뛰는지 분명히 알기 위해서였다. 그 말의 몸은 이미 완전히 땀에 젖어 있었고, 백색 바탕에 붉은색 반점도 더욱 도드라져 보였다. 사실 그것도 이 말의 생명의 불꽃이 마지막으로 반짝 하는 것이었다. 그 말의 혀는 이미 입술가의 하얀 침 속으로 반쯤 나와 있었다.

얼룩무늬 말은 얼마 가지 않아서 갑자기 그 몸이 균형을 잃는 듯하더니 곧바로 쓰러져 버리고 말았다. 운등이 지나갈 때 그 기수는 일어나 멍하니 서 있는 걸 보니 이미 정신이 나가 있었다. 그리고 쓰러진 말은 반쯤 일어나려고 시도하다가 곧 이어서 길게 쓰러지고 말았다.

운등은 그 말이 더 이상 일어설 수 없다는 것을 잘 알고 있었다. 그 말의 가슴은 이미 터져버린 것이다.

운등은 힘들여 혈구를 재촉하지 않았다. 그는 심지어 계속해서 혈구의 속도를 통제했다. 다만 혈구가 그 일본 기수가 타고 있는 말이 조금 더 빠르게 할 뿐이었다. 어쩌다가 운등은 이 기수가 말을 타고 자신의 옆으로 뛰어가게 했다. 이 목적을 달성하기 위해서 운등은 어쩔 수 없이 조금 고삐를 늦추었다. 그의 발에 있는 자신이 부러워하는 검은색 가죽장화를 분명하게 볼 수 있게 하기 위해서였다.

운등은 일본 기수가 말을 타는 방식이 지나치게 긴장된 것에 주목하였다. 그는 꼿꼿하게 등을 경직시켰고, 자세가 지나치게 어색했는데, 그렇게 하면 금세 피로해진다. 게다가 그는 지나치게 급해서 손에 있는 짧은 채찍으로 시도 때도 없이 말 엉덩이를 때렸다. 사실상 말의 좌측 엉덩이는 혈흔이 보일만큼 부어올랐다.

일본 말 등에 얹혀져 있는 안장은 일본 군대가 제작해서 보급한 군대 안장으로, 이런 장거리 경기에는 지나치게 무겁다. 이런 장거리 경기에서 아무리 뱃대를 바짝 맨다고 해도 말의 등은 결국 닳아서 헤지게 되고 오랫동안 치유되지 않는 안장 상처가 남게 된다. 이 또한 운등이 가죽으로만 된 경주마 안장을 선택한 이유이다. 이런 안장을 혈구에 얹음으로써 혈구는 아무런 무게감도 느끼지 못하는 것이다.

운등은 일본 말이 뒷다리 하나를 이미 절고 있는 것을 분명하게 보았다. 아주 경미해서 타고 있는 기수는 알지 못했다. 운등의 걱정은 마침내 사실로 드러났다. 이런 장거리 경주는 어떻든지 말의 다리를 너무 졸라매서는 안된다.

만약 일본 기수가 자신이 혈구를 따라갈 수 있었던 것이 단지 운등이 이 길고 긴 대회에서 쫓아갈 대상이 없게 되면 너무 외로울 것이라고 생각해서였다는 사실을 알게 된다면 매우 분했을 것이다.

그러자 운등은 지겨워졌고 빨리 대회를 끝내야겠다는 생각이 들었다. 혈구도 몸에서 열이 난 듯 황홀감에 가까운 달리기 상태로 진입하면서 그 발걸음은 떠다니는 듯 원하기만 하면 곧바로 달려나갈 수 있는 듯 했다.

그곳은 인가가 별로 없는 조그만 마을이었다. 이곳에 와서 가죽제품을 팔거나 소규모로 장사를 하는 상인들이 임시로 모이는 곳 같았다. 마을 앞의 공터에 주민들이 모두 나와 있었다. 그 가운데 근처의 초원에서 나온 유목민들도 있었다. 그들은 자리를 깔고 앉았는데, 손으로는 여전히 자신들이 안장을 내려놓지 못한 말을 끌고 있었다.

마을을 통과하는 유일한 도로는 크게 돌아가야 했다. 그리고 또 다른 직선도로는 이미 거대한 계곡에 의해 끊겨 있었다.

이곳은 고원에서 거대한 횡단면을 이루고, 아래에는 또 다른 평탄한 고원이 있는데, 낙차가 3~40미터 정도 되었다. 사실 마을을 지나가려면 크게 돌아가야 했는데, 경사도가 훨씬 완만해졌다.

하지만 그런 선택은 시간이 너무 많이 걸렸다.

운등은 혈구를 타고 그 낭떠러지까지 뛰어갔다. 그는 감속할 생각이 없었고, 크게 소리를 질렀다. 그것은 격정 넘치는 격려였고, 혈구는 몸을 날리더니 떨어졌다.

그 일본군이 타고 있는 말도 곧바로 절벽 가까이까지 달려왔다. 최후의 순간에 미친 결정을 포기한 것인지 아니면 그 말은 앞으로 달리다가 분골쇄신하기를 원치 않았던 것인지는 알 수 없다. 요컨대 조그만 마을의 주민들은 그 일본말이 절벽 앞에서 갑자기 멈추는 것을 보았다. 하마터면 타고 있던 기수가 떨어질 뻔 했다. 그 기수는 가까스로 말의 목을 잡고 낭떠러지 아래로 떨어지지 않았다.

그 일본군은 놀란 나머지 결국 말을 멈추도록 하였다. 다행히 그는 무서운 추락 방식을 목격하였다. 그가 깨어났을 때에 운등은 이미 혈구를 타고 계곡 아래에 도착했다. 깨어나서 말머리를 돌려 미친듯 채찍을 휘두르며 그 마을로 향했다.

마을을 지나가려면 다시 그 완만한 언덕을 돌아가야 했다. 그 거리는 3~4킬로미터로 이렇게 하면 너무 많이 뒤쳐질 수밖에 없었다.

하지만 마을에 서 있던 사람들은 분명히 보았다. 녹색 두루마기에 붉은 두건을 쓴 소년이 붉은색 준마를 타고 거의 수직에 가까운 절벽에서 먼지를 날리며 떨어져 계곡 바닥에 이른 다음에 일어나는 먼지를 뒤로 하고 가는 모습을 말이다.

초원 사람들은 그 소년의 붉은색 말에 대해 진작에 들었었다. 하지만 오늘 처음 본 것이었다. 그 순간 모든 사람들은 전설 속 붉은색 준마가 날개가 달린 듯 날아올랐다는 것이 허언이 아니었음을 알게 되었다.

이 소년은 광활한 계곡 초원에서 사라진 지 오래 지나 큰 굽이를 돈 일본 기수가 말을 타고 뒤쫓기 시작했다.

그런데 이 때 뒷편 두 번째 무리의 말들이 막 사람들의 시야에 들어왔다. 황량한 초원에서 입으로만 전해지면서 한 캠프에서 다른 캠프로 전해졌다. 반 달이 되지 않아 이 초원에서 녹색 두루마기에 붉은색 두건 쓴 소년과 그 소년이 타고 있는 붉은색 준마는 전설이 되었다. 절벽에서 몸을 날려 떨어졌는데도 다치지 않을 수 있는 것은 날개 달린 천마임에 틀림없다는 것이었다.

이후의 여정은 운등이 혈구를 몰고 홀로 달리는 것이었다.

지평선에 사당의 금색 지붕이 나타날 무렵에 운등은 결승선이 가까워졌음을 알았다. 그는 안장 위에 서서 숨길 수 없는 소년의 기상이 담긴 거칠고 날카로운 목소리로 소리를 질렀다.

혈구는 그것이 마지막 스퍼트라는 것을 알고 있었다.

제일 눈치가 빠른 사람은 먼저 지평선에 화살처럼 달려오는 붉은색 준마와 함께 말에 타고 있는 녹색 두루마기에 홍색 소년도 함께 발견했다. 사당 앞 광장에 모여 있던 사람들은 환호성을 질렀고, 그 사이에는 거칠면서도 매우 시끄러운 함성과 휘슬 소리가 들렸다.

후룬베이얼 초원의 준마와 기수였다.

200리에 이르는 코스를 완주하고 나서 혈구는 여전히 정신이 또렷했다. 마지막 순간에도 여전히 미친듯이 속도를 올리면서 광풍처럼 셔우닝사 앞 광장으로 향했다. 운등은 영접나온 사람에게 목판을 건네받았다.

운등과 혈구가 도착한 지 30분이 지나서야 늦게 두 번째 말이 지평선에 나타났다. 검푸른 말의 기수는 목판을 받은 후에 고삐를 잡아당겨 말을 감속시켰고, 땀을 비 오듯이 흘린 말은 멈춰서자마자 부들부들 떨기 시작했다. 그리고 나서 콧구멍에서 피가 나오기 시작하더니 이내 땅에 쓰러졌다. 그 기수는 죽은 준마의 곁에서 한 동안 멍하니 서 있다가 잠시 후에 말 옆에 무릎을 꿇었다. 그리고 사람들도 그 기수가 승마바지 엉덩이 부분에서 피가 흐르는 것을 볼 수 있었다. 길고 긴 코스에서 그의 피부가 벗겨져 버린 것이었다.

일본인이 주최한 그 대회에서 스물세네 필 말들만 완주하였다. 그 사이에 말 여섯 필이 쓰러져 죽었고, 그 가운데에는 일본 말도 있었다. 일본 말은 3분의 1만 달린 상태였다.

운등은 잠시 후 일어났던 모든 일을 전혀 알지 못했다.

샤오바트르가 말을 타고 혈구를 끌면서 산책을 한 뒤에 운등은 다시 셔우닝사 앞 광장에 있는 노점들로 갔다. 한 러시아 장사꾼의 노점 앞에서 그는 진지하게 부드러운 가죽장화를 신어보았다. 그 장화는 발에 착 달라붙었다. 하지만 조금 더 큰 치수가 필요했다. 발을 헝겊으로 묶은 다음에 신기 편해야 했기 때문이었다.

운등은 또 현란한 조리방식에 빠져들었다. 한 장사꾼 집에서 땅에 구덩이를 파고 그 위에 거대한 철판을 덮고는 아랫쪽에 불을 피워 그 위에서 수시로 수십 개의 떡을 굽고 있었다.

말 경주가 시작되기 전에 유목인들이 유명한 씨름 선수의 식탐을 떠들어댔다. 막 시작된 식사에서 그는 가볍게 소갈비 4인분을 먹어치웠고, 그 후에 다시 큰 떡을 여섯 개 먹었다. 작년에 사람들은 그가 혼자서 새끼 양 한 마리를 통째로 먹은 것을 기억하고 있다.

대회가 끝나고 나서 위가 큰 이 씨름선수는 사람들에게 잊혀졌다. 이후 오래도록 사람들이 말하는 것은 녹색 두루마기에 붉은 두건을 쓴 소년이었다. 그가 그 붉은색 준마를 타고 낭떠러지 아래로 떨어지는 내용도 포함되었다. 그날 밤, 심지어는 밤새도록 샤오바트르가 임시로 만든 간이 게르 주변을 배회하는 사람도 있었다. 혈구의 겨드랑이 아래에 날개가 있는지 보고 싶어서였다. 어둠 속에서 아무 것도 보이지 않았다.

사람들은 얘기를 하면서 사실 운등이 막 자신들의 곁으로 지나갔다는 것을 알지 못했다. 확실히 머리에서 붉은 두건을 벗겨 내고 수많은 사람들의 인파 속에서 운등은 평범한 초원의 소년이었던 것이다.

일본 군대는 그 대회의 6일 뒤에 도착하였다.

양치기 개가 미친 듯이 짖는 가운데 일본인 트럭 두 대가 오토바이와 함께 연기를 날리면서 캠프로 들어왔다.

운등은 일본군 중에서 대회에 참가했었던 젊은 사병을 알아보았다. 그 사병은 직접 말뚝에 매어 있는 혈구에게로 다가왔다.

공교롭게도 대회 이후 혈구는 줄곧 말 무리 속에 있었다. 이튿날 조그만 경주마가 있어서 운등은 그것을 초원에서 잡아갖고 왔다.

운등은 트럭을 보고 말 몇 필을 매어 놓았다. 모두 경주대회에서 등수에 들었던 말들이었고, 이 초원에 있는 준마 가운데 뛰어난 말들이었다.

젊은 일본군은 혈구에게 가까이 다가왔다. 운등은 도망치려 하자 일본병사 한 무리가 칼이 꽂힌 보총을 들고 그를 막아섰다.

혈구는 일본군이 접근하자 극도로 경계했다. 혈구는 불안하게 발을 구르면서 자신의 엉덩이를 일본군 방향으로 향했다. 하지만 몇 바퀴 돌고 나서 고삐가 말뚝에 바짝 당겨져 있어서 활동

여지는 넓지 않았다.

젊은 병사는 코웃음을 쳤다. 훈련받은 발걸음으로 혈구에게 접근하였다. 이 때 운등은 그의 장화에 시선을 돌렸다. 그의 발에 있는 검은색 장화는 동행한 다른 일본 병사들에 비해 확실히 달랐다.

하지만 이 젊은 일본 병사는 방심했다. 혈구는 순간적으로 몸을 돌려 허리와 다리를 굽히고 나서 무거운 뒷발굽으로 바람처럼 일본병사의 머리를 걷어찼다.

운등은 자기도 모르게 소리를 질렀다.

이 놀라는 소리가 젊은 일본 병사를 일깨운 듯 했다. 그는 커다란 발굽에 얼굴을 걷어차이고 바닥에 나뒹굴면서 치명적인 일격은 피했다.

일본 병사가 일어났다. 얼굴이 울그락불그락했다. 혈구의 일격으로 치명상은 피했지만 넘어지면서 얼굴은 엉망이 되었다. 땅에 떨어진 군모를 집어들었다. 그 군모가 자신이 떨어뜨린 것인지 아니면 혈구가 걷어차서인지 분명하게 본 사람은 없었다. 만약 정말 혈구에게 걷어차인 것이라면 너무 위험한 상황이었다. 조금만 빗나갔으면 그의 머리는 아마 산산조각났을 것이다.

곧 이어 일본 병사의 행동은 소리 없이 질서정연했다. 밧줄 몇 개가 서로 다른 방향에서 혈구를 향해 던져졌다. 말뚝에 매어 있었기 때문에 혈구는 피할 수 없었고, 곧 잡히고 말았다.

이후 그 일본 병사들은 각자 다른 방향에서 밧줄을 당겼다.

이렇게 해서 그들은 혈구를 경사판이 깔려 있는 트럭으로 옮겼다. 그들은 질서정연하게 움직였다. 말 몇 필을 차로 옮길 때 경험이 충분히 축적되어 있었던 것이 분명했다.

일본군의 차량 대열이 지평선에서 사라진 이후 운등은 정신이 돌아왔다. 운등이 말뚝으로 가서 혈구가 남겨 놓은 토막난 밧줄을 풀었다. 그것은 일본군이 칼로 끊은 것이었다.

초원에서 자신도 말을 탈취당했다는 유목인들 말에 따르면 이 말들은 일본인이 하이라얼에 세운 종자목장으로 보내져서 군마 번식에 쓰인다고 했다.

세 번째 날에 혈구는 뛰어서 돌아왔다. 머리에는 가죽으로 만든 일본군이 사용하는 굴레를 쓰고 있었다.

●

1934년 만주국 군정 말 정책국은 싱안베이성興安北省에 위만주국 지역 최초의 종마목장인 하이라얼 종마목장을 세웠다. 그 후 1936년에 싱안시성興安西省에 통랴오通遼 종마목장을 세웠다. 1937년에 싱안난성興安南省에 쑤어룬 종마 육성장을 세웠다. 1939년에 싱안시성에 카이루 종마 목장을 세웠다. 네 개의 종마 목장은 공동으로 종마 1471필을 길러냈다. 그 가운데 후룬베이얼, 앵글로-

노르만, 앵글로-아랍, 아랍, 치트란, 잉춘쉬에, 메이쑤부마 등의 종류가 있다. <일본 만주산 말 국책 및 만주국 새로운 말 정책계획 강요>에 따르면 종마목장을 건립한 취지는 교잡 개량을 통해 현지 말의 품질을 향상시키고 군용에 적합한 말을 생산하는 데 있었다.

《내몽골 목축업 대사기》

(내몽골인민출판사, 1997년 10월 제1판)

12
쿤타의 전설

오후에 게르 밖에 있던 양치기 개가 미친듯이 짖기 시작했다. 운둥이 밖으로 나가보니 멀리 지평선에 말 한 마리와 개 한 마리가 보였다. 말을 탄 사람의 모습만 보고도 운둥은 오랫동안 보지 못했던 쿤타라는 것을 알 수 있었다. 기뻐하는 중간에도 이상한 생각이 들었다. 푸른 말을 타고 오고 그가 항상 타고 다니던 검은 말이 보이지 않았던 것이다.

쿤타가 캠프에 도착하여 말에서 내렸다. 쿤타와 그의 푸른 말, 검은 머리 큰 개는 몸에 먼지를 잔뜩 뒤집어 썼다.

운둥은 매우 수척해진 쿤타의 모습을 보았다. 얼굴은 마치 초원에 일년 내내 버려진 가죽처럼 생기를 잃은 모습이었다. 그는 운둥을 보기만 할 뿐 말이 없었다. 입술은 터져 있었다. 운둥은 만약 그가 입을 열면 말라붙은 입술이 터져 피가 나올 것 같았다.

 운등은 푸른 말의 고삐를 받아서 잘 매어놓은 후에 다시 안장을 내렸다. 그리고 나서 풀더미 쪽으로 가서 풀을 한아름 가지고 왔다. 그 말은 평상시처럼 심드렁한 표정이었다. 하지만 매우 시장했는지 곧바로 건초를 열심히 먹기 시작했다. 땅에 머리를 박고 쉬던 검은 개에게 운등은 말린 고기 한 덩어리를 아낌 없이 주었다. 고기 위에는 손바닥 반 정도 두께의 노란색 지방이 있었다. 운등이 다시 게르 안으로 돌아갔을 때 어두운 게르 안의 분위기는 침울했고, 쿤타가 차를 들고 낮은 소리로 아버지와 뭔가를 말하고 있었다. 그가 들어온 것을 보더니 얼버무렸다.

 어머니는 지붕에서 쏟아져 내리는 빛의 도움을 받아 쿤타가 두루마기를 벗고 드러낸 오른쪽 어깨의 상처를 치료하고 있었다. 그녀는 이미 마지막 정리를 하고 있었다. 손에는 버터가 가득 담긴 그릇을 들고 버터로 조심스럽게 까맣게 부어오른 어깨 부위를 문지르고 있었다. 운등도 그것이 총탄으로 인한 관통상이라는 것을 알아볼 수 있었다. 부패의 극치에서 근육이 아물기 시작하는 지점에 놓인 것은 분명하다. 검은색의 썩은 살은 이미 정리되었고, 붉은 속살을 드러내고 있었다. 울란은 깨끗한 흰 천으로 쿤타의 상처를 꼼꼼하게 감쌌다. 쿤타의 곁에는 백주와 접시가 놓여 있었고, 접시에는 칼이 놓여 있었으며, 방금 잘라낸 것으로 보이는 검은색의 썩은 살이 있었다. 또 꿈틀거리는 구더기도 있었다.

운등은 어떤 긴박함을 느꼈다. 어머니는 이미 잘 구운 고기 두 덩이를 헝겊에 잘 쌌고, 아버지는 자신의 가장 좋은 장화 한 켤레를 쿤타에게 바꿔 신으라고 주었다.

쿤타는 장화를 갈아 신었고 게르 밖에 있는 양치기 개는 벌써 짖기 시작했다. 양치기 개의 짖는 세기만 봐도 운등은 낯선 사람이 온 것을 알 수가 있다. 인근 캠프에 사는 유목인도 아니고 또 불청객도 꽤 많다. 또 다급한 말발굽 소리는 한가하게 거니는 말 무리가 아니라 기수를 태운 기마부대가 채찍을 휘두르며 미친 듯 달리는 것이다.

쿤타는 그 고기 보따리를 품 속에 찔러 넣고 게르를 나섰다. 운등도 부모를 따라 게르를 나섰다.

기마 부대는 게르에서 1킬로미터 정도 떨어져 있었다. 10여명으로 몸에는 황토색 통일 제식군복을 입고 있었고, 보총을 메고 있으며 안장에 방사 문양의 붉은색 태양기를 띠어 자신들의 신분을 나타내고 있었다. 일본 기병대였다.

샤오바트르는 그 푸른 말을 보면서 갑자기 얼굴색이 변했다. 운등을 돌아보며 질책했다. "요놈이, 너!"

운등도 순간적으로 알았다. 그는 뜻밖에 푸른 말의 안장을 풀어준 것이었다. 이 때 쿤타가 일본 기병대가 캠프로 쳐들어오기 전에 푸른 말에게 안장을 준비해 주는 것은 불가능한 일이었다. 운등은 어찌할 바를 모르고 후회했다.

쿤타는 게르 문앞에 놓아두었던 안장을 안고 달구지에 매어 놓은 푸른 말에게 향했다.

다행히 운등은 푸른 말의 고삐를 초원 유목인들이 흔히 사용하는 매듭에 묶어놓아 쿤타가 푸른 말 곁으로 가서 한번 당기니 그 고삐는 곧 풀렸다.

쿤타가 안장을 말 등에 올리는 동시에 올라탔고, 히힝 하는 소리와 함께 푸른 말은 그를 태우고 떠났다. 검은 머리 대형견은 그 뒤를 따랐다. 이 때 총소리가 울렸다. 쿤타는 숨는 동작으로 날아오는 총탄을 피했다. 이 동작과 함께 말안장에서 한바퀴 구르며 말에서 떨어졌다. 이 모든 것이 불가사의해 보였다. 운등조차도 쿤타가 어떻게 말의 뱃대에 바짝 붙어있는 것인지 확실히 볼수가 없었다. 운등의 인상은 쿤타가 말 등에서 튀어오르는 순간에 몸을 숙인 듯 했다. 그는 그 짧은 순간에 말의 뱃대에 몸을 바짝 붙인 것이었다. 뜻밖에도 그는 타고 있는 푸른 말이 빠른 속도로 달릴 때 이런 동작을 해낸 것이었다.

쿤타는 푸른 말을 타고 멀지 않은 곳까지 갔다가 잠시 후에 일부러 속도를 늦추는 듯 했다. 그리고 나서 타고 있던 푸른 말을 제자리에서 맴돌게 하였다. 운등은 쿤타가 뜻밖에 뒤에 있는 추격병을 놀린다는 생각이 들었다.

이런 도발은 쿤타를 생포하려는 기병에게 있어서는 대단한 치욕이었다. 그들은 기괴한 소리를 지르면서 필사적으로 말에 박차를 가하면서 추격해왔다.

쿤타는 다시 휘익 휘파람 소리를 내면서 하늘 끝을 향해 말을 몰았다. 그 푸른 말은 매우 빨리 달렸다. 길게 이어진 빛 같았고, 검은 개는 바로 그 뒤를 따라갔다.

일본 병사의 기마대는 캠프로 달려왔고, 피어오르는 먼지는 오래도록 이어졌다. 양치기 개만이 그들이 지평선에서 점차 사라져 가는 뒷모습을 향해 짖을 뿐이었다.

멀리서 날카로운 총성이 들려왔다. 쿤타가 운등에게 말한 적이 있다. 사람에게 명중되는 총성은 음울하게 들리고, 이런 썰렁한 총성은 쿤타가 이미 말을 몰고 따싱 안링의 끝없는 숲속으로 들어갔다는 것을 말해주는 것이라고.

후에 발생한 일에 관해 운등도 읍내에 갔을 때 다른 유목인들이 한담을 나누는 것을 들었다.

그날 쿤타는 분명히 따싱 안링의 숲속으로 도망쳤다. 일본 기병의 추격대가 숲 근처까지 갔을 때 날이 이미 어두워져서 함부로 숲 속으로 들어가지 못하고 산기슭에서 야영을 했다.

그날 밤에 쿤타는 몇 사람을 데리고 되돌아가서 어둠을 틈타 일본 기병대 야영지를 찾아내어 말들을 노획했다. 초병이 깨어 일어나서 총을 들고 나왔을 때 쿤타 일행은 이미 말들을 데리고 멀리 도망친 상태였다.

　본래 쿤타가 사람과 말을 이끌고 어둠 속으로 사라진 상태였지만 무슨 심리에서였는지 말을 타고 다시 되돌아와서 야영지를 둘러싸고 한바퀴 돈 다음에 일본 병사가 텐트 입구에 묶어놓았던 양 한마리를 잡아끌고 손에 보총을 들고 있는 초병을 향해 돌진했다. 그 초병은 혼비백산하여 총을 쏴댔다. 하지만 한 발도 명중하지 않았다. 이후 뜨겁고 축축한 것들이 땅에 널부러지면서 공포에 빠져 울부짖는 소리만 낼 뿐이었다. 다른 일본 병사가 텐트 안에서 튀어나왔을 때 쿤타는 이제 정말 멀리 달아난 상태였다.

　튀어나온 일본 병사들은 망망한 밤하늘을 향해 총을 쏠 수 밖에 없었다. 또 그 기괴한 모습의 초병을 살펴보러 갔다. 등불을 비추자 그 초병은 얼굴에 온통 피범벅이었다. 하지만 부상은 입지 않았다. 알고 보니 정면으로 그를 내리쳤던 것은 열기를 내뿜는 양의 내장이었다. 땅에는 여전히 그 양가죽이 던져져 있었다. 얼굴에 온통 피범벅인 그 일본 초병은 겁을 집어먹었고, 다른 일본 병사들도 무슨 일이 일어난 건지를 알지 못했다. 유일하게 설명이 가능한 것은 쿤타가 몸을 숙여 그 양을 집어든 후에 초병에 돌진한 지 십여 초 사이에 이 양의 배를 갈라 양가죽을 벗겨냈다는 것이다. 동시에 초병이 쏘는 총탄을 피한 것이다. 어쨌든 그것은 다 이루어내기 힘든 시간이었다.

가능 여부는 차치하고 이번 기습은 바르구 초원에서 유목인들에 의해 오래도록 전해졌다. 그들은 자신이 직접 본 듯이 이야기했다. 그 날 저녁에 따싱 안링의 깊은 숲속에서 쿤타와 그를 따르는 사람들이 마른 나무가 붉게 타오르는 탄불에 네살 먹은 양을 잘 구워서 나눠 먹었다는 것이다.

이후 바르구 초원의 유목인들 사이에서 쿤타의 모든 것에 관해 전설이 되었다.

쿤타는 숲 속의 캠프에 있었다. 그는 자신이 가지고 다니는 선물인 전차磚茶 두 개를 소중히 여겼다. 이후 게르 안에 있는 화로에 자리를 잡기 전에 그는 자신이 이번에 가는 목적을 설명하면서 따라가고 싶은 사람은 오로지 재물을 훔쳐 입고 먹는 것을 걱정하지 않는 생활을 위해서라고 하였다. 이처럼 불경한 말과 함께 쿤타의 경제사정이 이미 견딜 수 없게 되었다는 말을 들은 유목인들의 손은 이미 겨드랑이에 있는 칼을 쥐고 있었다. 쿤타는 화가 난 것이 아니었다. 다만 함부로 움직이지 말라는 뜻이었다. 그는 차를 마시며 이 유목인들에게 말했다. 그날 밤에 그를 데리고 갈 수 있다고 하였다. 그날 밤 쿤타는 이 유목인을 데리고 말을 타고 캠프를 떠났다. 그들은 한참을 걸었다. 달이 없는 야밤으로 주변은 칠흑같이 어두웠다. 유목인은 자신이 어디에 있는지를 몰랐다. 중간에 그들은 말을 타고 강을 건너게 되었는데, 강물은 깊지 않아 말허리에 올 정도였다. 잠시 후 전방의 어둠 속에서 캠프를 지키는 양치기 개가 짖는 소리가 들리는 듯 했다. 쿤타는 이 유목인에게 자신들이 원래 있던 곳으로 되돌아가 기다리라고 하고는 혼자서 떠났다. 매우 빠르게 쿤타는 큰 양 한 마리를 메고 되돌아왔다. 쿤타는 이 양의 가죽을 벗겨내고 내장을 끄집어낸 뒤 양고기를 이 유목인의 말 위에 던져놓고 두 사람은 어둠 속에서 되돌아왔다. 강물을 건넌 다음에 쿤타는 작별인사를 했다. 떠나기 전에 그는 그 양머리에 붙여놓은 채색 헝겊을 칼로 잘라내어 유목인의 안장밧줄에 걸었다. 쿤타는 이 유목인에게 말하길, 며칠 지나서 이런 기회가 있을 것이라고 하였다. 하룻밤에 살찐 양 한 마리를 얻자 유목인은 기쁘기 그지 없었다. 그는 말을 타고 되돌아왔다. 이 때 날이 조금씩 밝아지고 있었고, 그는 이미 방향을 구분할 수가 있었다. 자신의 캠프가 강 맞은편에 있었다. 강을 건넌 후에 그는 자신의 캠프로 되돌아와서 양을 게르 밖에다 내걸었다. 하룻밤을 엎치락뒤치락 하면서 피곤이 극에 달했기 때문에 캠프에 들어가자마자 잠에 곯아떨어졌다.

  날이 아직 밝기 전에 이 유목인은 아내가 우는 소리에 놀라 잠이 깼다. 아내는 그에게 울면서 말했다. 왜 자기 집에서 가장 큰 양을 죽였느냐는 것이었다. 그건 아내가 시집올 때 가지고 온 혼수품이어서 뿔에 채색 헝겊을 매달아 놓은 것이었고, 이런 큰 양은 제사지낼 때만 쓰는 것이라고 했다. 유목인은 약간 어리벙벙했다. 게르 밖으로 나가보니 양 주변에 도살당한 양의 가죽과 내장이 던져져 있었다. 그리고 자신이 어젯밤에 데리고 돌아온 그 양은 이미 가죽이 벗겨지고 내장이 꺼내진 채로 게르 밖에 걸려 있었다. 그는 갑자기 쿤타가 떠나기 전에 양뿔 위의 헝겊을 잘라 자신의 안장에 매달아 주었던 것이 생각났다. 자신의 발로 뛰어가서 살펴보니 그 채색 헝겊이 달려 있는 것이 바로 자기 집 양이었다. 알고 보니 밤새도록 쿤타는 그를 데리고 초원을 돌아다녔고, 마지막으로 그를 데리고 그 자신의 캠프로 와서 그의 집에서 가장 큰 제사에 바치는 양을 도살한 것이었다. 쿤타는 불로소득을 얻겠다는 생각을 한 이 유목인에게 자그마한 교훈을 주었던 것이다. 그 유목인은 이 때부터 훔치겠다는 생각을 접었다.

유목인은 쿤타를 마적이라 생각하고 싶지 않았다. 분명히 그가 원하기만 했다면 하룻밤 사이에 준마를 많이 갖고 있는 말 주인의 말 무리에서 말 수백 필은 소리 소문 없이 몰고 가서 팔 수도 있었을 것이다. 물론 애쓰며 고생하는 가난한 유목인들도 자기 집 가축이 늘어난 것을 늘상 발견할 수도 있게 될 것이다. 많은 유목인들이 쿤타를 말할 때면 언제나 마음 속에 존경의 마음을 갖고 있다.

백마 무리만 해도 이미 골짜기를 가득 메운 주인의 말 무리에서 준마 두 마리가 쿤타에게 도난당한 후, 십여 개의 초원에서 가장 뛰어난 기수들이 추격했다. 그러나 쿤타는 두 준마들 사이에서 밧줄을 몇 개 잡아당기고는 조촐한 침대에 누워 담배를 피우며 뒤에서 필사적으로 쫓아오는 기수들을 보고는 휘슬소리를 내었고 그러자마자 말 두 필은 지평선으로 사라졌다.

일본에서 또 한 번의 기병대를 공격한 이후 쿤타는 자신의 말을 타고 있었다. 만 리 설원 위에서 뜻밖에 타이어 체인을 감은 일본군 차량이 멀리 그 뒤에 버려져 있었다.

유목인들은 흥미진진하게 쿤타에 관한 소문을 말했다. 강인함을 존중하는 초원에서 약탈은 원래 중요한 생산 방식이었다. 기마술이 뛰어나고 검술이 뛰어난 쿤타는 유목인들의 눈에 아득히 오래된 시절 이후로 사라지지 않는 유목 정신의 마지막 여운이었다.

그 후 운등은 다시는 쿤타를 보지 못했다.

바르구 유목인들 사이에서 쿤타에 관한 전설이 전해졌다. 대청산 그의 캠프에서 검은 커다란 개가 줄곧 그의 게르를 지켰고, 꽃무늬가 새겨진 은안장의 푸른 말은 게르 앞에 매어져 있었다.

물론 그 캠프가 구체적으로 어디에 있는지 아는 사람은 없다.

그것은 다만 전설일 뿐이었다. 운등은 선량한 유목인들이 전해주는 쿤타에 관한 모든 것을 믿고 싶었다. 다만 한 가지 그의 마음에 의혹으로 남는 것이 있었다. 꽃무늬가 새겨진 은안장은 그 푸른 말에 절대로 어울리지 않았다. 그래서 그 은안장은 자신 집의 게르 안에 놓아두었다.

쿤타에 관한 여러 가지 전설을 운둥은 흘려 들었다. 심지어는 그 진실성을 가리는 것에도 소홀하기까지 했다. 하지만 사나운 말을 길들일 수 있는가에 대해서는 그는 절대로 발언권이 없다.

그해에도 봄날 낙인을 찍을 때가 되어 말 무리의 말들이 함께 낙인을 찍으러 왔을 때 그는 그 무리의 망아지들이 서로 부딪히면서 물고 뜯고 하면서 모여든 말 무리가 소동을 일으키기 시작했다.

쿤타가 말에서 내려서 가죽끈을 들고 말 무리로 들어가 다시 나왔는데, 손에 있던 가죽끈은 보이지 않았다.

운둥은 호기심이 생겨서 말을 몰고 말 무리 안으로 뛰어들어 갔다. 말 무리 안에서 망아지 세 필이 하나로 묶여 있었다. 망아지 각각은 왼쪽 앞발굽이 가죽끈에 묶여 있었다. 일단 기회가 되면 사납게 서로 물고뜯던 망아지들이 이렇게 해놓으니 세 마리가 균형을 이루면서 얌전하게 서 있었다. 운둥은 쿤타가 대체 어떻게 했는지 알 수 없었다. 사나운 망아지들이 고개를 숙이고 늘어뜨리게 된 것이다.

운둥은 바르구 초원 전체에서 이렇게 할 수 있는 사람은 아무도 없다는 사실을 잘 알고 있다.

쿤타의 생몰년은 알려져 있지 않다. 신바르구 좌기에서 태어나 바르구 몽골 또는 다워르족으로 말타는 기술이 뛰어나다. 현재 연로한 몇몇 유목인들은 여전히 그의 불가사의한 기마술에 대해 흥미진진하게 말한다. 1930년대 전후에 중국 후룬베이얼 지역과 몽골국 사이에서 활동했다. 항상 검은색 말을 타고 푸른 말을 끌었다. 그 뒤에는 검은 큰 개가 뒤따랐고, 흔적 없이 움직이는 협객이면서 도적이었다. 특히 말을 잘 훔쳐서 가난한 유목인들을 구제하였다. 일본 기병대의 말을 훔쳐 수배되기도 했다. 1947년 이후 갑자기 초원에서 사라졌다. 전해지는 말로는 그는 소련의 특무였다고도 하고 초기 중국공산당 정보원이었다고도 하지만 그럴싸한 근거는 없다.

13
적막한 초원

초가을, 초원이 가장 풍요한 계절이다. 멀리 푸른색 하늘 위에 떠 있는 구름도 바람에 불려서 엷어진다.

아침차를 마신 후에 운둥과 아버지 샤오바르트는 함께 게르 앞에서 올가미 막대를 손보고 있었다. 울란은 가는 실로 자른 쏸나이깐酸奶干을 널어 말리고 있었다. 양치기 개 두 마리는 달구지 앞에 누워 잠에 빠져 있었다.

물과 풀을 따라 사는 매우 불안정한 생활 속에서 풍요로운 가을은 일 년간 바쁘게 살아온 유목민들이 잠시 쉴 수 있는 시기다.

처음에 이런 가을을 깨뜨린 것은 잠을 자던 양치기 개 두 마리였다. 개들은 거의 동시에 놀라 잠에서 깼다. 그리고 나서 서쪽 지평선 방향으로 달려가 불안하게 바라보았다.

개들은 서서히 긴장하면서 죽어라고 지평선 방향을 응시하였다. 개들은 감각기관이 예민하다. 후각은 특히 사람들을 놀라게 할 정도다. 바람을 타고 날아오는 아주 미세한 소리라도 들을 수 있다. 설령 몸을 숨긴 들짐승이라도 바람 방향만 맞으면 개들도 쉽게 냄새를 맡을 수 있다. 샤오바트르와 운등은 늑대 같은 들짐승이 멀리 있는 목초지에서 움직이고 있는 것이라고 생각했다. 하지만 이 때는 늑대 무리가 출몰하는 계절은 아니었다. 운등은 아버지 옆에 서서 몽골인 특유의 가는 눈을 뜨고 황금색이 넘실거리는 지평선을 훑어보았다. 그곳은 적막했다. 목초의 풀끝은 황금색을 띠고 있었고, 바람이 풀끝에 스치면 바람에 불려 차르르거리는 소리와 함께 멀리서 파도같은 소리가 울린다.

바람에 불려 하늘까지 이어지는 풀의 파도였다.

한동안 자세히 보고서 그들은 아무런 이상한 점도 발견하지 못했다. 하지만 양치기 개가 아무 이유없이 이렇게 놀랄 이유가 없는 것은 분명했다. 그들은 서로 마주보고는 한창 손질 중이었던 올가미 막대를 내려놓고 각자 말을 탈 준비를 했다. 그리고 나서 말을 타고 서쪽 지평선으로 향했다.

그들의 말떼는 계곡에 있었다.

그들이 말을 타고 그리 멀리 가지 않았을 때 땅속 깊은 곳에서 터져 나오는 듯한 소리가 울렸다. 그 소리는 먼 데서 들리는 북소리였다. 또 땅 속 거인의 맥박소리 같기도 했다. 그건 분명 발 밑의 초원을 통해 전파된 거역할 수 없는 대지의 진동이었다.

운등은 그런 소리를 들어본 적이 없었다. 그는 고개를 돌려 샤오바트르를 바라보았다. 샤오바트르의 표정은 일그러졌고, 입을 굳게 다물었다. 입가에는 줄이 그어진 채 필사적으로 말을 몰고 앞으로 달려나갔다.

운등은 아버지를 따라가는 것이 좋겠다고 생각했다.

앞에 있는 계곡에서는 가을 내내 혈구가 자신의 말떼를 데리고 그 곳에서 목초를 뜯고 있었다.

그들은 마침내 말을 타고 높은 언덕으로 달려 올라갔다. 그 순간 운등은 광활하게 펼쳐진 모습에 놀라 어리둥절해졌다.

말, 소, 산양, 면양, 낙타 등 초원의 다섯 가지 가축이 여기에 모아져 있었다. 그 짐승들은 빽빽하게 전체 계곡에 가득 차 있었다. 운등은 이렇게 짐승들이 한 데 모여 있는 것을 볼 기회가 없었다. 아마도 수십만 마리 정도 되었다. 가축들은 모두 몸부림치고 있었다. 면양과 산양 등 비교적 몸집이 작은 가축들은 특히 슬프게 울어댔다. 소와 말과 낙타 등 몸집이 큰 가축들에게 밟히고 있었던 것이다.

천지를 뒤덮는 거대한 파도와도 같은 짐승들의 소란은 수없이 많은 가축들의 발굽소리, 우는 소리였다.

전체 가축떼가 어떤 힘을 조종을 받아 천천히 앞으로 움직이고 있었다. 화산이 폭발하여 산허리까지 용암이 흘러내리는 것처럼 가축떼는 서서히 움직였지만 모든 것을 부수는 힘을 갖고 있었다.

계곡 전체에서 가축떼는 강력한 힘에 의해 앞으로 밀리고 있었고, 모든 가축들은 불안하게 몸부림치면서 소리를 내고 있었다. 그 중에 어린 새끼를 잃은 어미가축의 울음소리가 가장 사람을 놀라게 했다. 그 처량한 울음소리는 뜻밖에 이 수많은 가축들의 울부짖는 소리를 뛰어넘었다. 그리고 자신의 가축을 따라 이동하던 양치기 개는 이 사나운 가축떼 가운데에서 계속해서 뛰어올랐다. 그것들은 가축들의 등 뒤로 뛰어오르면서 짖어댔다. 혼란 속에서도 여전히 자기집 가축을 구별하였다. 양치기 개들은 태어나면서부터 가축들과 함께 생활하여 가축들과 운명을 같이 한다. 이 때 개들은 상황을 따지지 않고 각기 최선을 다해 자기 집 가축떼를 보호한다. 가축들을 울타리에 몰아넣기 위해 위험한 국면을 만회하고 질서를 회복한다. 하지만 그것들의 힘은 너무 약해졌다. 마침내 개들의 거친 짖음은 처량한 울음소리로 바뀌었다. 그건 그것들이 마침내 가축들의 등 뒤에서 떨어져 나갔다는 것이다. 설령 그것들이 잘 몰고 늑대들을 죽이는 강인함이 있다 해도 이 때 수를 알 수 없는 거대하고 무거운 발굽을 상대해서 개들은 너무 약했다. 개들은 어쩔 수 없었다. 이

맹목적인 가축들에게 부딪히고 자빠지면서 갈비뼈가 밟혀 부러지면서 결국 진흙탕 속으로 처박히고 말았다.

이 때쯤 계곡의 한쪽 편에서 이 모든 소란을 능가하는 소리가 들려왔다. 통제하는 성격을 가진 차갑고 리듬이 분명한 기계음이었다. 그 소리는 운둥으로서는 들어본 적이 없는 소리였다. 더욱이 한 데 연결한 강판이 쉴새없이 치는 소리였다. 하지만 힘이 있었다. 그 소리만 듣고도 무서운 힘이 있다는 것을 알 수 있었다.

그 소리의 시작을 알린 존재가 드디어 모습을 드러냈다. 가축들 뒷편의 계곡 부근에서 멀리 거무튀튀한 기계가 다가왔다.

그 기계소리는 하늘을 울렸다. 검은 연기를 내뿜으면서 기차처럼 빠르게 움직였다. 마치 엎어 놓은 철화분처럼 거북이 기는 방식으로 빠르게 이동하였다.

무리 가장 뒤에 위치한 가축은 이런 괴물을 본적이 없었고, 그것들은 놀란 상태로 도망쳐서 가축떼로 뛰어들었다. 부딪히고 밟히는 이런 상황에서 많은 양들과 어린 가축들이 희생양이 되면서 계속 울어댔다. 말 그대로 심판의 날의 모습이었다.

하지만 검은색 기계는 쉬지 않았다. 그것들은 차갑고 강인했으며 인정사정 없었다. 엄청난 힘을 가지고 가축들을 계속 앞으로 몰아내고 있었다. 설령 다른 가축에게 짓밟혀 다리가 부러져 뒤에 처진 조그만 가축이더라도 피하는 법이 없었다. 그 기계는 몸부림치는 송아지 위로 밟고 지나갔다. 송아지는 순식간에 산산조각이 났다. 밟고 지나간 그 기계의 무한궤도는 피범벅이 되었다. 그 뒤를 따르는 다른 기계도 마찬가지로 상처를 입어 쓰러져 움직이지 못하는 가축들을 전혀 피하지 않았다. 그것들이 웅 소리를 내면서 지나간 뒤에는 핏빛 바퀴 자국이 남아 있었다.

운등에게 있어서는 태어나서 처음 보는 탱크였다.

계곡을 나와 넓은 모래톱에 이르렀다. 한 덩이리로 떠밀렸던 가축떼가 갑자기 흩어져서 사방으로 도망치려 하였다. 하지만 이때 모래톱에서 갑자기 둔하마頓河馬(러시아 말)를 탄 카자흐 기병 여럿이 나타났다. 그들은 채찍을 휘두르며 돈하마를 움직이게 하여 재빨리 가축떼를 한데 모아 강가로 몰아갔다.

우기가 지났지만 강물은 여전히 넘실거렸다. 카자흐족 가축떼가 강을 건너게 하려는 이 강의 폭은 2, 30미터 정도 되었다. 가축떼는 줄곧 앞으로 향해 걸었고, 그리고 나서 쓰러지는 돌처럼 강물 속으로 몰려 들어갔다.

가장 앞에 있던 가축은 주저하다가 뒤에서 떠밀려 오는 가축에 의해 강물 속으로 들어갔다. 물에서 허우적거리다가 수면 위로 떠올랐다. 뒤에 있던 가축떼가 다시 그것들을 발굽으로 밟았고, 그것들은 수면 위로 머리를 내밀 기회가 없었다.

잠시 후에 강 맞은편의 꽉 차있는 것이 좀 풀린 듯 했다. 가축떼 가장 앞에 있는 가축은 이미 맞은편 뭍에 올랐다.

사실 끊임없이 강물에 발을 들여놓는 그 가축들은 강물이 그들의 무릎에 닿지도 않았는데, 강물은 그렇게 얕은 강물은 결코 아니라는 생각이 들었다. 이때 그 가축들은 이미 빠져죽은 같은 종류의 몸뚱이를 밟고 강을 건넜다는 것을 그는 순간적으로 깨달았다.

뒤이어 더 많은 가축들이 강물 속으로 쫓겨 들어갔고, 수천수만의 가축들이 강물을 막고 강줄기를 가득 채웠다.

강물이 보이지 않는 강 한가운데에 붉은 준마가 우뚝 서 있었다. 운등은 그것이 혈구라고 생각했다. 하지만 확신할 수는 없었다. 그는 말을 몰아 가보려 했지만 샤오바트르가 말렸다. 운등도 이런 방대한 가축떼를 보고 자신이 할 일이 없다는 것을 잘 알고 있었다.

모든 가축들이 강을 건넌 것은 오후가 되어서였다.

샤오바트르와 운등은 말을 몰고 모래톱으로 내려갔다.

강물은 훨씬 얕아진 듯 했다. 기슭에 가축떼들이 강물로 몰려 들어갈 때 넘쳐흐르던 강물이 물고기들을 기슭으로 밀어내 흩어져 있었고, 그 가운데에는 상처를 입지 않고 멀쩡한 몸으로 펄떡대는 것도 있었다.

강기슭과 강물 여러 곳에서는 죽은 가축들의 시체가 널려 있었다. 뼈가 부러져 진흙탕 속으로 들어간 것도 있었고, 강물에 떠 있는 것도 있어서 강 수면 전체를 뒤덮었다.

온몸에 진흙이 묻은 어린 양이 핏자국이 낭자한 모래톱에서 울면서 배회하고 있었다. 운등이 말을 몰고 지나가면서 몸을 숙여 그것을 집어 올리고는 품에 안았다.

강의 맞은편 기슭에서 벗어난 가축떼는 끝없는 초원에 수킬로미터 넓이의 검은 색 도로를 남겨 놓았다. 마치 거대한 상처 같았다. 무수한 가축들이 밟고 지나간 뒤에 초원의 목초들은 남김없이 짓밟혔고, 검은색 토층이 드러났다. 이 큰 길은 결국 지평선 뒤로 사라졌다. 그곳은 국경 방향이었다. 이 도로는 내년 봄에 비가 온 뒤에 새로운 풀이 자라날 것이고, 초원에서의 가축떼 흔적도 끝내 사라질 것이다. 그리고 강철로 만든 탱크의 무한궤도가 가축떼에게 남겨놓은 넓은 도로 위에 십여줄의 놀랄만한 흔적을 새겨놓았다.

그 흔적은 영원히 초원에게 상처를 입혔고 여러 해가 지나도 사라지지 않을 것이다. 운등과 아버지는 말 위에 올라 초원에 있는 이 검은색 상처를 바라보며 오래도록 그렇게 서 있었다.

운등이 안고 있는 그 새끼양은 벌벌 떨고 있었다. 그는 두루마기를 벌려 새끼양을 품 속으로 들어가게 했다. 수많은 가축들이 떠나간 뒤에 만 리에 펼쳐진 초원은 적막강산이었다. 하늘은 흐렸고, 거대한 구름덩어리가 모여들기 시작했다. 갈수록 짙어졌고 대지의 기세를 안고 다가왔다. 강한 바람이 불어오면서 초원에는 눈꽃이 내리기 시작하다가 잠시 후에 차가운 비로 바뀌었다.

초원에 처음 내리는 가을비였다. 날씨는 추워지기 시작했다.

3일 후에 날이 맑아졌을 때 혈구가 자신의 말떼를 데리고 국경을 넘어 후룬베이얼 초원으로 돌아왔다.

소련 홍군에 의해 떠밀려 갔던 수십만 가축 가운데 강물을 건너 고향으로 돌아온 소와 말은 수백 마리에 불과했다.

●

1945년 8월 하순, 후룬베이얼 지역에 진입한 소련 홍군은 진바르구기陳巴爾虎旗, 쒀룬기索倫旗, 지금의 어원커기鄂溫克旗의 많은 가축들을 소련 경내로 몰아갔다.

《내몽골 자치구 구지區志 대사기》

(내몽골 인민출판사, 1997년 3월판)

14
몽고양

 그 해 가을 어떤 전염병이 갑자기 횡행하여 초원의 양들이 이유 없이 떼죽음을 당하였다. 유목인들은 거의 절망적인 상황에서 하늘에 도움을 청하여, 짐승을 도살하여 제를 지냈지만 끝내 하늘의 불쌍히 여김을 받지 못했다. 매일 아침 유목인이 짐승들에게 다가갈 때마다 풀밭에 널브러져 있는 죽은 양을 보게 되었다. 마침내 역병이 닥칠 때처럼 갑자기 사라졌을 때, 캠프에 있던 양떼는 형편없이 토대가 되는 어미만 남아 내년 가축의 번식을 위해 도저히 도살할 수는 없었다. 그러나 하늘의 아들 양은 초원 유목인들의 생존이 달린 존재였다. 사람들은 반드시 자신의 양에게서만 육식을 얻을 수 있었다.
 샤오바트르의 가축들도 이런 재난을 피하지 못했다. 양떼 가운데 더 이상 죽어나가는 것이 없게 되었을 때 이른바 양떼에는 양 30여 마리만 남게 되었다. 그 때 운등은 초원에 있는 무리지어 있는 몽고양에게 눈길을 돌렸다. 양처럼 야생 몽고양은 이런 온 천지를 휩쓰는 역병이 횡행하는 가운데 아무일이 없었던 것이다.

초원에 있는 몽고양은 육식이 부족한 캠프에서 필요한 붉은 고기를 보충해 줄 수 있었다. 한가할 때 운등은 여러 차례 혈구를 타고 몽고양을 뒤쫓았다. 그는 혈구로 하여금 초원에서 아무런 대비가 없던 몽고양떼를 급습해 사방으로 도망치게 했다. 때로는 오래도록 몽고양 몇 마리를 따라가다가 피곤함을 느끼면 포기하기도 했다. 물론 그와 혈구에게는 일종의 놀이였다. 그렇지만 지금은 몽고양 잡는 것이 현실적인 의미가 있었다. 겨울을 나기 위해 동절기 저장 육식을 준비하는 것은 이미 아무런 의미가 없었다. 가축떼 안에는 이미 충분한 양이 없었기 때문이었다. 붉은 고기를 충분히 준비해야 후룬베이얼의 매서운 추위를 날 수 있는 것이다.

올가미 막대의 올가미를 쉽게 던지기 위해 운등은 올가미를 살짝 변경시켰다.

결국 몽고말의 머리는 일반 말보다 작다. 목도 더 가늘다. 하지만 수컷 몽고양의 머리에는 뿔이 있다. 이것이 바로 그 몽고양을 잡는데 어려움을 가중시킨다. 더 고급 기술과 더 빠른 속도가 필요한 것이다. 따라서 가는 가죽끈으로 만든 올가미가 더 효과적인 것이다. 운등은 올가미 막대에 가죽으로 만든 올가미를 달고, 늑대 복사뼈를 추가하여 잡아맸다. 이렇게 해서 늑대 복사뼈가 달린 올가미를 던지는 속도를 더 빠르게 하였다. 속도 문제를 해결한 다음에 해결해야 할 것은 정확성 문제였다. 어떻게 빠른 속도로 정확하게 올가미를 몽고양의 머리에 던질 것인가, 결국 그것들의 머리에는 꼿꼿하고 날카로운 뿔이 있었다. 따라서 던지는 올가미는 반드시 가늘고 긴 원형을 유지해야 했다. 그것은 완벽함에 가까운 기술이었다. 이 기술을 마스터하기 위해 운등은 오래도록 훈련을 했다.

운등은 말떼를 방목할 때 광야에서 먹이를 찾아다니는 노란 양들을 오래도록 관찰했다. 그것들은 자신의 비범한 달리기 능력을 자랑한다. 운등이 처음에 혈구를 타고 몇번 뒤따라가 자신들에게 접근하자 그것들은 도망치지 않았다. 대신 원래 자리에서 혈구를 타고 접근하는 운등을 뚫어지게 바라보았다. 그것들은 자신감에 넘쳐서 운등과의 거리가 수십미터 되었을 때가 되어서야 달리기 시작했다. 그리고 나서 힘든 추격이 이어졌다. 하지만 혈구가 아무리 노력을 해도 몽고양은 경쾌하고 쉽게 그들을 따돌렸다. 일정한 거리를 달리고 나서 그것들은 다시 꼿꼿하게 서서 고개를 돌리면서 응시한다. 혈구가 수십 미터 거리까지 다가가면 그제서야 다시 뛰기 시작한다. 이런 식으로 몇 번 반복하고 나서 앞에 있는 몽고양이 갑자기 뒤에 따라오는 추격자가 더 이상 흥미를 보이지 않으면 속도를 더 올리기 시작한다. 그것들은 달리기 방식을 바꾸어 장거리 선수로 변한다. 그리고는 재빨리 지평선 너머로 사라진다. 몇 차례 쫓다가 성과 없이 돌아온 뒤에 사실 혈구가 자신의 극한까지 도달했다는 것을 윤등도 알고 있었다. 만약 등에 자신이 타고 있지 않으면 혈구도 아마 기회가 있었을 것이다. 사실 기수를 태운 말은 몽고양의 적수가 되지 못했다. 등에 기수가 없는 상황에서 몽고양을 뒤쫓을 수 있는 말은 드물다. 만약 기수를 태운 말이 평탄한 초원에서 몽고양을 쫓기를 바란다면 그건 정말 망상이다.

우연한 기회에 윤등은 혈구를 타고 몽고양 두 마리를 높은 언덕까지 쫓아올라간 적이 있다. 이어서 다시 그것들을 언덕 아래로 쫓아내려갔다. 경사도는 크지 않아서 대략 30도 정도였다. 하지만 언덕을 내려갈 때 몽고양의 속도는 갑자기 느려졌다. 혈구는 재빨리 몽고양 두 마리와 거리를 좁혔다. 그것들은 급한 상황에서 사납게 뛰어올랐다. 하지만 땅에 떨어질 때에는 각도를 조정하지 않은 듯 그것들은 비틀거렸고 하마터면 한 마리는 쓰러질 뻔 했다. 어쩔 수 없이 다시 걸음을 조정하여 다시 뛰어오를 준비를 했다. 그리고 이 짧은 순간에 혈구는 여전히 고른 속도로 미친듯이 내려가고 있었다. 깎아지른 낭떠러지에서 한번 뛰어내린 경험이 있어서 이런 경사도는 그에게는 평지와도 같았다. 윤등이 준비하지 않은 상황에서 뒤쳐진 몽고양은 올마기 막대가 통제 가능한 범위 안에 놓이게 되었다. 어지러운 가운데 그는 올가미 막대를 꺼내어 막대가 달린 올가미를 던졌다. 올가미는 몽고양의 뿔 위에서 망가지면서 미끌어져 떨어졌다. 이 때 이때 몽고양은 언덕 아래에 이르렀고 몇차례 뛰어오르더니 자취도 없이 도망쳤다.

혈구는 자기를 타고 있는 운등이 절호의 기회를 잡지 못한 것에 맘에 들지 않았는지 콧김을 내면서 툴툴거렸다.

운등은 잘 알고 있었다. 잘 추격하기 위해서는 어떻든지 혈구를 더 이상 실망시킬 수 없고 안 그러면 그는 혈구와의 상호 존중과 암묵적 합의를 잃을 수도 있다는 것을.

정식으로 몽고양을 추격하기 시작한 첫날 밤에 눈이 새벽까지 내렸다. 그 눈은 곧 초원을 적셨다.

그는 혈구를 타고 천천히 걷고 있었다. 늦가을에 하늘은 맑고 드높았다.

이런 좋은 날씨에 운등은 혈구를 타고 걷고 싶었다. 사실 그들은 줄곧 이렇게 천천히 걸어왔다. 운등도 그들이 나온 목적을 잊을 정도였다. 지평선에 몽고양이 나타날 때까지.

운등이 방향과 거리를 계산하기 시작했다. 그리고 나서 혈구를 몰아 한바퀴 빙 돈 다음에 천천히 몽고양을 높은 언덕으로 몰아갔다. 본능적으로 몽고양은 접근하는 유목인과 일정한 거리를 유지했다. 결국 자기도 모르는 사이에 높은 언덕으로 올라갔다.

운등이 혈구를 타고 언덕 끝까지 올라가자 몽고양떼는 서서히 언덕 아래로 내려가기 시작했다. 이때 운등은 더 이상 혈구를 통제할 수가 없었다.

그렇게 혈구는 운등을 태우고 근 45도의 경사에서 날듯이 내려갔다. 놀라 흩어지는 몽고양은 앞에서 도망쳤다. 이 초원에서 조물주가 달리는 것으로 유명한 짐승을 만들 때 그것들이 평탄한 대지에서만 빨리 달릴 수 있게, 또 더 높이 뛰어오를 수 있게 만들었다. 따라서 그것들의 앞발은 뒷발에 비해 짧게 만들어서 경사를 내려갈 때에는 평지에서처럼 그렇게 날렵하지가 않았다.

몽고양이 서로 부딪히면서 심지어는 뒤에서 뛰어오른 것이 앞에 있는 것들 등을 눌렀고, 넘어지는 것도 있었다. 그리고 그것들 뒤에 따라오는 혈구의 속도는 줄어들지 않았다.

운등은 등성이 중간에서 정확하게 올가미를 던져 제일 뒤에 있던 몽고양을 잡았다. 첫 번째 성공이었다.

이렇게 십여 일 마다 한번씩 캠프에서 고기가 필요하게 되었을 때 운등은 혈구를 말떼에서 데리고 와 안장을 잘 얹어주고 나서 올가미 막대를 들고 황야로 나아갔다.

혈구는 자신들이 뭐 하러 가는지 잘 알고 있었다.

운등과 혈구의 조화는 갈수록 무르익어 갔고, 그는 심지어 몽고양떼 가운데 가장 살진 숫양을 고를 수 있을 정도가 되었다.

겨울에 들어서면서 첫눈이 내렸다.

운등은 눈이 온 뒤 아침에 게르를 나왔다. 눈앞에 펼쳐진 광경에 놀라 어리벙벙해졌다. 끝없이 펼쳐진 눈덮인 땅 위로 먹구름이 남긴 그림자와도 같은 색이 널리 퍼져 있었다. 망원경으로 보니 그것은 뜻밖에도 몽고양떼였다. 더 아득히 먼 지평선에 더 많은 몽고양이 물결처럼 초목지로 쏟아져 오고 있었다.

너무 많았다. 운등은 캠프에서 멀지 않은 목초지에 있는 서너 마리의 몽고양과의 거리를 계산해 보았다. 수백마리씩 무리를 이룬 것들이 더 먼 눈밭 위에 있었는데, 그것들은 바로 서서히 모여든 몽고양떼였다. 아마 수천 마리는 넘어 보였다. 그것들은 하늘에서 내리는 재난처럼- 양을 많이 소유하고 있는 캠프로서는 그것들은 재난이었다--막을 수 없는 기세로 쏟아져 나오고 있었다.

유목인들은 국경 밖에서 오는 몽고양떼를 좋아하지 않는다. 그것들은 목초지로 와서 가축의 목초를 빼앗아 먹기도 하고, 심지어 가축에게 새로운 전염병을 옮기기도 한다. 그리고 막 전염병 재난에서 벗어난 몇 남지도 않은 가축들은 더 이상 버텨낼 수가 없었다.

하지만 운등은 그것들의 출현이 추운 겨울을 나고 있는 자신 집의 캠프가 최소한 더 이상 양을 도살할 필요가 없게 한다고 생각했다.

운등은 며칠을 관찰하고 햇빛이 잘 드는 바람없는 오후를 택해 사냥을 시작했다.

안장을 준비하면서 그는 혈구의 뱃대를 최대한 조여맸다.

눈이 쌓여 있기 때문에 운등은 새로운 사냥 방식을 취했다. 그가 말을 타고 천천히 몽고양떼에게 접근하여 소리를 내면서 그들을 몬다. 백여 마리의 이 몽고양떼는 처음에 소란스럽다가 목초지를 향해서 뛰기 시작했고, 전체 몽고양떼는 좌판에 펼쳐 놓은 버터처럼 눈밭 위에서 제멋대로 뒹굴었다. 그것들의 뒷발굽이 차올린 눈덩이가 공중으로 날았다. 마치 갑작스런 눈처럼 사람을 압박했다. 가까이 다가가자 메뚜기처럼 쏟아져 내리던 눈덩이는 그의 얼굴에 부딪혔다. 위로 흩날리는 눈가루로 인해 그는 숨을 쉴 수조차 없었다.

운등은 계속 해서 손으로 얼굴에 부딪히는 눈을 닦았다.

이 몽고양은 마음대로 가볍게 뛰었다. 마치 양떼 가운데에서 달리는 속도가 너무 느려 실력 발휘를 제대로 못한 한두 마리 몽고양은 무리에서 튀어올랐다. 마치 팽팽하게 당겨진 활처럼 더 당길 수 없을 수 없을 때가 되자 발사되는 것 같았다. 그것들은 공중에서 신나게 허리를 폈고, 햇빛 아래에서 눈부신 황색 털을 드러냈다.

3~4분을 뛰다가 운등은 속도를 늦추도록 혈구 등을 가볍게

두드렸다. 몽고양은 뒤에서 가깝게 쫓아오는 추격자를 잃고, 마찬가지로 멈췄다.

잠깐의 시간이 흐르고 운등은 혈구에게 몽고양떼와 반대 방향으로 빠르지도 느리지도 않게 가도록 했다. 그리고 나서 다른 방향에서 몽고양떼를 몰았다. 이번 추격에서 그는 갑자기 방향을 조정했고, 몽고양떼가 자신이 정한 좋은 방향으로 천천히 뛰도록 했다.

몽고양떼의 발걸음은 일치했다. 본능적으로 그것들은 사람과 반대 방향으로 뛰었다. 마침내 몽고양떼는 완만한 언덕에 접근하였다.

그 볼품없는 완만한 언덕을 몇 십 미터 남겨두고, 운등이 갑자기 큰소리로 외쳤고, 혈구는 그 기세를 이어받아 길게 울부짖으며 앞으로 냅다 달려갔다. 사람이 고함치고 말이 울자 몽고양떼가 깜짝 놀랐다. 원래 뒤에서 쫓아오던 유목인이 왜 갑자기 요괴가 되었을까, 왜 갑자기 속도를 높여 필사적으로 뛰는 것일까 그 이유를 알 수가 없었다.

몽고양떼는 매우 빠르다. 순식간에 몇 십미터의 거리를 달려 완만한 언덕을 넘었다.

하지만 이번 도약 이후 그것들의 바람처럼 재빠른 달리기는 갑자기 멈춘 것 같았다. 몽고양은 모두 보이지 않는 고무풀에 달라붙은 것 같았다. 몽고양떼 전체는 완만한 언덕의 뒷편에서 길이 막혀 서로 부딪히며 몸부림치면서 혼란을 빚었다.

이것이 바로 운등이 그것들을 이 쪽으로 몰았던 이유였다. 이 완만한 언덕의 뒷편은 천연 함정이었던 것이다.

완만한 언덕 뒤에 충적된 구덩이가 있었는데, 깊이가 2미터이고, 눈이 내리면 이 곳은 협곡을 마주보는 바람받이가 되어 바람에 불려오는 눈에 의해 구덩이가 가득 차게 된다. 두꺼운 적설은 이 깊은 구덩이를 가득 채웠고, 결국 경사면과 평행을 이루는 것이다. 눈이 쌓인 층이 얼어서 딱딱한 껍질이 되어 미친듯이 뛰는 몽고양이 언덕을 넘어게 되면 그것들의 날카로운 발굽이 적설층을 깨뜨리고 그 속으로 몽고양떼는 빠져서 갇히게 되는 것이다.

눈 속에서 앞발굽을 빼내 앞으로 솟구쳐 움직이면서 덜 깊고 비교적 강한 것들이 빠져나갔다. 운이 나빴던 것들은 너무 깊이 빠져서 그 운명을 하늘에 맡길 수밖에 없었다.

이렇게 몽고양떼는 눈구덩이를 건넌 후에 그곳에는 도망치지 못한 몽고양 10여 마리가 빠지게 되었다.

운등은 미친듯한 기세가 줄어들지 않은 혈구를 자제시켰다. 혈구도 눈 구덩이 속으로 뛰어드는 것을 말린 것이다. 가을과 겨울 내내 샤오바트르 캠프에서 먹었던 것은 바로 이 몽고양이었다. 샤오바트르는 운등이 잡은 나머지 몽고양을 다른 캠프에 보내주었다.

몽고양은 이렇듯 초원의 유목인들에 가을과 뒤이어 찾아오는 겨울을 나게 해 주었다.

●

몽고양

광활한 동아시아 초원에서 몽고양떼의 불규칙한 이동은 세계에서 가장 멋진 야생동물이 이동하는 진풍경 가운데 하나이다. 그것들은 국경 없이 중국의 내몽골과 몽골국 초원을 왕래한다. 기적과도 같은 수많은 존재는 징기스칸 시대보다 더 오랜 시간 동안 끝없는 초원에서 마음껏 달려 왔다. 현재 몽고양떼는 아시아 대륙 포유동물 가운데 그 숫자가 가장 많은 무리로서, 후룬베이얼 초원에서는 여전히 수만 마리의 몽고양이 초원을 지나는 장관을 볼 수 있다.

15
눈보라

단골손님이 바르구 초원에 와서 말을 골라 구매한다는 소식이 전해진 지 며칠이 지났다. 들리는 말로는 손님이 상하이에서 온다고 했다. 이번에 오는 것은 대회에 참가할 몽고말을 고르기 위한 것으로, 몽고말과 서양말의 경기라고 했다. 초원에서는 소식이 입에서 입으로 전해진다. 운등이 이해할 수 있는 것은 그만큼 많았다.

운등은 손님이 결국 자기집 캠프에 모습을 보이리라는 것을 알고 있었다. 바르구 초원의 유목인들 모두가 알고 있듯이 가장 좋은 말은 샤오바트르 말떼에서 나왔다.

겨울이 되고 샤오바트르는 매일 기침이 끊이지 않았다. 가장 추운 계절이 되자 결국 각혈까지 했다. 밖으로 나가 치료를 받으려고 했지만 치료받을 돈이 없었다. 양떼는 폭설이 내린 후에 절반 가까이 얼어죽었다. 만약 말떼가 쌓인 눈 위로 길을 내주지 않아 양떼가 눈 아래 있는 잔풀들을 뜯어먹을 수 있게 해주지 않으면 아마 양들은 모두 이 폭설 속에서 죽고 말 것이다.

오랜 겨울을 지난 가축들은 바짝 말랐다. 특히 면양은 만약 몸에 난 긴 털이 아니었다면 모두 종이처럼 말랐다. 언제라도 바람에 불려 날아갈 것 같았다. 쌓인 눈이 다 녹고 풀이 돋기 시작하면 이 재난 후에 살아남은 가축들은 필사적으로 먹는다.

이 때 양은 바짝 말라 살이 없어서 손님이 와도 팔 수가 없다. 따라서 말을 판매하는 것이 샤오바트르로서는 돈을 받아 치료를 받을 수 있는 유일한 길이었다.

해를 넘기고 샤오바트르는 여전히 버티면서 가축을 기르다가 마침내 어느날 아침에 말에서 떨어졌다. 그날부터 그는 게르 안에 눕게 되었다. 그리고 매일 나가 양떼를 방목하는 일은 운등의 몫이 되었다.

운등은 매일 날이 밝기도 전에 일어났다. 이 때 더 일찍 일어난 울란은 밀크티를 잘 끓였다. 그녀는 차그릇에 이번 겨울에 죽은 양의 풍만하지 않은 가슴살을 가득 넣었다. 배불리 먹고 마신 운등은 품 속에 잘 익힌 양고기와 빵을 넣었다. 그것은 초원에서 그가 하루종일 지내면서 먹을 식사였다.

배불리 먹고 난 후에 졸음이 쏟아지자 운등은 흐리멍텅하게 매어 있는 말을 풀어주고 안장을 얹었다. 그는 확실히 너무 어렸다. 말 등은 그에게는 너무 높았고, 안장도 무거웠다. 이 동작은 그에게 있어서는 그렇게 쉬운 것이 아니었다. 그는 어쩔 수 없이 있는 힘껏 안장을 등 위로 던졌다. 다행히 그가 매일 올라타고 방목하러 간 것은 샤오바트르에 의해 길이 잘 들은 백색 암말이었다. 그 말은 그의 큰 동작으로 놀라지 않았기 때문이다.

마지막으로 운등은 말뱃대를 잘 채우고 나서 올가미 막대로 지탱하면서 말등에 올라탔다. 하루 유목은 이렇게 시작되었다.

운등이 양떼를 몰고 캠프를 떠나 초원 깊은 곳으로 갈 때 새벽 별빛이 아직 반짝이고 있었다. 그는 말등 위에 단단히 앉아 있었고, 발에는 장화를, 몸에는 가죽 두루마기를 입고 그 위에 양털가죽옷으로 감쌌다. 머리에는 여우가죽 모자를 썼는데, 이런 차림에 뜨끈한 밀크티까지 잔뜩 마셨는데도 찬바람 속에서 그는 여전히 덜덜 떨었다.

말등에서 상당히 리듬감 있게 흔들거리면서 매우 피곤함을 느꼈던 운등은 흐리멍텅하게 앉아서 잠이 들고 말았다. 때때로 그가 말등 위에서 다시 깨어나면 얼마나 멀리 왔는지를 알 수 없는 경우도 있었다. 새벽 빛 속에서 양떼는 아직 앞에서 천천히 움직이고 있었다. 본래 몸 뒤로 끌고오던 올가미 막대는 꿈 속에서 이미 어디에 떨어뜨렸는지 몰랐다. 어쩔 수 없이 그는 그것을 찾으러 돌아가야 했다.

하지만 양을 치는 것은 수시로 잠에 곯아떨어져 건성건성 할 수 있는 일은 아니다. 겨울 내내 굶주린 양떼는 막 돋아난 풀을 보면 미친듯이 사방으로 뛰어다니면 많이 먹는 데에만 몰두한다. 그러면 운등은 어쩔 수 없이 말을 두드리며 사방으로 쫓아다닌다. 초원에서 더러운 눈처럼 사방으로 흩어진 이 양들을 모으는 것이다.

게다가 양들이 지나치게 뛰지 않게 해야 한다. 양들 몸속의 에너지가 겨울에 이미 다 소모되었고, 이 때 남아 있는 힘이라곤 그것들 뿐이라 초봄을 버텨내야 살아남을 기회가 있게 되는 것이다. 하루 온 종일 그는 사방으로 뛰어다니는 양떼를 계속해서 잡아왔고, 그리고 나서 최대한 남향의 바람없는 언덕을 찾아 양떼를 먹게 했다. 막 몽고부추가 막 자라난 곳이 물론 가장 좋다. 이 식물은 막 겨울을 난 양이 체내의 오물을 배출해 내는 데에 좋아 위장을 깨끗하게 해주고 그 기능을 회복시키며 풀을 더 잘 소화시키게 해준다.

봄에 후룬베이얼 초원의 날씨는 변덕이 심하다. 오전에는 맑았다가 오후에는 뼈가 시릴 정도의 차가운 바람이 분다. 하늘의 먹구름이 끼면서 먹물같은 비가 쏟아져 내리다가도 많은 눈이 내리기도 하고 사람들이 눈을 뜰 수 없을 정도의 싸라기눈이 내리기도 한다. 정말 무서운 것은 습기가 많은 눈이나 차가운 비다. 그 눈과 비가 양의 몸통에 내리면 양털을 적시고 곧 이어 찬 바람이 불면서 온도가 갈수록 낮아지면 습기에 젖은 양털은 급속하게 언다. 그럼 양은 이로 인해 체온이 떨어져 죽게 된다.

이제 막 혹독한 겨울을 견뎌낸 양은 그 찬비를 견디기 힘들어 한다.

봄의 마지막 폭설이었다.

날씨가 이미 따뜻해져서, 따뜻하고 바람이 없는 한낮에 운등은 두꺼운 옷을 모두 벗고 싶었다. 아침에 운등은 양떼를 몰고 나갈 때 하늘에 떠 있는 검은 구름을 보았다. 하지만 그는 그렇게 개의치 않았다. 다만 날씨 변화가 그렇게 크지는 않을 것이라고만 생각했다.

그 날 그는 양떼를 몰고 상태가 좋은 목초지로 향했다. 사실 요 며칠 전에 이 곳을 염두에 두었다. 웅덩이에 푸른 풀이 벌써 돋아나 있었고, 작년에 남은 마른 풀도 있으며 캠프에서 멀리 떨어져 있지도 않았다. 이 목초지의 풀은 양떼가 2~3일은 먹을 수 있었다. 그래서 그는 양떼를 몰고 이곳으로 오기 전에, 만약 날씨가 좋지 않으면 응급 수단으로 이곳에 와야겠다고 생각했었다.

운등은 가까스로 몇몇 군데를 찾기는 했지만 원체 허약한 양들이 목초지까지 왕복하는 노선이 너무 길고 또 너무 체력소모가 크다는 사실을 요 며칠 동안 알게 되었다. 어제 돌아올 때 어떤 양은 움직이지도 못했다. 방법이 없어서 운등은 말에서 내려 이 양을 안고 다시 말에 타는 수밖에 없었다. 양을 안았을 때에 운등은 놀랐다. 그 양은 이상할 정도로 가벼웠다. 장갑을 끼더라도 그는 이 양가죽 아래로 튀어나온 뼈가 만져질 정도였다. 양은 너무 말랐다. 이 정도로 마르면 살아있는 것이 기적이라고 여길 정도로 말랐다.

그래서 오늘 그는 양떼를 이끌고 보류해 두었던 이 목초지로 왔다. 바로 양들이 너무 멀리 가지 않도록 하고 체력보충을 하기 위해서였다.

한가하고 조용한 하루였다. 하늘은 어두침침하고 그렇게 맑지는 않았지만 날씨는 차갑지 않았다. 운등은 가죽 두루마기를 입고 있어서 온몸에 열이 났다. 어쩔 수 없이 옷깃을 열어 가죽 두루마기 안의 땀기운을 발산시켰다. 이 목초지에서 양들은 흩어져서 각자 적당한 풀을 찾아 욕심껏 먹고 있었다. 운등은 혈구를 잘 매어놓고 안장을 내려 주었다. 그리고 나서 마르고 움푹한 곳에 안장을 베개 삼아 멍하니 누워 있었다.

백색 암말은 여러 날 동안 계속해서 타서 이미 마를대로 말라 있었다. 오늘 아침에 운등은 말 무리에서 혈구를 데리고 나와 안장을 채워 주었다.

운등은 이렇게 멍하니 오후까지 잠을 잤다. 잠에서 깨어나 날씨가 갈수록 먹구름이 몰려들면서 어두워지는 것을 보았다. 마치 거대한 지붕이 서서히 내려앉는 듯 했다. 기온도 낮아졌다.

운등은 이것이 눈보라가 내릴 징조라는 것을 알고 있었다.

그는 이때 시간을 더 지체할 수는 없다고 생각하고 급하게 일어나 혈구에게 안장을 채운 후에 매어놓은 것을 풀었다. 이어서 말에 올라 양떼를 몰았다. 아직 귀가할 시간은 아니지만 급하게 돌아가야만 했다.

몇몇 양은 아직 배불리 먹지를 못해서 불만스럽게 사방으로 도망쳐 모이려 하지 않았다.

운등은 모든 양을 다 모으는 데 시간이 좀 필요했다. 마침내 그가 양 전체를 모아 캠프로 가는 방향으로 향했을 때 숨도 쉬기 힘든 찬 바람과 함께 눈이 그의 얼굴을 때리기 시작했다.

30년만의 첫 눈보라였다.

운등이 양떼를 몰고 얼마 가지 않아 거대한 눈이 공간 전체를 막아 세상은 온통 눈밭이 되었다. 거대한 눈을 담은 바람은 운등을 질식시켰고, 그는 어쩔 수 없이 눈을 가늘게 뜨고서야 앞에 있는 양을 볼 수 있었다. 시정은 갈수록 나빠졌다. 하늘빛도 갑자기 어두워졌다.

잠시 후에 강력한 눈보라가 불어왔다. 땅 위에서 바람에 날려 땅에 붙어있던 눈이 땅에서 일어나는 연기처럼 날아올라 매혹적이면서도 종잡을 수가 없었다.

눈보라가 운등의 얼굴을 때렸고, 매우 빠르게 그의 얼굴은 감각을 잃어버렸다.

다행히 감당 가능할 만한 눈보라를 마주 대했을 때에 양들은 모두 본능적으로 단단하게 한 군데에 모여들었다. 더 이상 사방으로 흩어지지 않았다. 양들도 자기 집단과 함께 있어야만 안전하다는 것을 알고 있었던 것이다.

휘몰아치는 눈보라 속에서 운등에게는 제일 뒷꽁무니에 있는 양의 엉덩이만 보였다. 사실 양들은 눈덩이와 구별이 되지 않았다. 다른 점은 움직인다는 것 뿐이었다.

눈과 서리는 운등의 눈썹에 붙어서 빠르게 얼어서 그는 눈을 뜰 수가 없었다. 어쩔 수 없이 그는 눈을 비비고 나서야 볼 수 있었다.

이때 운등은 자신이 아침 일찍 혈구를 데려오기로 결정하는 것이 얼마나 잘한 일인지를 깨달았다. 만약 그 백색 암말을 데려왔다면 그 말은 이 눈 위에서 움직일 힘도 없었을 것이라는 생각이 들었다.

눈보라 속에서 혈구는 조금도 주저하지 않고 침착하고 힘있게 걸었다.

사실 운등은 캠프로 향하는 방향을 일찌감치 잃었다. 그는 혈구가 길을 알고 있는지 몰랐다. 하지만 그는 이 순간 자신의 말에 의지할 수밖에 없었다.

눈보라가 사납게 몰아치는 가운데 혈구는 배였다. 운등을 캠프로 싣고 돌아오는 배였던 것이다. 그들은 눈보라를 맞으면서 일정한 방향으로 걷고 있었다.

운등은 울란이 자신을 위해 낙타털로 짜준 스카프로 얼굴과 이마를 감싸고 눈만 내놓고 있었다. 눈은 추위를 느끼지 않았지만 그 사이로 파고드는 바람은 바늘처럼 그의 관자놀이를 파고들어 이마가 쪼개질듯이 아팠다. 그의 머리도 점점 마비되었다.

주변에 어둠이 내리고 운등의 귀에는 바람소리만 들렸다. 아침에 캠프에서 떠날 때 품속에 넣어두었던 쏜나이깐은 이미 다 먹어버렸다. 운등의 배에서는 꼬르륵 소리가 났다. 추위와 배고픔으로 인해 두려움이 몰려왔다. 사납게 몰아치는 눈보라는 그의 몸에 남아있던 칼로리를 몽땅 빼앗아가 버렸다.

하지만 혈구는 안정되게 걷고 있었다. 그 점이 운등으로서는 안심이 되었다. 두꺼운 가죽 두루마기는 체온을 유지해 주었다. 하지만 추위는 칼로리를 너무 많이 쓰면서 걷게 했고, 그는 갈수록 차가워졌다.

추위와 함께 졸음이 몰려왔다. 운등은 아침에 캠프를 떠날 때로부터 지금까지 얼마나 시간이 흘렀는지 잊어버렸다. 그는 또 양떼를 몰고 눈보라 속에서 얼마나 오래 걸었는지도 알 수 없었다.

결국 운등은 서서히 잠속으로 빠져들었다. 비몽사몽하는 사이에 그는 혈구를 탄 채로 앞으로 전진하고 있었다. 나중에 운등의 몸이 흔들리기 시작하자 혈구는 자신을 타고 있는 주인의 변

화를 느꼈다. 자신의 옆구리에 바짝 붙어있던 주인의 두 다리가 서서히 힘이 없어지는 것을 느꼈다. 안장에 있는 몸도 점점 풀어지면서 자신을 통제하는 힘이 없어지고 있었다.

혈구는 이때 영리하게 균형을 유지했다. 혈구는 자신의 등에 있는 운등이 흔들리면서 떨어지려는 것을 느꼈다. 혈구는 흔들거리는 그릇을 떠받치듯이 하면서 자신을 타고 있는 주인을 태우고 서서히 움직였다. 그것은 여러 해 동안 형성된 경험과 기교였다. 사실 상호간의 느낌이기도 했다. 등 위에 있는 운등이 왼쪽으로 기울어지는 것이 느껴지면 혈구는 가볍게 왼쪽으로 움직이고 운등의 몸이 오른쪽으로 기울어지는 것이 느껴지면 혈구의 발걸음도 오른쪽으로 이동하는 것이다. 끝나지 않는 눈보라 속에서 혈구는 이렇게 이상한 발걸음으로 자신의 등에서 잠에 빠진 주인을 보호하고 있었다. 동시에 일정한 속도를 유지하면서 앞을 향해 맹목적으로 전진하는 양떼의 뒤를 천천히 따라가고 있었다.

이렇게 한참을 걸으면서 운등은 혈구의 등 위에서 엎드려 있다가 혈구의 몸을 타고 미끄러져 떨어졌다. 혈구는 자신의 발걸음 조정으로 균형을 유지할 수 없게 되었다는 것을 알게 되었다. 혈구는 곧 바로 섰다. 운등이 자신의 몸 위에서 미끄러져 떨어진 순간 머리를 숙여 몸체를 낮췄다. 운등을 부드럽게 눈위로 미끄러져 떨어지게 한 것이다. 이 때 운등의 장화 한 짝이 아직 등자에 있었다. 혈구는 천천히 몸을 움직여 등자에 있던 그 발을 천천히 빼냈다.

잠시 후에 혈구는 미동도 하지 않고 자신의 주인을 위해 눈보라를 막아 주면서 운등의 옆에 서 있었다.

그건 진정한 수면이 아니라 피로가 누적된 불안한 혼수상태였다. 운등은 꿈 속에서도 얼굴에 닿는 것이 무엇인지를 알 수가 없었다. 재빠른 차가움이었고, 느릿느릿한 따스함이었다.

그는 서서히 깨어났다. 자신이 어디에 있는지 알지 못했다. 하늘에서 비치는 마지막 빛에 의지하여 그는 모호하게 커다란 괴수의 머리가 자신의 얼굴에 들이대고 있는 것을 보았다. 그것은 혈구가 자신의 얼굴을 핥아주고 있는 것이었다.

그의 몸은 이미 마비될 정도로 얼어 있었던 것이다.

혈구는 온몸으로 바람을 막아주고 있었다. 그 몸은 눈에 뒤덮였다. 운등을 위해 바람을 막아주는 담장을 만든 것이었다.

만약 혈구가 운등을 제때 깨워서 그가 꿈에서 깨어나게 하지 않았으면 아마도 운등은 영원히 잠들었을 것이다. 사실 눈보라 치는 밤에 몇몇 유목인들은 자신의 캠프로 돌아오는 길에 버티지 못하고 눈보라 속에서 영원히 잠들기도 했었다.

운등은 장갑 낀 손을 뻗어 혈구의 고삐를 잡고 천천히 일어났다. 시야에는 양떼가 보이지 않았다. 날은 점점 어두워져 갔고, 아무 것도 보이지 않게 되었다.

그의 몸은 이미 단단하게 얼어 있었다. 그는 또 말 등에 탈 시도를 하지 않았다. 만약 몸에 칼로리가 없으면 오래 가지 않아 말에 탄다고 해도 얼어버릴 것이 틀림없었다. 하지만 이때 그는 캠프로 돌아가는 방향을 알지 못했다. 유일한 의지처는 자신의 혈구 밖에 없었다.

그는 혈구의 목을 두드렸다. 집으로 돌아가자. 그는 말했다. 자신이 말하는 것을 혈구가 알아들었는지 알 수 없었다. 하지만 혈구는 유일한 귀로는 겨울 캠프로 가는 방향이라는 사실을 분명히 알고 있었다.

혈구는 알아들은 듯 했다. 콧소리를 내면서 눈보라를 맞으면서 앞으로 전진하기 시작했다.

운등은 한 손으로 고삐를 단단히 잡고 눈밭 위에서 움직이기 시작했다.

겨울 내내 쌓여 있던 눈 위에 지금 막 내린 눈이 더해져서 눈은 이미 무릎 깊이까지 쌓였다. 다행히 앞에 걷는 혈구는 운등을 위해 길을 열어주고 있었다.

또 다시 한참을 걸어 운등은 너무 지쳤다. 몇 차례 다시 하마터면 눈 위에서 잠들뻔 했다. 다시 쓰러질까 봐 그는 고삐를 자신의 팔에 단단히 묶었다. 이렇게 해서 혈구가 끌어주면서 그는 끌려 앞으로 움직였다.

갑자기 그는 이 사나운 눈보라 속에서 양 우는 소리를 들었다. 그가 의식할 무렵 양떼에 의해 포위되었다. 혈구가 그를 데리고 잃어버렸던 양떼를 찾아낸 것이었다.

이로써 운등은 자신도 모르게 확신이 생겼다. 굳어 있던 몸도 서서히 조금씩 움직이면서 활력이 생기기 시작했다. 그는 혈구 위에 올라탔다. 어둠 속에서 채찍을 꺼내들고 크게 소리치면서 채찍을 휘두르며 깜짝 놀란 양떼를 몰았다.

잃어버렸던 자신들의 주인을 아직 발견하지 못한 듯 양떼는 앞으로만 전진하였다. 가장 앞에 있던 양이 끝없는 어둠에 공포를 느꼈는지 더 이상 전진하지 않았다. 양들은 기를 쓰고 한 데 모여들었다. 이 때 갑자기 나타난 주인의 외침과 채찍은 그들을 안심시켰다. 양들은 소리 높여 소리를 지르면서 점점 더 빽빽하게 모여들었고, 서서히 앞으로 움직이기 시작했다. 양들은 어디로 가야 할지를 알지 못했다. 다만 유목인의 발걸음을 따라갈 뿐이었다.

운등은 모든 희망을 혈구에게 맡겼다. 그는 혈구가 캠프로 가는 방향을 찾을 있을 것이라고 믿었다.

이렇게 해서 운등은 혈구를 타고 혈구가 눈보라 속으로 들어가도록 내버려두었다. 그리고 그는 눈보라 속에서 다시 잃어버릴 수도 있는 양떼를 소리를 내면서 몰았다.

하지만 눈보라는 운등의 몸에 있던 마지막 에너지를 빼앗아 가버렸다. 모든 것을 빼앗아가는 눈보라 속에서 그가 걸치고 있는 양가죽 두루마기는 아무런 역할도 하지 못했다. 마치 그는 벌거벗은 몸으로 눈보라 속에 서 있는 것 같았다.

배가 고프고 목이 말랐다. 아침에 캠프를 떠날 때 울란이 잘 삶아 준 고기를 헝겊에 싸서 허리에 매 주었는데, 귀찮아서 그는 몰래 게르에 놔두고 솬나이깐만 갖고 왔었다. 이 때 그는 그 고기가 그리웠다. 만약 지금 뜨끈한 밀크티가 있다면 그는 어떤 것이라도 바꿀 수 있었다. 지금이 되어서야 그는 뜨끈한 밀크티가 이 추운 지역에 사는 유목인들의 생명을 연장시켜 주는 필수품이라는 것을 깨달았다.

만약 재빠르게 열량을 보충해주지 않으면 그는 다시 혈구 등 위에서 떨어질 것이고 아무리 해도 다시 일어서지 못할 것이며 더 이상 그럴 힘도 없을 것이라는 사실을 그는 잘 알고 있었다. 물론 그는 혈구 등 위에서 얼어죽고 말 수도 있었다.

추위는 모든 열량을 빼앗아 갈 수 있다. 사람 몸의 열량이 사라지면 목숨을 잃는 것이다. 운등은 애써 자신의 머리를 흔들어 보았다. 심지어 계속 해서 장갑 낀 손으로 자신의 얼굴을 때렸다. 하지만 그의 의식은 갈수록 흐릿해졌다. 그는 더 이상 자신을 깨어있게 할 수가 없었다. 마지막 본능이 그에게 말해주었다. 그는 반드시 이 순간 충분한 열량을 보충해 주어야 한다고. 안 그러면 자신의 캠프로 영원히 돌아갈 수 없을 것이라고.

그는 다시 한번 잠에 빠지려 했다. 그때 그는 혈구의 등 위에 엎드렸다. 그의 얼굴이 혈구의 목에 닿았다. 그는 게르의 촛불 아래에서 어머니가 자신에게 해준 징기스칸 이야기를 떠올렸다. 그것은 아득히 오래 전 거인 전설이었다. 당시 초원 영웅의 힘은 엄청나서 한 주먹으로 준마를 쓰러뜨릴 수 있었다. 사방에서 정벌 전쟁을 벌이던 용사들은 식량이 끊기면 자신이 타던 말의 피를 마셨고, 그것으로 생존에 필요한 먹을 것을 얻었다는 것이었다.

운등은 천천히 장갑을 벗었다. 손은 이미 느낌을 회복하였다.

그는 혈구 목 쪽에 있던 눈과 얼음조각을 걷어냈다. 손가락에 털 밑의 따스함이 느껴졌다. 그는 손가락으로 가볍게 쓰다듬었다. 마침내 가죽 아래에서 고동치고 있는 혈관을 찾아냈다.

어쩔 수 없다. 나의 말이여. 운등은 탄식하면서 가볍게 혈구의 목을 두드렸다. 그는 허리띠에서 몽고칼을 꺼내들었다.

왼손으로 천천히 그 혈관을 눌렀다. 오른손으로는 칼을 움켜쥐었다. 칼끝이 그 혈관을 겨누었다. 칼끝이 닿는 순간 천천히 걷고 있던 혈구의 온몸이 가볍게 전율을 일으켰다. 하지만 그뿐이었다. 혈구는 자신의 발걸음을 늦추지 않았다. 혈구는 그를 신뢰하였고 그가 하는 모든 것을 믿었다.

운등은 절개된 틈으로 몸을 숙였다. 그의 입술과 혀가 혈구의 두터운 털을 가르고 잠시 후에 쏟아져 나오는 따스한 피를 맛보았다. 그는 참을성 있게 약간은 짠 걸쭉한 피를 빨아먹었다. 동시에 그의 얼굴에는 눈물이 흘렸다. 잠시 후에 그 눈물은 얼굴에서 얼었다.

말의 피.

초원에서 가장 추운 계절, 혹한이 몽고 파오의 펠트를 부러뜨리고 하늘의 새를 추위에 떨어뜨린다. 그럴 때에도 이 강한 몽고말은 설원에서 구애받지 않고 자유자재로 생활할 수 있다. 강인한 몽고말의 피가 자신의 기수를 따뜻하게 하고 있었다.

위 속에 떨어진 피가 따스한 불꽃처럼 느껴지면서 서서히 그의 내장을 따스하게 해주었다. 이어서 그의 몸도 따뜻해졌다.

그것은 그를 살려준 핏빛 준마의 피였다.

운등은 일어났다. 어둠 속에서 아무 것도 보이지 않았다. 하지만 그는 혈구가 여전히 앞으로 계속 걸어가고 있는 것을 느낄 수 있었다. 혈구는 집으로 돌아가는 방향을 알고 있었다.

혈구의 피는 그의 몸에서 작용을 하기 시작했다. 그는 따스함을 느꼈고 더 이상 피로하지 않았다. 그는 자신이 자신의 겨울 캠프 게르로 반드시 돌아갈 수 있다는 것을 알았다.

운등은 장갑낀 손을 이용해서 혈구 어깨 부위의 그 상처를 눌렀다.

바람과 추위를 막아내기 위해 운등은 고개를 숙였다.

오랜 시간이 흘렀다. 사실 운등은 다시 꿈나라로 들어갔다가 다시 깨어났다.

얼마나 오래 걸었는지 모른다. 멀리 눈보라 속에서 한줄기 따스한 빛이 보였다. 이어서 그 빛은 점점 가까워졌다. 마침내 눈보라를 뚫고 온 아버지가 그의 이름이 부르는 소리가 들렸다.

말에 타고 있던 운등은 갑옷 입은 조각상처럼 얼어 있었다. 운등이 말에서 내리려 했다. 이미 사람 전체가 얼어버려 거꾸로 내릴 수밖에 없었고, 샤오바트르가 그것을 받았다.

운등의 온 몸은 움직일 때 금속성 소리가 났다. 그는 게르 앞에 나란히 서 있는 부모를 바라보았다. 그들은 온몸에 눈에 덮힌 채 거기에 서 있었다. 모닥불을 피웠다. 연료는 이미 부서진 달구지였다. 그는 자신이 눈보라 속에서 방향만 안내할 수 있다면 부모님은 캠프 안에 있는 그 어떤 것도 모두 불태울 수 있다는 것을 잘 알고 있었다.

운등은 부모에 의해 게르 안으로 실려 들어왔다. 몸에 걸치고 있던 두루마기는 딱딱하게 얼어 있어서 칼을 써서야 벗겨낼 수 있었다. 그는 이미 얼어붙어 말도 할 수 없었다. 뜨끈한 밀크티를 여러 잔 마시고 나서야 몸의 한기를 몰아낼 수 있었다. 어머니는 그의 손가락과 발가락을 자상하게 문질러 주었다. 다행히 두꺼운 장갑과 신발 덕분에 손가락과 발가락은 얼지 동상을 입지 않았다. 하지만 스카프로 꼼꼼하게 얼굴을 감싸서 눈만 노출되기는 했어도 숨쉬는 열기가 스카프를 얼굴에서 얼게 하여 뺨은 동상을 입었다. 여러 해가 지나고 나서 그의 얼굴에는 그 동상으로 인해 생긴 검정색 흉터가 남았고 지워지지 않았다.

결국 운등은 자신이 혈구의 어깨에 상처를 냈다는 것을 말하지 않을 수 없었다. 그리고는 따스한 게르 안에서 잠에 빠져들었다.

이튿날 아침에 사나운 눈보라는 마침내 그쳤다. 운등이 게르 밖으로 나오자 쌓여 있던 눈은 햇빛 아래에서 눈부신 빛을 반사하였다. 눈을 뜨기 힘들 정도였다. 그는 눈을 가늘게 뜨고 손으로 그 눈부신 태양을 가렸다.

가늘게 눈을 뜨는 이 동작은 그로 하여금 뺨의 통증을 느끼게 하였다. 울란이 그를 위해 버터를 두껍게 발라 주었다. 하지만 동상 걸린 피부는 여전히 욱신거렸다.

아버지 샤오바트르는 신선한 우유 한 그릇을 들고 캠프 앞에 뿌리고 있었다. 마지막 한 국자를 얼어있는 혈구의 몸에 뿌렸다.

혈구 곁에는 새 몇 마리가 있었다. 혈구의 분변에서 먹을거리를 찾는 것이었다. 어제 눈보라가 몰아칠 때에 새들은 이 캠프를 발견하고 게르 한쪽에서 추운 겨울밤을 지냈던 것이다. 이때 햇빛이 그들에게 활력을 가져다 준 것이다. 새들은 혈구가 뛰어오르는 소리에 놀라 짹짹 소리를 냈다.

혈구는 바람을 등진 쪽에 매어 있었다. 땅에는 먹다 남은 목초가 흩어져 있었다. 그리고 어깨 위에는 운등이 칼로 낸 상처가 있었고, 버터를 두껍게 바른 상태였다.

운등을 보고 혈구는 쾌활하게 콧소리를 냈다. 그가 다가갔다. 혈구는 운등의 가슴 사이에서 찾고 있었다. 어린 시절에 그가 먹을 것을 그곳에 숨겨 놓았던 것을 혈구는 여전히 기억하고 있었던 것이다.

이번에 그는 여전히 품속에 월병 하나를 숨겨 놓았다. 그는 그 월병을 꺼내 두 조각으로 갈라 혈구의 입에 넣어주었다.

이런 귀한 음식을 혈구는 낭비하고 싶지 않았다. 커다란 혀를 내밀어 월병을 받아 기분좋게 씹어먹었다.

어깨의 그 상처를 제외하고는 혈구는 어떤 상처도 입지 않았다.

혈구는 강인하면서도 눈보라를 두려워하지 않고 자신의 주인을 데리고 캠프로 돌아왔다.

게다가 혈구는 자신의 피로 운등을 구했다.

운등의 몸에는 혈구의 피가 흐르고 있다.

소년과 붉은색 준마, 그들의 운명은 이로부터 나뉠 수 없게 되었다.

운등이 캠프에서 하루를 쉰 다음에, 사흘째 되던 날 아침 불에 데워진 뒤에 나무토막처럼 단단해진 가죽 두루마기를 입고 다시 방목에 나섰다.

배고픈 양떼는 우리 안에서 울어댔다. 그는 그것들을 몰고 바람을 등지고 눈이 적은 곳을 찾아야 했다. 그래야 이 굶주린 가축을 배불리 먹을 있게 해줄 수 있었다. 마지막 가축을 반드시 지켜내는 것, 이것은 이 초원 캠프에서 살아남는 데 꼭 필요한 것이었다. 다른 선택이 없었다. 이것은 유목인의 운명이었다. 그들은 가축과 운명을 같이 하는 사람들이다.

그날 운둥은 양떼를 몰고 캠프에서 멀리 떨어져 있지 않은 완만한 언덕의 바람을 등진 곳으로 갔다. 눈은 많이 쌓여 있지 않았다. 하루를 굶은 양들은 너무 멀리 갈 수 없었다. 너무 긴 여정은 양들에게 너무 많은 체력을 소모할 것이기 때문이었다.

말떼가 언덕 아래에서 바람을 피하면서 풀을 뜯고, 말이 딱딱하게 언 눈 덮인 곳을 밟으면 양떼는 눈 아래 있는 목초를 먹을 수 있었다. 목초도 낭비할 수 없었다. 말은 풀의 윗부분만 먹고 양이 아랫 부분을 먹을 수 있는 것이다.

혈구가 자신의 말떼를 이끌고 바람이 안 부는 곳에서 쉬고 있다가 운둥이 멀리 보이자 콧소리를 냈다. 용맹스러운 이 몽고말은 이 추운 계절에 살이 빠지지 않는다. 그들의 몸에 있는 두터운 융모가 차가운 바람을 막아 주는 것이다.

운둥은 손에 올가미 막대를 갖고 천천히 말떼를 몰았다. 양떼를 위해 목초지 구역을 양보하라는 것이었다.

원치는 않았지만 말떼는 콧소리를 내면서 천천히 비켜주었다. 말 몇 마리만 한쪽에 남아서 움직이지 않았다.

운등은 휘슬을 불면서 재차 몰아냈다. 말들은 움직일 생각이 없었다.

운등이 말을 몰고 더 가까이 다가갔다. 모두 다섯 마리였다. 보기에 매우 말라 보였다. 그 말들의 갈기와 꼬리가 바람에 가볍게 날려서 생명의 활력이 느껴지기는 했지만 운등은 좀 다른 점을 느꼈다. 이런 추운 계절에 운등은 그 말들 머리 위에 호흡과 동반한 하얀색 김이 보이지 않았다. 그들은 호흡을 하고 있지 않았던 것이다. 또 그들 몸에는 많은 눈이 덮혀 있었다. 눈이 그친 다음에 말들은 움직이지 않은 것 같았다. 말들은 이미 죽어 있었다. 운등이 양떼를 몰고 길을 잃었던 그 밤에 얼어 죽어 있었다.

눈보라 치던 날 밤의 추위가 말들의 생명을 앗아갔다. 그 말들은 줄곧 그 자리에 서 있었다. 봄이 되어 눈이 녹으면 그들은 그 때 비로소 쓰러지는 것이다.

운등은 말 위에 앉아서 조용히 그 말들을 주시하였다.

그의 앞에 있는 말들은 여름철 녹색 대지에서 달리고 교배하며 목욕하던 애들이었는데, 지금은 점잖게 서 있다. 그는 그것이 바르구 초원의 새벽 몇 시였는지 모른다. 그것들의 영혼은 마침내 추위의 잔혹한 습격을 이기지 못하고 암석처럼 단단한 몸을 남겨 놓은 채 날아갔다. 이것이 바로 눈보라가 치고 나서의 말이다. 함께 기대어 있으면서 차가운 목초 냄새가 나는 몸에 그 말들의 표정은 평온했다. 아마 가장 먼저 죽었을 가늘고 긴 네 다리를 가진 망아지가 엄마말 배아래 바짝 기대어 있었다. 호수처럼 깊은 눈망울에서 운등은 눈보라로 인한 공포를 볼 수 없었다. 많이 자라나 있는 눈썹은 언제든지 다시 한번 깜빡일 듯 했다. 어미말은 머리를 숙이고 입술로 자기 아이를 따스하게 해주려 하고 있었다. 새끼는 너무 일찍 태어났고, 어미말은 새끼를 먹이기 위해 너무 말라 있었다.

그 말들은 그런 자세로 얼어붙었다. 그것은 눈보라를 하찮게 여기는 조각상이었다.

그 말들은 얼음과 눈이 조금 녹을 때까지 우뚝 서 있다가 목초가 대지를 덮을 때가 되면 비로소 둑이 터진 것처럼 갑자기 쓰러질 것이다.

말들이 쓰러진 자리에 목초는 무성하게 자라날 것이고 밤처럼 평온한 색채가 드러날 것이다. 나중에 여름철 고요한 밤에 운등은 말떼를 몰면서 이곳을 지나게 되었는데, 그가 몸을 숙이자 대지의 깊은 곳에서 말발굽 소리가 메아리치는 굉음이 들리는 듯 했다.

조금 이른 오후에 운등은 양을 몰고 캠프로 향했다. 양떼는 양 우리로 되돌아왔다.

사실 그 우리는 윈등이 눈덩이로 쌓아올린 눈담에 불과했다. 그곳에서 양떼는 차가운 바람을 직접 맞지 않을 수 있었다. 매일 아침 윈등이 양 우리를 살펴보러 갈 때 보고 싶지는 않았지만 추위를 견디지 못하고 얼어죽는 양을 볼 때가 있었다. 윈등은 이미 얼어죽어 딱딱하게 굳은 양을 눈에서 눈과 함께 파내어 남아 있는 양떼를 위해 바람을 막아주는 눈담을 쌓았다. 이렇게 얼어죽은 양은 자신의 동료들을 위해 찬바람을 막아주는 마지막 역할을 하는 것이다.

양떼를 잘 챙긴 뒤 윈등은 돌아서서 달구지에 매어있는 말 두 마리가 생각났다. 한 마리는 읍내에서 손님에게 길을 안내해 주는 유목인 하다哈達의 말이었고, 다른 한 마리는 근처의 말은 아니었다. 윈등은 이런 계절에 손님이 오리라고는 생각을 못 했다. 손님은 일반적으로 초여름이나 초가을에 찾아온다. 춥지도 않고 덥지도 않아 초원에서 가장 풍요로운 계절이기 때문이다.

게르에 들어서서 윈등은 탁자 앞에서 샤오바트르와 차를 마시며 이야기를 나누던 두 사람과 인사를 했다.

하다가 데리고 온 손님은 최근 초원에서 줄곧 언급되던 상하이 사람이었다. 그는 말을 사러 왔다.

샤오바트르는 윈등에게 말떼를 몰고 오라고 했다.

말떼는 캠프에서 멀리 있지 않았다. 윈등은 잠시 후에 말떼를 캠프 앞으로 몰고 왔다.

샤오바트르는 두 사람을 모시고 게르 밖으로 나갔다. 그 사람은 말떼를 바라 보았다. 운둥은 말에서 내리지 않고 그 손님이 말을 고를 때까지 기다렸다.

지금 운둥 집에는 돈이 필요했다. 샤오바트르의 병은 하이라얼에 치료를 하러 가야 했다. 하늘에서 갑자기 뚝 떨어진 이 손님은 이 집의 유일한 희망이었다.

처음에 운둥은 말에서 기다리려고 했다. 하지만 잠시 후에 그는 자신도 모르는 사이에 이 손님을 흘깃 보고 나서 갑자기 곁에 서 있는 긴털 개가죽 모자를 쓴 손님이 평범한 말 구매자가 아니라고 느꼈다. 처음에 어두운 게르 안에서 운둥은 이 사람을 똑똑히 보지 못했었다. 또 지금도 모자의 긴 털이 그의 얼굴을 흐릿하게 가리고 있었다. 하지만 그의 뺨에 동상 걸린 흉터가 최소한 이 초원의 추위에 낯설지 않다는 것을 말해주는 것이었다.

운둥은 상하이 손님의 눈빛을 따라가기 시작했다.

이 손님은 말을 이해하고 있었다. 사실 그의 눈빛은 다른 말에 머물지 않았다. 줄곧 혈구에 꽂혀 있었다. 그는 눈을 가늘게 뜨고 이 남다른 붉은색 준마를 가늠하고 있었다.

이때 운둥은 난생 처음으로 혈구의 몸에 더 많은 결함이 있기를 바랐다. 하지만 바람과는 다르게 바로 이때, 은혜를 모르는 수말이 다가왔고 혈구에 의해 한쪽으로 걷어차였다.

이 몽고말 가운데 혈구는 가장 강인하고 컸다. 운등은 두려운 마음으로 손님이 이미 혈구를 맘에 들어하는 것을 알게 되었다.

손님은 곧 이어 샤오바트르와 하다를 따라 게르로 들어갔다.

잠깐의 시간의 흐르고 다시 나온 것은 손님과 하다였다. 하다의 만족스러운 모습만 보고도 운등은 눈치 챘다. 거래가 성사된 것이다.

잠시 후 두 사람은 말을 타고 떠났다. 분명 그들은 이튿날 혈구를 데리고 갈 것이다. 그날 저녁 무렵에 울란의 입을 통해 운등은 혈구가 팔린 가격을 알게 되었다. 이 초원의 가정에서 그 가격은 거절할 수 없는 것이었다. 이 겨울을 난 후에 몇 마리 남지 않은 양은 어미 양이 보충되어야 했고, 가장 중요한 것은 이 돈으로 샤오바트르가 하이라얼에 가서 영원히 나을 것 같지 않은 기침을 없애야 했다. 그 다음 남는 것으로 여름까지 살아가야 했다.

처음부터 끝까지 샤오바트르는 게르 안에서 아무 말이 없었다. 그는 또 그날 저녁을 먹지 않았다.

운등은 쿤타가 자신에게 준 안장을 팔거나 은으로 만든 말머리를 팔자고 말하고 싶었다. 하지만 그는 결국 아무 말도 하지 못했다. 다만 고개를 숙이고 아무 말 없이 밥만 먹었다. 여느 초원 유목인의 아이들처럼 그들은 어린 나이에 고통과 추위에 대해 강인한 생명력을 갖고 있다. 그들은 또 초원 생활의 잔혹함을 잘 이해하고 있다.

게르 안은 적막만 흘렀다. 운등은 또 그 맛을 알 수 없는 밀크티를 마셨다. 그리고 나서 천천히 일어났다. 게르를 나설 때 그는 돌아보지 않고 혈구를 데려다 매겠다고 말했다.

혈구는 이미 자기 말떼를 이끌고 바람을 피할 수 있는 따스한 언덕으로 되돌아갔다. 멀리 운등이 말을 타고 오는 것을 보고 혈구는 자신의 말떼를 잘 챙긴 다음에 고개를 돌려 쳐다보았다.

말떼와 아직 거리가 남아있을 때 운등은 말에서 내려 고삐를 안장에 달아맸다.

혈구는 운등이 손에 굴레를 들고 있는 것을 보았다. 혈구는 그곳에 서서 기다렸다. 운등이 무릎을 꿇었다. 하지만 무릎으로 기지는 않고 그곳에서 기다렸다.

마침내 혈구는 천천히 다가왔다. 코를 내밀고 가볍게 냄새를 맡으며 그의 어깨에 가볍게 부벼댔다. 운등은 천천히 일어섰다. 혈구는 그 순간 약간 주저하는 듯 했다. 예전에 그들이 반복했던 것들과는 달랐다.

운등은 머리부터 꼬리까지 함께 자라며 져본 적이 없는 이 준마를 천천히 쓰다듬어 주었다. 그는 자신이 앞으로는 혈구를 탈 기회가 없다는 것을 알고 있었다.

상하이, 그 먼 곳. 바닷가에 있는 땅. 기차를 타고 열흘이 걸리는 곳이었다.

혈구는 다시는 돌아오지 못한다.

그 날 운등은 혈구를 끌고 와 달구지에 매어 놓고 게르에서 기름에 튀긴 과자를 꺼내와 하나씩 혈구에게 먹여 주었다.

울란이 난로 재를 쏟으러 게르밖으로 나왔을 때 운등이 혈구의 목을 안고 머리를 혈구의 갈기 사이에 묻은 채 꼼짝도 하지 않고 있는 것을 보았다. 그녀는 아무 말 없이 재를 쏟아버린 뒤에 게르로 들어갔다.

이튿날 운등이 직접 혈구를 끌고 트럭에 태웠다.

그는 진지하게 혈구를 잘 맨 다음에 트럭이 흔들릴 때 넘어지지 않도록 밧줄을 두 줄 추가하여 양쪽에서 묶었다. 혈구는 평온한 표정으로 자기 주인을 믿었다. 마지막으로 운등은 혈구에게 월병 한 조각을 먹였다. 혈구가 월병을 씹고 있을 때 운등은 차에서 내렸고, 트럭 기사는 짐칸을 닫았다.

운등은 트럭이 떠나는 방향을 등 뒤로 하고 묵묵히 서 있었다. 차가 떠날 때 운등은 혈구의 히힝 하는 소리만 들었다.

운등은 한동안 서 있었다. 트럭이 소리를 내면서 지평선 밖으로 사라질 때까지, 차가운 바람이 그의 옷 사이로 파고 들 때까지 서 있었다.

운등은 알고 있었다. 혈구가 다시 돌아오지 못하리라는 것을.

상하이는 사실 너무 멀었다 게다가 중간에 장강도 있다.

운등은 양 우리로 갔다. 오늘 그는 손님이 오기를 기다리면서 아직 양떼를 치러 가지 않았다. 양 무리에게 걸어가서 밤중에 체력적으로 견디지 못하고 이미 죽고 딱딱하게 굳어진 양을 쌓인 눈에서 끌어냈다. 그리고 나서 그것을 양 우리의 바람을 막아주는 담장 재료로 사용했다. 최소한 그것은 남아 있는 양들을 위해 차가운 바람을 막아줄 것이다.

초원의 아이들은 그렇게 성장한다. 그들은 잔혹한 환경에서 살아가면서 강인하고 참을성 있게 성장한다. 보통 사람이 상상할 수 없는 고통을 견뎌내며 그들은 어려서부터 생사와 이별을 보고 자란다. 또 자신의 감정을 절제하는 것을 잘 안다.

운등은 열심히 일을 했고, 양떼 속에 일거리가 없어지자 눈 덩어리가 엉겨 있는 양들을 위해 쌓인 눈을 털어주기 시작했다.

●

1946년 2월 23일부터 3월 29일까지 후룬베이얼맹盟에는 세 차례의 폭설이 덮쳐 가축 11만 마리가 죽었다.

《내몽고 목축업 대사기》
(내몽골 인민출판사, 1997년 10월 제1판)

16
상하이

냄새, 혈구는 적응되지 않았다.

공기, 혈구는 적응되지 않았다.

먹을 것, 혈구는 적응되지 않았다.

물까지도 혈구는 적응이 되지 않았다. 물 속에는 코를 자극하는 휘발성 물질이 들어 있었다. 혈구는 물이 이렇게 삼키기 어려운 것으로 변할 수 있는지 상상할 수 없었다.

요컨대 주변에 있는 모든 것들은 혈구로서는 이해하기 어려웠고, 적응할 수도 없었다.

아마 사람의 시각에서 보면 이것은 말이 요구할 수 있는 것이 아니었다. 마굿간은 따스하고 바람을 피할 수 있으며 남향 유리창은 오전에 햇살이 비춰 들어오고, 공간은 넓고 밝다. 마굿간 안에 깔려 있는 풀은 매일 바꿔 주고, 구유에는 매우 가는 여물과 각종 곡식으로 가득 하다. 또 과일도 있고, 구유 안에 있는 물은 언제나 신선함을 유지한다.

확실히 이곳의 조건은 의문의 여지 없이 최상급이다.

하지만 혈구는 적응하지 못했다. 이곳 사람들은 가장 중요한 한 가지를 알지 못했다. 혈구는 태어나서부터 묶여 있어본 적이 없다. 혈구는 이미 끝없이 펼쳐진 초원에 적응이 된 상태였다. 이렇게 좁은 공간에서 생활하는 것은 처음이었다.

머리 위의 지붕, 주변을 둘러싼 담장은 모두 혈구가 느껴보지 못했던 답답함이었다. 혈구가 조금만 움직여도 엉덩이가 어쩔 수 없이 벽에 부딪힌다. 혈구는 극도의 공포 속에서 미친듯이 뒷발질을 하고, 나무로 만든 담장이 소리를 내며 무너질 정도로 걷어찼다. 마굿간 안에서 공기는 거의 흐르지 않는다. 광활한 초원에서 혈구는 언제나 바람을 쏘이며 서 있었는데, 이곳은 아무리 청소를 해도 오래된 오줌똥 냄새를 제거할 수 없었다. 혈구는 그 때문에 숨조차 쉬기 힘들었다.

이 사람들은 잘못을 저질렀다. 아마도 그들은 혈구를 실외 넓은 곳에 갖다 놓으면 빨리 이곳에 적응할 것이라고 생각했다.

그러나 혈구가 이곳의 모든 것에 적응하든 아니든 낯선 도시로 데려온 목적은 바로 경기장에 들어가 경기를 이기게 하기 위해서였다.

그들은 혈구를 훈련시켜 보기 시작했다. 첫 번째는 단지 테스

트였다. 혈구를 스타팅 박스에 끌어들이는 것만으로도 힘이 들었다.

혈구는 전에 이렇게 좁은 것을 본 적이 없다. 하지만 스타팅 박스 진입은 경주마 한 마리가 반드시 배워 익혀야 하고 모든 경주마가 똑같이 한 줄로 스타팅 박스에 들어갔다가 함께 달리기 시작해야 한다.

마구간은 이미 충분히 좁았다. 그런데 이 스타팅 박스는 더 좁았다.

좁다는 것은 구금과 속박을 의미한다. 혈구는 스타팅 박스로 들어가는 것을 거부했다.

네 명의 일꾼이 큰 줄로 혈구를 묶은 뒤 강제로 스타팅 박스에 끌어 넣었다. 그들은 박스의 문을 닫은 후 그 안에서 혈구가 발작하기를 기다렸다. 혈구가 얼마나 날뛰는지를 보겠다는 것이었다.

혈구의 동작은 그들을 실망시키지 않았다. 심지어 말할 수 없이 큰 기쁨을 주었다고까지 말할 수 있었다. 합판으로 만들어진 스타팅 박스는 일순간에 산산조각 났다. 이 미친듯이 날뛰는 핏빛 준마는 나무 조각을 향해 쌩 하고 돌진했다. 손에 밧줄을 들고 있던 일꾼들은 잠시 쉴 생각이었는데, 어쩔 수 없이 손바닥을 쓸려 상처를 입었고, 어쩔 수 없이 일어나서 다시 이 붉은 준마를 다른 스타팅 박스로 끌고 갔다.

그날 혈구는 스타팅 박스 여섯 개를 박살냈다.

밧줄을 끄는 일꾼도 두 번 바뀌었고, 그들의 두 손은 밧줄로 쓸린 혈흔이 남게 되었다. 게다가 혈구가 사납게 날뛸 때 고기를 굽는 것 같은 냄새를 맡은 사람이 한둘이 아니었다.

경주 코스 전체에 태풍이 휩쓸고 간 것 같은 부서진 나무파편이 잔뜩 깔려 있었다.

하루 온종일 비장해 보이는 이 일은 아무런 의미도 없었다. 그들은 마침내 이 난폭한 말이 좁은 스타팅 박스에 들어가는 것이 생각만큼 그렇게 무서운 일이 아니라는 사실을 알게 하였다. 혈구는 일곱 번째 박스를 부수지 않았다. 그것은 혈구가 피로해졌기 때문이었다.

잠시 후에 경마장은 또 다른 거부하기 힘든 임무에 직면해야 했다. 혈구에게 기수 한 명을 부쳐주는 일이었다.

그는 혈구에 관한 모든 것을 알지 못했다. 알고 있는 소식이라고는 이 말이 멀고 먼 북방 초원에서 왔다는 것, 그곳에서는 그 말이 초원에서 자유롭게 방목되었고 1년 중 몇번 초원의 경주대회에 참가해서 져본 일이 없다는 정도였다.

운등 말고 혈구의 등에 올라타는 것은 혈구에게나 기수에게나 모두 어려우면서도 복잡한 과정이었다.

그들은 이 말의 난폭함이 어떤 법칙이 없다는 것을 슬프게도 알아냈다. 지난번에는 혈구가 풍차처럼 필사적으로 좌측으로 돌면서 어지러워진 기수가 내동댕이쳐졌다.

두 번째 기수의 풍부한 상상력은 혈구가 간사하게 우측으로 돌 것이니 그는 조심스럽게 말에 타서 혈구가 도는 방향을 받아들일 생각이었는데, 혈구는 오히려 그 자리에 우뚝 서 있었고, 회전할 생각이 전혀 없었다. 그는 이 말은 이미 자신의 운명을 받아들인 것이라고 생각하고 기뻐할 무렵에 혈구가 갑자기 바닥에 쓰러졌다. 민첩한 기수는 장화를 등자에서 빼냈고, 다리 전체가 말의 몸에 눌리지는 않았지만 장화를 신은 발은 여전히 한쪽이 눌려 있었다.

전체 조련 과정에서 최소 10여명의 기수가 말에게 물려 다쳤고, 걷어 차이고 넘어져서 다쳤다.

어쨌든 몸이 날렵한 기수들은 혈구의 등에서 떨어져 크고 작은 상처를 입었다. 어떻든지 경미한 상처는 입었다. 하지만 기적은 일어나는 법이었다. 기수 한 명이 혈구에 올라탄 후 아무런 상처도 입지 않았다. 그 사람은 혈구에 올라탄 후에 떨리는 가운데 아직 안정되게 자리를 잡지 못하고 지붕으로 날아 올라갔다.

혈구에게 기수를 태우는 훈련을 하는 시간 동안 마사 일꾼들 전체와 기수들은 원망을 품게 되었다. 철 없는 주인이 뭐 때문에 이런 데 힘을 쓰느냐는 것이었다. 보아하니 직접 초원에서 잡아온 이 야생마가 그런 노력을 기울일 만한 가치가 있느냐는 불만이었다.

  그 기수들은 기수일 뿐이었다. 그들은 말 조련사가 아니었다. 그들의 일은 단지 훈련된 경주마를 타고 대회에 참가하는 것이었다.

  확실히 그 경주마들은 여태까지 정해진 기수가 필요 없었다. 그 말들은 누구라도 자신을 타는 것이 용인되었다. 그들은 경주마로서, 경기를 위해 태어난 존재다. 그들은 마굿간에서 태어난 후에 조금 더 성장했을 때 천천히 뛸 수 있는 곳으로 보내졌고, 그 후에 더 커서는 개중에 특출난 말은 경주마로 성장하는 것이다.

  그 말들의 일생에는 마구간과 경주 코스만 있었다. 그 말들은 초원을 본 적도 없다. 지평선 위의 초원에서 뛰어본 적이 없는 것이다.

  마지막 단계에서 아마도 엄청난 돈을 주면 혈구를 타고 싶어 하는 기수가 드물게나마 있을 수도 있었다. 하지만 계속해서 반복적으로 이 모든 것들에 대해 혈구는 염증을 느끼기 시작했다.

  혈구도 배우기는 했다. 이 과정에서 혈구는 점차 알게 되었다. 단지 그 좁은 스타팅 박스에 들어가기만 하면, 그리고 낯선 사람이 자신의 등에 올라타서 잠시 참아낸 다음에 총소리와 함께 그의 눈앞에 넓은 큰 길이 펼쳐진다는 것을 말이다. 그리고 혈구가 할 일은 줄곧 앞을 향해 달리는 것이다.

그래서 혈구는 그렇게 경기에 참가하기 시작했다. 혈구는 경주 코스에서 달렸다. 아마도 모든 혈구의 달리기 과정에서 혈구 뒤에 다른 말들이 또 있는지 의식하지 못했을 것이다. 처음 수십미터가 지난 후에 혈구와 나란히 달리는 경주마는 매우 적었다. 혈구는 언제나 그 말들을 따돌렸다. 혈구는 올라탄 기수의 채찍질이 필요 없었다. 혈구가 할 일은 그를 귀찮은 존재로 여기고 싣고서 앞으로 내달리는 것밖에 없었다.

그리고 혈구를 타고 있는 기수는 아무 것도 할 수 없었다. 혈구는 기수의 어떤 명령도 이행하지 않았고, 책략도 없었으며 다만 전력을 다해 끝없이 앞으로 달리기만 했다. 그리고 기수는 내키지는 않았지만 그렇게 할 뿐이었다. 혈구의 등에 올라타서 날 듯이 달릴 뿐이었다.

혈구는 종일 마구간을 떠날 수 있는 기회만을 기다렸다. 마음대로 달리면서 혈구는 광활한 초원으로 돌아갈 날만 꿈꾸었다.

그런데 달리는 것에는 조건이 있었다. 기수가 자신의 등에 올라타고 나서 좁은 스타팅 박스에 들어간 다음에 혈구는 그제서야 달릴 기회를 얻는 것이다.

상하이 경마장에 있던 그 시간 동안 혈구는 매일 스타팅 박스에 서서 짧은 구속을 참아낸 다음에 달릴 수 있었다. 달리는 것은 그 시간 동안 혈구 존재의 의미였다.

혈구는 상하이 경마장에서 완전 별종이었다.

처음에 혈구는 경마장에 끌려왔을 때 어울리고 싶어 하지 않았다. 좌충우돌하면서 혈구를 끄는 기수는 어쩔 줄을 몰라했고, 관객석의 웃음을 자아냈다.

체형이 매우 아름답고 얇은 가죽 아래 지방이 전혀 없어서 반짝반짝 빛나게 빗질된 영국산 순혈마에 비교해서 혈구의 외형은 투박하고 원시적이었다. 꼼꼼하게 다듬어진 갈기도 없었고, 털도 너무 두꺼웠다. 또 골격과 근육의 선을 알아볼 수도 없었다. 게다가 융모는 몇 군데 빠져 있고 무늬가 어지러워 상처자국 같아서 차마 볼 수 없을 정도였다. 혈구의 성격도 좋지 않았다. 마사에서 혈구의 털을 빗겨주려는 일꾼은 없었다.

요컨대 이 괴이한 말과 경마장 내의 모든 것들은 서로 어울리지 않았다. 관객석에 앉아 있는 사람들 중에는 한숨 소리가 절로 새어 나왔다.

혈구가 이어서 보여준 것들은 여전히 불안하기 짝이 없었고, 스타팅 박스에 들어갔을 때 발길질을 몇 차례 해서 나란히 있는 다른 박스까지 소리가 울렸고, 흔들리는 중에 언제라도 부서질 수 있는 느낌을 주었다.

하지만 총성이 울리고 상자판이 열리자 이 관중들은 혈구의 달리는 방식이 자신들로서는 본 적이 없다는 것을 느끼게 되었다.

혈구는 시작부터 가장 앞서 나갔다. 모든 경주마들은 뒤로 쳐졌다. 혈구는 처음부터 맨 앞에 달려 모든 경주마를 뒤로 따돌렸다. 말을 잘 모르는 관객도 그 등에 탄 기수는 더 이상 채찍을 휘두르지 않고 말 위에서 떨어지지 않도록 고삐를 죄는 노력을 했음을 알 수 있다.

혈구는 전력을 다해 뛰었다. 타고 있는 기수는 안중에도 없었다. 구속을 받지 않는 경주마로서 혈구는 달리는 것만 생각했지, 혈구를 타고 있는 기수는 관중들 조차도 동정할 정도로 추풍낙엽처럼 혈구의 등에서 흔들거렸고, 자신이 광풍에 애써 떨어지지 않으려고 노력했다.

혈구가 달리기 시작했을 때 비로소 관중들은 그들이 이미 익숙하게 보아온 매끄러운 경주마와는 비교할 수 없는 아름다움을 발견할 수 있었다. 혈구는 그들에게 보이지 않는 힘과 난폭함을 가져다 주는데, 그것은 충분한 속도를 지녔을 때, 더욱 한 줄기 붉은 빛처럼, 다듬어지지 않은 갈기와 긴 꼬리를 깃발처럼 강하게 휘날렸다.

혈구는 무려 다섯 마리의 말보다 앞서 결승점을 통과했다.

그런데 관중들이 놀라워했던 것은 결승선을 통과한 뒤에도 이 붉은 준마는 멈추지 않고 계속 달렸다는 사실이다.

혈구 등에 앉은 기수는 고삐를 조여 잡으려고 노력했지만 결국 그렇게 한 결과 혈구는 하네스를 야무지게 물었고, 목을 꼿꼿이 세우면서 앞으로 나아갔다. 그리고 이를 멈추게 해야 할 기수는 힘껏 뒤로 고삐를 당겼다. 그것은 사람과 말이 힘을 겨루는 과정으로서 우스운 상황이었다. 준마는 앞으로 나아가려 하고 기수는 준마를 멈춰 세워야 했다. 인간과 말은 서로 통제하기 위해 몸부림치면서 한 바퀴를 돈 다음에서야 느려졌다.

이후 상하이 승마장에서 혈구는 불패의 전적을 올렸다. 혈구가 더 많이 신문 상에 모습을 보이기 시작했다.

누군가가 특별히 경기장으로 가서 이 붉은 준마의 경기를 관람하였다. 혈구는 특히 그의 경기를 보러 온 관중들을 실망시킨 적이 없다.

경기가 시작되면 최선을 다해 거칠게 달렸다. 혈구는 변함없는 강인한 속도로 앞으로 달렸고, 이 둥근 형태의 경주 코스를 달려나갔다. 결승선을 통과하고 나서 타고 있던 기수가 고삐를 죄기 시작하면 통제할 수가 없다. 아무리 제지를 해도 속도를 떨어뜨릴 수 있는 방법은 한 바퀴 더 뛰게 해야 한다. 이 한 바퀴를 더 달린 후에, 이미 꽤 경험을 갖춘 두 마장 일꾼이 달려와 양쪽에서 고삐를 잡고 끈을 채워야 말에서 내릴 수 있다. 두 일꾼은 혈구를 데리고 경기장을 떠날 때 어쩔 수 없이 몸을 숨겨야 한다. 이 난폭한 말이 미친듯이 발로 걷어차 다칠 수 있기 때문이다.

혈구의 퍼포먼스는 언제나 관중들이 바라던 바가 이뤄졌다는 놀라움과 갈채를 보내게 했다.

상하이 경마장

상하이 경마총회, 민간에서는 경마청이라 부르며 1850년대에 시작되었고, 영국 상인들이 세웠다. 1951년에 국유로 귀속되었다. 근 100년간 성행하였고, 당시에 극동 제일의 경마장이라 불렸다. 경마장은 외국에서 영국 순혈마 등 명마를 들여와 경기를 진행했고, 입장표와 내기가 주요 수입이었다. 1930년대 극성을 이뤘다. 경마장 터는 세 차례 바뀌었는데, 난징동로南京東路 허난로 일대에서 지금 저장로浙江路와 시짱로 일대로 바뀌었다가 마지막으로 시짱중로에서 황포북로黃陂北路 사이로 옮겼다. 본 건물은 1930년대 영국식 풍격의 8층 종루와 대형 노천 관중석을 갖춘 영국식 건축이다(지금 상하이 미술관 전신).

17
마음은 북방에

처음에 그 기색은 실처럼 가늘었다. 하지만 시간이 지남에 따라 점점 커져 가, 어디에나 있는 듯 했고, 결국 모든 것을 말아 올려 버리는 광풍으로 변해서 혈구는 미쳐 날뛰었다. 혈구는 그것이 뭔지 잘 몰랐다. 다만 마사 정원에 부는 바람이라고 여겼다.

하지만 혈구는 덮쳐오는 그 기색을 보고도 못본 척 할 수 없었다.

마굿간에서 끌려나올 때 혈구는 정원 안에 새로 돋아난 풀이 자라는 것을 보았다. 지금은 먼 북쪽 나라에서 풀이 막 돋아날 때였다. 곧 이어 어느 오후에 혈구는 익숙한 뻐꾸기 우는 소리를 들었다. 그 소리는 바르구 초원의 것과 다름이 없었다.

이 모든 것은 혈구로 하여금 아득한 초원과 운둥을 그리워하게 했다. 혈구는 돌아가고 싶었다. 마굿간 청소는 매일 이뤄지고 하루에 두 차례 여물을 주며 물은 때때로 갈아 준다. 차가운 기운이 감도는 밤에는 아름답고 화려한 양탄자가 혈구의 등에 얹혀지기까지 했다. 이 모든 것은 익살스럽고 불가사의한 것처럼 보였다. 혈구는 바르구 초원의 영하 50도라는 추운 겨울에도 끄떡없는 말이라는 사실을 알아야 했다.

시간은 혈구의 야생성을 갉아먹을 수 있었다. 혈구는 이미 마굿간의 모든 것에 적응하기 시작했다. 묶여서 경주를 할 때 혈구는 처음처럼 광풍처럼 모든 적수들을 멀리 따돌렸다. 또 혈구는 매일 구유에 놓여지는 사료에 적응하기 시작했다. 그 사료에는 가늘게 썬 여물과 여러 먹을 거리, 과일 등이 포함되었다. 매번 경기가 끝나면 마사로 끌려들어와 혈구는 갈수록 순순한 모습을 보였다. 혈구는 이미 주변환경에 맞설 흥미를 잃어가고 있었다.

어쩌다가 혈구는 아득한 북방 초원의 익숙한 냄새를 발견할 때도 있었다. 그것은 녹색이 절정에 달했을 때 베어지는 목초였다. 녹색 기운이 영원이 남아 있는 동시에 영양분이 듬뿍 담겨 있으며 햇빛을 쬐는 순간 북방의 햇살이 남겨져 있고 땅냄새도 간직하고 있다. 이 여물을 먹을 때쯤이면 혈구는 여물 위에서 오래도록 냄새를 맡는다. 멀리 북방의 냄새가 가득 스며들어가 있는 냄새를 말이다.

아득한 북방의 냄새가 태풍처럼 밀려 들어왔다. 너무나 강렬했다. 그것은 봄날의 바람이었다. 이 때 강남은 가랑비가 내리고 아득한 북방 초원에서는 쌓인 눈이 아직 녹기 전이다.

매일 말을 돌보는 일꾼도 이 붉은 말의 변화를 느꼈다. 혈구가 먹는 양은 줄어들기 시작했다. 최근 며칠 그 일꾼은 구유에 있는 여물과 먹을 것이 그대로 남아 있는 것을 발견했다. 혈구의 퍼포먼스도 갈수록 난폭해졌다. 혈구는 발길질을 해서 마굿간의 가림판과 울타리를 부쉈다. 튼튼한 울타리는 혈구 앞에서는 속수무책으로 부서졌다. 혈구의 난폭함은 마굿간에 있는 다른 말들도 놀라게 했다. 그래서 혈구는 커다란 마굿간 끝에 있는 단독 우리로 보내졌다.

일꾼들은 붉은 말의 상황을 말 주인에게 보고했다. 말 주인이 왔을 때에는 아무 것도 보지 못했다. 그 말은 눈빛이 밝았고 털 색깔은 부드러웠으며 보기에는 모든 것이 정상이었다. 그런데 수의사의 검사 결과도 마찬가지였다. 혈구는 어떤 병증도 보이지 않았다. 혈구는 먹을 것을 거부하고 있을 뿐이었다.

혈구의 식사는 계속 교체되었다. 심지어 정성들인 간식과 잘 익힌 계란도 있었다. 먹을 것은 꼼꼼하게 만들어졌고, 유혹적인 냄새도 풍겼다.

하지만 이 모든 것들은 더 이상 혈구를 유혹하지 못했다. 혈구의 식사량은 갈수록 줄어들었다.

어느 날 아침 일꾼들이 와서 마굿간 전체를 깨끗하게 치우고, 정리가 끝나 마굿간의 말똥과 풀들을 정리한 후에 구유에 여물을 채워넣기 시작했다.

혈구의 마사는 마굿간 끝쪽에 있었기 때문에 마지막 차례였다.

혈구의 구유 앞에 온 일꾼은 자신도 모르게 탄식을 했다. 구유 안에 있던 것들이 그대로였던 것이다. 꼼꼼하게 씻은 식사는 그 안에 있는 모래알까지 걸러졌고, 반으로 자른 사과 표면은 검게 변하기 시작했다. 말 주인의 지시에 따라 이것들은 버려진 후에 새로운 것으로 바꿨다. 말 주인은 분명 아낌이 없었다. 이것들을 다른 말 구유에 넣어주었다. 결국 그 말들의 식사 안배는 혈구의 것에 미치지 못했다. 그것은 바르구 초원에서 온 목초로서 혈구는 냄새를 맡을 수 있었다. 목초지에서 자라는 맛 좋은 목초였고, 심지어 그 사이에는 혈구가 좋아하지 않는 맛도 끼어있었다. 하지만 자극적인 잡초 마저도 혈구는 그리워하고 있었다.

일꾼이 목초를 구유에 넣을 때 혈구가 어떤 모습을 보이는지 주목하지 않았다. 하지만 그는 어쩌다가 혈구가 어떤 목초에 대해 특별히 좋아하는 모습을 보게 되었다. 그것들은 북방에서 온 목초였다. 혈구는 언제나 그것을 깨끗하게 먹었다. 오늘 아침에 목초가 운반되어 왔을 때 그는 풀을 가지고 온 기사에게 물었다. 그 녹색 목초는 구체적으로 북방의 어느 곳에서 왔는지를 대답하지 못했다.

그는 이 목초가 혈구의 입맛을 돋군다는 것을 알아냈다.

그는 마굿간 전체에서 이 붉은색 준마의 존재가 훨씬 더 중요하다는 것을 잘 알고 있었다. 그 전에 마사에서 영국 순혈마와 진실하지 않다고 느낄 만큼 멋진 아랍 말, 그리고 투르크메니스탄 말을 사육한 적이 있었다. 그는 그 말의 혈통을 잘 모른다. 하지만 그 말의 꿀벌처럼 밝은 색깔에 처음에 그는 마음 속에 의심을 품었었다. 그건 어떤 물감으로 바른 효과라고 생각한 것이다. 그는 그 위의 색깔을 세척해 보기도 했다. 하지만 씻을수록 빛이 났다. 그 색깔은 천연적인 것이었다.

하지만 지금은 이 붉은색 준마가 공신이었다. 참가했던 열세 차례 경기에서 한번도 진 적이 없다. 그건 거의 기적에 가까웠다.

일꾼은 사료를 구유에 채운 후에 원래 멍 하니 서 있던 붉은색 준마가 갑자기 사료의 냄새에 이끌려 구유 앞으로 걸어와서 머리를 숙이고 그 사료의 냄새를 꼼꼼하게 맡기 시작했다. 이건 좋은 징조였다. 그는 이번에 이 말이 이 사료를 깔끔하게 다 먹을 것이라고 생각했다.

분명, 꼼꼼하게 냄새를 맡은 다음에 혈구는 탐스럽게 여물을 먹기 시작했다. 약간 머뭇거린 후에 혈구는 허기진 듯이 먹는 모습을 보였고, 이후 먹는 것은 어떤 사명감을 띠고 있는 듯 했다. 여물을 모두 먹고 나서 혈구는 물을 마시기 시작했다. 아주 오래도록 물을 마셨다.

먹고 마시기를 다 마치고 나서 결정할 때가 되자 혈구는 이 목초의 냄새를 따라 북쪽으로 가기만 하면 됐다.

혈구는 머리를 들기만 했는데 매어 놓았던 고삐가 끊어졌다.

일꾼은 마굿간이 쿵 하는 소리를 들었다. 그가 고개를 돌려보니 한낮의 햇살 아래 혈구 마사의 문이 산산조각으로 부서져 있는 것이 보였다. 그 붉은색 준마는 폭풍 같은 기세로 뛰쳐나왔다. 그리고 나서 좁은 길을 따라 달려왔다. 처음에 그는 소리치며 제지하려 했다. 하지만 잠시 후에 그는 이 준마가 뛰쳐나오려고 마음 먹으면 아무 것도 그걸 막을 수 없다는 것을 깨달았다. 미친 듯 달리는 길 위에 어떤 것이 서 있어도 전부 산산조각 날 판이었다.

그는 그저 길을 열어 주었고, 벽에 바짝 붙어 섰다. 그 붉은 말은 그의 앞을 쌩 하고 지나갔다. 그 갈기인지 꼬리인지 알 수 없지만 그의 얼굴을 스치고 지나갔는데, 채찍처럼 힘이 있었다.

잠시 후에 혈구는 평소 그를 기분 나쁘게 했던 마굿간 출구의 자동 나무문을 박살 냈다. 마굿간에서 뛰쳐나가 넓은 정원을 지난 후에 혈구는 마장의 정문을 찾아냈다. 철로 만든 정문을 가볍게 넘어뜨린 후에 탈출하였다.

마장 정원에는 마침 말 조련교육이 이뤄지고 있었다. 멀리 말이 도망치는 것을 보고 말을 타고 다가와 정문으로 쫓아갔지만 그 붉은색 준마는 이미 모습을 감춘 뒤였다.

복잡한 시내를 벗어나 교외 구역을 들어선 후에 갈수록 많아지는 진흙땅 위에 혈구가 나타났다. 혈구도 달리면 달릴수록 신이 났다. 하지만 고삐 풀린 말이 나타나자 사람들은 놀랐다.

하지만 고삐 풀린 말이 갑자기 나타난 것은 사람들로서는 놀라고 이상한 일이었다. 혈구는 이미 어떻게 해야 하는지를 잘 알고 있었다. 아무 일 없는 것처럼 최대한 행동해서 부근에 있는 달구지 끄는 말이 잠깐 바람을 쐬러 나온 것으로 보이게 하려고 했다.

하지만 그렇게 해서 말이라는 동물에 대해 잘 모르거나 흥미가 없는 사람들에 대처할 수 밖에 없었다. 말에 대해 아는 사람들은 혈구의 모습을 보고 비범한 외형에서 재빨리 이익이라는 냄새를 맡았다. 그 순간 사람의 탐욕스러운 본성은 남김없이 폭발하였다. 그러나 혈구는 그런 사람들에 대해 판단을 내렸다. 그들이 거짓 웃음으로 가까이 다가오자 혈구는 그들 뒤의 손에 고삐가 숨겨져 있는 것을 잘 알고 있었다. 혈구는 아무 일 없는 것처럼 계속 그 자리에서 풀을 뜯었다. 그 사람이 충분히 가까운 거리까지 왔다고 생각하고 갑자기 튀어오르며 올가미를 던지는 순간 발굽을 박차며 달리기 시작했다. 던져진 올가미는 혈구가 방금 서 있던 자리에 떨어졌다.

하지만 매번 놀라긴 했지만 경험이 없는 것은 아니었다. 허베이 경계로 들어선 후에 들판에서는 그럴듯한 먹을 것을 찾지 못했다. 한 마을을 지날 때 혈구는 마을에 있는 풀더미에 유혹되어 건초를 훔쳐 먹기도 했다.

너무 배가 고파 방심하다가 혈구가 의식했을 때에는 이미 건장한 사내들에게 둘러싸여 있었다. 밧줄은 교대로 들쑥날쑥 던져 왔고, 혈구 주변의 모든 공간을 뒤덮었다. 눈깜짝 할 사이에 올가미 두 개가 혈구의 목에 걸렸다. 이미 오랫동안 묶여 있었던 혈구가 어떻게 이 올가미를 견뎌 내겠는가. 길게 울음소리를 내면서 앞발을 높이 들자 밧줄은 더 조여졌다. 그 밧줄은 매우 튼튼해서 끊는 것은 거의 불가능했다. 그리고 그 몇 사람도 건장하고 잠시도 느슨하게 손을 놓지 않았다. 그들은 서로 다른 방향에서 밧줄을 잡아당겼다. 그렇게 해서 주인 없는 이 말을 통제하고자 했던 것이다. 허베이의 광활한 농경 지역에서 말 한 필은 한 농민 가정의 노동력을 크게 향상시킨다. 그들은 어떻게 해서든 하늘이 내려준 기회를 놓칠 수는 없었다.

그들은 품이 넓은 검은색 솜저고리와 솜바지를 입고 무거운 돌덩이처럼 죽어라 밧줄을 당겼다.

혈구는 그들에게 더 많은 기회를 줄 수는 없다고 생각했다.

갈수록 많은 올가미가 던져졌고 그의 발굽을 붙잡아 맸다. 정말 더 이상 도망칠 기회는 없어 보였다.

잠시 후에 혈구의 전면 공세는 매우 단호했다. 혈구는 이 사람들과 반대 방향으로 도망치지 않았다. 그쪽으로 길이 있어 보이기는 하지만 마을의 중심으로 들어가는 것이고, 결국 막다른 골목으로 도망쳐 들어갈 수도 있었다.

혈구는 직접 앞에 있는 사람들에게 달려들었다.

그들은 아마도 이렇게 직접 달려드는 말을 처음 보았을 것이다. 원래 질서정연했던 대열은 갑자기 어지러워졌다. 그들은 즉각 형세를 파악했다. 이 말은 위협하고 있는 것이 아니다. 혈구는 달려들기로 결심했고, 인정사정 없이 사람을 포함해서 자신을 막아서는 모든 것들에 부딪히겠다고 결심한 것이다. 혈구는 인간에 대한 두려움이 없었다.

혼란스러운 인파를 뛰어넘은 후에 혈구의 목에는 밧줄 두 개가 여전히 걸려 있었다. 그 중의 한 밧줄은 아직도 한 사람이 잡고 있었다. 이 사람의 몸무게는 혈구에 비해서는 별 볼일 없었다. 이 사람은 즉각 끌려가다가 넘어졌고 메마른 땅위에서 질질 끌려갔다.

미친 듯 달리는 혈구가 빠른 속도로 달려가자 그 사람은 밧줄에 매달려 좌우로 흔들리다가 결국 벽에 부딪혔고, 손을 놓을 수밖에 없었다.

혈구가 목에 걸려 있는 밧줄 두 개를 끌고 마을 바깥쪽의 수확이 끝난 드넓은 농경지로 달려나갔다.

봄날, 아득한 하늘가에서는 한 줄로 늘어선 기러기가 북방으로 날아가는 것을 볼 수 있다. 하지만 혈구는 그 새들이 옮겨가는 방향을 고개를 들어 바라본 적이 없다. 사실 그에게 길을 안내해 준 것은 대륙을 관통하는 철로였다. 혈구는 바로 꽉 막힌 화물칸에 실린 후에 기차로 이 길게 이어진 철로를 따라 남방으로 운송되었다. 따라서 철로는 혈구가 가장 믿고 싶은 명확한 이정표였다. 철로 양편에서는 종종 광활한 목초지와 들판이 있어서 그가 쉬고 먹기에 좋았다. 심지어 사람들이 쳐다보면 길가에서 풀려나 풀을 뜯는 달구지 끄는 말인 척 할 수 있었다.

자갈이 깔려 있는 철길을 오랫동안 걸었기 때문에 혈구의 말굽은 이미 깨져 있었다. 철로에서 분기점이 나타나면 혈구는 자신의 본능에 따랐다. 그 본능은 자신도 명확하게 알 수 없는 어떤 무엇이었다. 혈구는 본능에 따라 길을 선택했고, 그 길을 따라 전진했다.

혈구는 자신이 틀리지 않을 것이라 생각했다. 그것은 바르구 초원이 있는 북방이었다. 남방에서 북방으로, 그것은 길고 긴 여정이었다.

그것들은 이런 좋은 일이 있을 거라는 걸 그다지 믿지 않았다.

고독한 발굽 소리가 숲속에 전해져 왔다. 숲속에는 부드러운 낙엽이 썩어서 쌓여 있어 소리를 빨아들인다. 어떤 소리라도 멀리 전해지지 않는다. 바람 없는 이 숲속은 매우 고요했다. 그래서 그 발굽 소리는 또렷하게 들렸다. 사슴과 노루는 그런 소리를 내지 않는다. 그것들은 조심스럽게 자신의 가는 발굽을 소리 없이 숲속 공터에 딛는다. 가느다란 마른 나뭇가지를 부러뜨려 포식자의 주의를 끌까 염려하면서 말이다. 엘크 같은 동물은 일단 달리기 시작하면 식은 죽 먹기로 달려든다.

그래도 쫓기지 않을 때는 그 숲의 거대한 짐승의 발굽이 땅에 디딜 때에도 큰 움직임을 불러일으키지는 않는다.

인간의 가축 말은 그런 동물을 알고 있다. 겨울에 그것들은 숲을 떠나 초원으로 들어온다. 만약 유목인들이 양떼를 잘 보호하면 기습은 실패하고, 그것들의 눈길은 말떼로 향한다. 그것들은 출산을 앞두고 있는 말떼를 뒤따른다. 난폭한 말들에게 걷어차여 머리가 깨지는 것을 무릅쓰고 암말이 낳은 망아지를 얻으려 한다. 망아지를 얻을 기회만 있다면 그것들은 마다한 적이 없다. 하지만 성공 확률은 높지 않다. 또 망아지를 보호하는 암말에게 걷어차여 부상을 입을 수도 있다. 황량하고 추운 세계에서 부상을 입으면 계속 생존해 나갈 기회는 없어지고 만다.

먹을 것은 모든 것을 의미한다.

그것들은 소리 없이 숨어있던 관목 숲속에서 모습을 드러내고 일렬로 나란히 발굽소리가 난 방향으로 향했다.

혈구는 숲을 좋아하지 않는다. 숲속 나무들이 자신의 행동을 제약하기 때문이다. 드넓은 초원이라면 마음껏 달릴 수 있었다. 그리고 본능도 그에게 이 우거진 숲속 도처에 알 수없는 위험이 도사리고 있음을 알려주었다. 아득한 시절에 말의 선조는 광활한 초원에 나타났고, 그곳에는 포식자가 숨어 있을 수가 없었다. 어떤 포식자도 평평하게 펼쳐진 목초지에서 쉽게 그들에게 접근할 수 없었던 것이다.

주변 도처에 복잡한 냄새와 해를 가리는 거목들이 있었다. 혈구는 빨리 이 끝없는 장애물을 벗어나 초원으로 들어서야겠다는 생각만 했다.

그 때 혈구는 이미 산등성이를 넘어서서 거의 산허리까지 내려왔다. 산 정상의 곳곳에는 그의 발굽에 달라붙는 산잣나무가 있었다. 듬성듬성 자작나무와 각종 갈고리가 매달려 있는 관목 숲이 나타나기 시작했다.

바로 이때 혈구는 혼란스러운 바람 방향 가운데에서 그 냄새를 맡았다. 혈구가 평생토록 기억하는 맛이었다.

그것들은 처음에 소리를 내지 않고 멀리 나즈막한 관목 숲에서 모습을 드러냈다. 흔들리는 꼬리는 깃발 같았다. 그것들의 엉덩이 윗쪽은 빠르게 춤추고 있었다. 그것은 억제할 수 없는 먹을 것에 대한 갈망과 그로부터 야기되는 흥분이었다.

그것들은 반원형 포위망으로 혈구의 진로를 막아섰다. 의식적인지 무의식적인지는 몰라도 그것들 숫자는 포위망을 좁힐 수 있었고, 혈구를 중앙으로 몰아넣을 수 있었다. 하지만 그것들은 그렇게 하지 않았다.

혈구는 몸을 돌려 도망칠 준비를 했다. 그것은 본능이었다. 수천년간 초식동물이 포식자와 맞닥뜨렸을 때의 본능, 포식자와 반대 방향으로 도망치는 본능이었다.

혈구도 그런 본능을 억누르지 못했다. 하지만 초원으로 되돌아가고 싶은 갈망은 강렬했다. 혈구는 앞으로 갈 생각만 했다. 혈구는 이 듬성듬성한 관목만 넘어서면 산기슭의 초원이라는 것을 알고 있었다.

물론 혈구가 그렇게 하는 것도 맞았다. 만약 혈구가 돌아서서 도망치면 더 빽빽한 숲속 깊은 곳으로 도망치게 되고, 달리는 것은 물론이고 효과적으로 저항할 수도 없게 된다. 최종 결과는 숲속에서 포위되어 먹히는 것 밖에는 없었다.

그것들은 7-8마리로 많지 않았다. 하지만 숲속에서 말 한마리를 제압하는 것은 충분했다. 그것들은 더 이상 망설이지 않았다. 아마도 일부러 고요함을 유지하려 했는지 어떤 늑대들은 심지어 하품을 하면서 커다란 입을 드러냈고, 입을 벌리고 웃는 것처럼 보이기도 했다. 잠시 후에 그것들은 서로간에 신호를 보내면서 얻어맞은 개가 헐떡이며서 흐느끼는 소리를 냈다.

그것들은 주변에서 움직이기 시작했다. 혈구와 일정한 거리를 유지하면서 가벼운 발걸음으로 뛰었다. 그들 눈에 혈구가 보이지 않는 듯 혈구 곁으로 스쳐 지나갔다. 하지만 이 끊임없는 소란은 혈구로 하여금 극도의 불안을 느끼게 했다. 혈구는 난폭하게 울면서 자신과 매우 가까운 거리에 있는 늑대를 향해 매섭게 달려나갔다.

늑대들은 끊임없이 혈구를 괴롭혔다. 혈구의 주의력을 분산시키면서 체력을 소진시켰다. 만약 이런 식으로 계속 나가면 오래 지나지 않아 혈구는 체력이 바닥 날 것이고, 또 한 차례 튀어올라 걷어찬 후에는 비틀거리면서 쓰러져 늑대의 공격을 받을 상황이었다.

하지만 이 늑대 무리 중에는 결국 일을 그르치는 놈이 있었다. 겨울을 막 난 어린 늑대였을 것이다. 이 겨울을 난다는 것은 쉬운 일이 아니었다.

그 늑대는 심하게 말랐다. 늑대 무리의 등급에서 가장 낮아서 그럴듯한 먹을거리를 얻지 못했기 때문이다. 설령 늑대 무리의 최근 사냥이 성공한 다음이라고 해도 그 늑대는 부실한 것만 얻었을 뿐이었다. 사실 겨울철 먹을 것이 가장 부족할 때 자칫하면 그 자신이 늑대 무리에게 먹힐 수도 있다.

그 늑대의 배고픔이 질서를 어지럽혔다. 본래 이런 식으로 으르렁거리는데 그 늑대는 배가 너무 고팠고, 혈구가 매우 가깝게 접근한 늑대에게 현혹되어 앞발굽으로 공격할 자세를 취하고 있을 때 그 늑대는 뒤에서 쳐들어가 혈구의 엉덩이를 물었다. 늑대는 위치를 잘못 골랐다. 이 부위에 있는 살은 가장 토실토실해 보이지만 가장 튼튼하기도 해서 늑대는 이빨이 그 위에 단단히 박히고 말았다.

뒷발굽은 말의 가장 강력한 무기다. 혈구는 튼튼한 다리로 이 늑대를 세차게 걷어찼고 그 늑대는 무거운 망치를 얻어맞은 것처럼 아무 소리를 내지 못한 채 깊은 숲속으로 들어가서 더 이상 나오지 않았다.

엉덩이를 물린 극심한 통증으로 혈구는 깨어났다. 이 교활한 늑대와 상대하지 않고 직접 앞으로 달려갔다. 늑대 무리는 그 의도를 알았다. 그 앞으로 달려들어 혈구를 저지하려 했다. 하지만 곧 이어 늑대들은 이 시도가 위험하다는 것을 알게 되었다. 이 말은 아무 것도 고려하지 않고 앞으로 달려 썩은 나무에 부딪혀 남김없이 없애버렸다. 말이 달리는 기세는 간담이 서늘해질 만큼 강인했다. 늑대 무리가 몇 차례 저지를 시도했지만 성공하지 못했다. 성년 늑대들은 흥분하여 달려나가 혈구의 목을 물어 그가 달리는 것을 저지하려 하였다.

하지만 이 말이 힘껏 달리자 배고픔에 지쳐 있던 늑대는 아무런 장점도 발휘하지 못했다. 늑대들은 추풍낙엽처럼 걷어 채여 쓰러졌다. 어떤 늑대는 혈구에 걷어차여 쓰러졌다가 다시 일어섰을 때 다리 하나가 부러져 버리고 말았다.

눈앞의 숲은 이미 광활한 지역으로 바뀌었다. 그곳은 고산 방목지로서 드문드문 나무들이 있었다. 혈구는 앞뒤 돌아보지 않고 달렸다. 이제 누구도 혈구를 막을 수 없었다.

다리가 부러진 늑대는 다리 세 개로 그 자리에 서서 눈으로 나는듯이 달려가는 혈구를 바라보았다. 잠시 후에 적막 속에서 그 늑대는 어떤 냄새를 맡고 두려움을 느꼈다. 늑대는 그것이 자신의 부러진 다리에서 흘러나오는 피냄새라는 것을 알게 되었다. 늑대는 그 냄새를 맡았고, 굶주린 동료들도 똑같이 냄새를 맡았다. 먹을 것이 부족한 추운 계절에 포위 공격이 실패하고 나서 부상을 입은 존재는 빠르게 이 무리의 먹을 거리가 되고 말았다.

혈구는 계속 달리면서 중간에 자신을 가로막는 썩은 나뭇가지를 부러뜨렸다. 갈고리가 걸린 관목은 혈구의 가슴 앞에서 흔적들을 남겨 놓았다. 관목 숲속에서 몸을 숨기고 있던 새들이 날아오르다가 혈구 가슴에 부딪히면서 땅에 떨어졌다. 그 새들은 아마 폭풍이 밀려왔다고 생각했을 것이다.

이렇게 달리면서 혈구는 과거의 리듬을 찾으려 애썼다. 과거와 달라진 점은 그의 등위에 운등이 없다는 것이었다.

혈구는 더 이상 그의 무게를 실을 필요가 없었다. 그리고 그것이 혈구를 불안하게 하는 유일한 점이었다. 혈구는 기수를 기대하는 준마였다.

숲 속 나무는 갈수록 듬성듬성해졌다. 혈구는 자신이 얼마나 오랫동안 달렸는지 몰랐다. 혈구의 뒤에는 더 이상 늑대 모습이 보이지 않았다.

혈구는 뒤의 모든 것에 관심을 두지 않은 채 앞으로 내달렸다.

갑자기 혈구가 좀 다른 공기를 들이마셨다. 숲속에서 흐르는 혼탁한 공기와는 완전히 달랐다. 그것은 초원의 바람이 불어 보내는 맑은 공기였다.

혈구는 마침내 산지에서 벗어났다. 혈구의 앞에 펼쳐진 것은 끝없는 후룬베이얼 초원이었다. 아무 것도 혈구를 제지할 수는 없었다.

●

1950년대 따싱 안링의 숲을 넘어선 옛 산길에 수십 마리의 늑대 무리가 어슬렁거리면서 늘상 야밤에 사람들의 가축을 급습하였다.

18
고향

 그 날 아침에 운등은 게르에서 오랜 시간을 지체했다.
 자신의 차에 수육을 적당히 썰어넣은 뒤 응고된 비계를 밀크 티에 녹이자 기름이 떠올랐고, 그는 그제서야 하품을 했다.
 세 그릇째 밀크티를 붓고 나서 그 기름진 지방은 조청처럼 감미로와졌다. 수육도 입에 착 달라붙어 그는 두 그릇을 비운 다음에 팔을 털어가며 그릇 속에 있는 마지막 차를 마셨다. 그릇 바닥에 부풀어 있는 볶은 쌀이 찻물과 함께 빙빙 돌다가 잠시 후에 운등의 입속으로 남김없이 들어왔다.
 그의 손에 있는 그릇은 설거지한 것처럼 깨끗하게 비워졌다. 사실상 그는 계속 완벽해져 가는 자신의 기술에 만족감을 느꼈다. 어린 시절에 그릇 속에서 불어 있던 그 볶은 쌀을 마지막 남은 차와 함께 마시지 못해서 손가락으로 그 쌀알을 건져내어 입속에 넣었고, 아버지의 질책을 듣곤 했었다. 지금 그의 기술은 자신도 감탄할 정도로 완벽해졌다.

차를 마신 다음에 그는 황양의 뿔을 찾아서 꽃이 새겨진 은안장을 손질하기 시작했다. 이 안장은 이제 사용 빈도가 적었지만 내몽골 지역에서 벌어지는 겨울철 축제가 있을 때 이 오래된 안장을 꺼내곤 했다. 이 안장을 한 혈구가 운등을 태우고 나타나면 어린 아이지만 그는 나담 페어에서 가장 주목받는 인물이 되었다. 그와 혈구는 마찬가지로 말 경주에서 우승자였다. 혈구가 없어지고 나서 운등은 그 페어에서 열리는 말 경주대회에 참가하지 않았다. 자신의 말 무리에서 혈구와 필적할 만한 말을 더 이상 찾지 못했던 것이다.

봄이 되어서야 운등은 말떼에서 여섯 살 된 얼룩무늬 말을 찾아내어 열심히 조련을 했다. 절대로 혈구만큼 뛰지는 못했지만 운등은 마지막 희망을 안고 그 말이 3등으로만 들어와도 좋다고 생각했다. 자신의 이같은 처지에 그는 자신도 모르는 사이에 한숨을 쉬었다.

조련기간 동안 운등은 이 귀중한 은안장을 꺼내 이 말에게 내주었다. 안장을 얹은 후에 그는 안장의 은장식이 부식되어 약간 까매진 것을 보았다. 게르로 가서 연한 가죽으로 문질러 보려고 이 얼룩말을 바깥에 매어놓았다. 가죽을 가지고 돌아와보니 얼룩말은 고삐를 풀고 초원에서 뛰어다니고 있었다. 양쪽의 등자가 등자 연결끈으로 묶여 있지 않았기 때문에 그 말이 뛰는 것에 따라 두 개의 등자가 계속해서 그 말의 갈비뼈를 치고 있었고, 그 말은 깜짝 놀라서 거칠게 달리기 시작했던 것이다. 마침내 뱃대가 느슨해진 후에 그 말은 엉덩이에 걸려 있던 안장을 거칠게 걷어챴다. 그 말은 4,5분간을 날뛰었고, 안장은 떨어지고 말았다.

운등이 쫓아가서 안장을 주웠다. 그 때 근 두 세기에 걸친 이 안장은 산산조각 날 것으로 절망적으로 추측했다. 하지만 그가 목초지에서 이 안장을 옮겼을 때 끊어진 뱃대 외에 안장은 아무런 손상도 없었고, 안장판 위의 말굽이 걷어찬 부위는 흰 자국만 몇 개 남아 있었다. 손으로 닦으니 아무런 흔적도 남지 않았다.

운등은 자신도 모르게 이 안장의 질긴 정도에 감탄을 금하지 못했다. 그가 자세히 살펴보니 안장 다리와 안장 판의 나무가 모두 오래된 나무뿌리를 파내어 만든것으로, 나무를 구불구불하게 비틀어 무늬가 뚜렷했다. 이런 나무는 가장 튼튼하고 나이든 말의 땀때나 기름이 안장 나무 전체에 스며들어 꿀을 바른 것처럼 골동품 같은 색채를 드러낸다.

수리라고는 하지만 사실 안장 자체는 손상되지 않았다. 단지 얼룩말이 몇 차례 튀어올라 연결되어 있던 안장 판의 가죽이 약간 헐렁해졌고, 황양 뿔로 가죽을 잡아당기면 그 밖의 것은 뱃대만 바꿔주면 끝나게 된다. 운등은 이 안장이 도끼와 불만 닿지 않으면 영원히 손상되지 않을 것이라고 생각했다.

말안장 수리를 끝내고 나서 운등은 다시 자신의 올가미 막대 가죽끈에 늑대 복사뼈를 잡아맸다. 다른 쪽은 언제 잃어버렸는지 알 수가 없었다.

운등은 잘 수리한 안장을 얼룩말에 얹었다. 얼룩말을 이 안장에 반드시 적응시켜야 했다. 이 얼룩말은 반응이 제법 기민했다. 운등은 항상 이 얼룩말을 말에 굴레를 씌우는 데 뒤쫓는 말로 여겼다. 하지만 그 말에게는 치명적인 약점이 있었다. 갑자기 튀어나온 야생토끼, 바람에 불려 흔들리는 풀, 심지어는 제멋대로 초원에 버려져 있는 뼈다귀가 그의 시야에 들어오기만 하면 그 말은 영문도 모르게 깜짝 놀라는 것이다.

운등은 이 얼룩말을 타고 초원에서 자신의 말떼를 찾아보았다.

멀리서 말떼가 시야에 들어왔다. 운등은 이상한 모습을 발견하였다. 혈구가 상하이 사람에게 팔려간 뒤에 건장한 검은색 수말이 말떼 관리를 이어받았다. 이 때 운등은 검은색 망아지가 말떼로부터 10미터 떨어진 곳에서 배회하면서 말떼를 바라보고 있는 것을 보았다. 검은색 수말은 어느 때고 자신의 말떼를 보호하면서 자신의 말떼와 붙어 있어야 했다. 상황을 바라보니 이 검은 색 말이 말떼에 대한 통치권을 잃은 것이 분명했다. 유일한 가능성은 바로 다른 말이 그 자리를 대체한 것이었다.

운등은 약간 놀랐다. 말떼 가운데 아직 이 검은 말과 필적할 만한 수말은 없었다. 아마도 다른 목초지에서 온 수말이라면 몰라도.

운등은 어떤 상황인지 보기 위해 말을 타고 달려갔다.

말 무리 속에 낯선 수말이 있는 것이 보였다. 그 말의 색깔은 괴상했다. 붉은색과 검은 색이 함께 있었다. 물론 너무 더러워서 그 색깔을 구분 못할 수도 있었다.

운등은 얼룩말을 재촉하여 속도를 빨리 내게 하였고, 말떼를 떨어뜨려 놓은 다음에 그 말에게 다가갔다. 거리가 가까와짐에 따라 운등은 심장 고동소리가 빨라지기 시작했다.

맞다. 혈구였다. 혈구는 말 무리 속에 서 있었다. 그리고 운등을 발견하고 익숙한 콧소리를 냈다.

맞다. 혈구였다. 운등은 혈구가 곧바로 서 있는 자세와 히힝대는 소리를 잘 알고 있었다. 설령 그의 몸의 털이 더러워져 본래의 색깔을 잃었지만 말이다.

혈구의 겉모습은 엉망이었다.

혈구는 바싹 말라 양쪽 갈비뼈가 앙상하게 드러났고, 멋있었던 갈기는 굶주린 개가 뜯어먹은 것처럼 엉망으로 잘려나가 있었다. 꼬리도 몇 가닥 남지 않았다. 어깨에는 끌채를 사용하고 나서 남겨진 상처가 여전히 남아 있었다. 엉덩이 부위에는 들짐승에게 물린 상처가 있었다. 불처럼 반짝이던 붉은색은 온몸의 먼지와 기름때로 인해 거뭇거뭇해졌다.

혈구는 운등에게 다가왔다.

다가오는 혈구를 마주보면서 운등이 타고 있던 얼룩말은 깜짝 놀라 내달려 숨으려고 하였다. 운등은 그의 귀를 매섭게 잡아당기면서 단번에 온순하게 만들었다.

혈구는 이미 운등 곁으로 달려왔다. 운등이 손을 뻗자 혈구는 부드러운 입술과 혀로 그의 손을 핥았다. 운등은 먹을 것을 가져오지 않은 것이 후회되었다.

혈구는 운등의 주변을 소리를 내면서 맴돌았다. 운등을 태우고 달리고 싶었던 것이다.

운등이 말에서 내려 그 말에서 안장을 내리고 굴레를 벗겨냈다.

이때 혈구는 늑대에게 꼬리를 물렸던 그날 밤 이후로 처음으로 도망치지 않고 조용히 그를 기다렸다.

혈구는 그 자리에 서서 조용히 운등을 바라보았다.

아마도 길고 긴 귀로에서 혈구는 마침내 변화가 있었다. 운등은 더 이상 무릎으로 기어서 그에게 접근할 필요가 없었다. 그는 이 모든 것이 믿기지 않았다. 안장을 가져와 혈구에게 서서히 접근하였다.

하지만 운등은 안장을 혈구 등에 얹지 않았다. 혈구의 등에는 상처가 있었고, 안장을 얹으면 그 상처에 자극을 줄 수도 있었기 때문이었다.

그러자 운등은 혈구 목에 매어 있는 밧줄을 주목하였다. 밧줄의 끝단이 이미 풀어져 있어서 그는 그것이 털을 자를 때 남겨진 갈기인 줄 알았다. 잠시후에 운등이 이 무서운 밧줄이 매듭에 매어 있었고, 혈구 목 부위의 살 속으로 깊이 박혀 있는 것을 보았다. 얼마나 오래 지났는지 밧줄은 이미 살 속으로 깊이 파고 들었고, 상처는 곪아 딱지가 앉을 정도였다.

운등은 탄식하면서 허리에 차고 있던 칼을 꺼냈다. 살속에서 밧줄을 꺼내 직접 잘랐다. 하지만 그는 살속에 깊이 박힌 것을 꺼내는 데 힘을 많이 썼다. 밧줄은 오랫동안 살 속에 박혀 있었고, 살과 한데 엉켜 있어서 조금씩 꺼낼 때마다 혈구는 온몸에 고통으로 경련을 일으켰다. 마침내 운등은 곪은 피가 가득하고 그 위에 새로운 살이 엉켜 있는 밧줄을 한쪽으로 던졌다. 상처 부위에서는 새로운 피가 흘러 나왔지만 형벌처럼 살 속에 깊이 박혀 있던 거추장스러운 것들을 없애버리고 활력이 다시 혈구의 몸으로 돌아왔다. 혈구는 히힝 소리를 내면서 앞발을 굴렀다.

그리고 나서 운등은 다시 혈구의 몸 전체를 검사하였다. 빠르게 새로운 것이 발견되었다. 혈구 엉덩이 부위 상처에 흰색 물건이 끼어져 있었다. 그는 혈구가 나뭇가지에 부딪혀 가죽 아래 남겨진 흰색 나무 그루터기라고 생각했다. 이 그루터기를 뽑아내자 혈구는 다시 아픔을 느끼고 부르르 떨었다.

운등이 그것들을 손바닥에 올려놓고 자세히 보니 부러진 이빨이었다. 분명히 늑대의 이빨이었다. 그건 혈구가 따싱 안링의 숲속에서 늑대 공격을 받고 몸부림칠 때 몸에 남겨진 것이었다.

운등은 왼손으로 가볍게 혈구의 등에 올려놓고 가뿐하게 혈구 등으로 뛰어올랐다. 혈구는 확실히 말랐다. 척추 골격이 타기에 불편했다. 그는 가볍게 위치를 옮겨가며 한쪽으로 조금 기울이기도 했다.

"피웅." 그는 혈구가 놀랠만한 매서운 휘슬 소리를 냈다. 혈구는 예전처럼 달렸다. 몇 번 발을 구르다가 평평한 초원에서 날듯이 질주하였다.

운등과 혈구가 줄곧 기대하던 순간이었다. 그들은 헤어진 지 1년만에 다시 상봉하였다. 후룬베이얼 바르구 초원 출신의 몽고 준마는 상하이에서 출발하여 3개월 만에 근 4천 킬로미터를 달려 마침내 주인 운등 곁으로 돌아왔다.

운등은 혈구를 타고 지평선을 향해서 내내 달렸다. 어렸을 때 운등은 먼 지평선을 바라보곤 했다. 이 때 혈구는 그를 태우고 지평선을 향해 달려갔다. 그를 데리고 지평선 뒤에 뭐가 있는지 보곤 했다.

혈구가 후룬베이얼 초원으로 돌아온 지 23일만에 후룬베이얼의 다모 페어 말 경주대회에서 1등을 차지했다. 그 당시 그의 목에 난 상처는 완전히 아물지 않은 상태였다.

●

초원 유목인은 말을 의축義畜(의리있는 짐승)이라 부르는데, 수컷 말은 자신의 혈통을 가진 암말과 교접을 하지 않는다. 종마種馬 한 마리가 적게는 십수 마리에서 많게는 수십 마리의 말떼를 거느리고 있는데, 말 전체의 번성뿐 아니라 무리들을 노리는 들짐승과 다른 수컷 말들을 몰아내는 역할도 한다.

19
황금빛 목초

운등의 아버지 샤오바트르는 혈구가 상하이에서 도망쳐서 후룬베이얼 초원으로 돌아온 그 해 가을까지 꼿꼿했다.

결국에 사람들은 샤오바트르가 무슨 병을 앓고 있는지 분명하게 알지 못했다. 노몬한 전쟁 이후 초원 사람들은 갑자기 기괴한 병에 걸렸다. 증상이 기괴했는데 목의 임파선이 부어오르고 몸에 이상한 반점이 생겨나거나 각혈을 하는 등, 며칠 몸부림치다가 고통스럽게 죽어갔다. 초원의 인구가 밀집된 조그만 몇몇 마을에서는 인구 전체가 죽어나가 죽음의 마을이 되기도 했다.

아마 공기가 맑고 분산되어 살면서 초원이 널리 분포하는 유목인들의 질병에 많이 걸리지 않았던 듯 하다. 하지만 전부가 재난에서 벗어난 것은 아니었다. 나중에 사람들은 누군가 병을 앓은 캠프에서 커다란 쥐가 나타난 것을 보기도 했다. 그 쥐들은 바르구 초원에서 나는 것이 아니었다. 초원에서는 그런 쥐가 나타난 적이 없었다. 그 주들은 큰 몸집에 검은 색으로 초원에서 숨지 않고 곧바로 앞으로 내달리며, 매 같은 포식자를 만나면 공격하기까지 한다. 이런 괴이한 쥐는 초원의 새나 짐승들에게 많이 잡아먹히기도 했지만 아직도 몇몇은 유목인의 캠프로 도망쳐 들어가기도 했다.

사람들은 샤오바트르가 앓고 있는 것이 쥐가 가져온 질병이라고 믿었다. 샤오바트르 캠프에서 그런 검은색 쥐가 나타난 적이 있었다. 울란이 아침에 게르에서 나가자 그 쥐가 게르 앞에 웅크리고 있다가 울란을 보고는 숨지도 않고 울란을 공격하였다. 울란의 비명 소리에 샤오바트르가 밖으로 나왔다.

그 검은 색 쥐가 뛰어오르면서 샤오바트르를 물려고 하자 그는 정확하게 손에 있던 채찍을 휘둘러 때려잡았다. 아마 너무 갑자기 힘을 쓴 탓에 큰 쥐의 피가 그의 입으로 튀었다. 그 쥐는 샤오바트르에 의해 초원 깊숙한 곳으로 가서 묻혔다. 쥐와 함께 쥐를 때려잡았던 채찍도 함께 묻었다. 샤오바트르는 바로 그 이후에 병을 앓기 시작했다.

이 일로 인해 운둥이 평생토록 가장 미워하는 동물은 쥐가 되었다. 초원에서 쥐를 보기만 하면 어떤 품종이든 상관 없이 운둥은 말을 타고 쫓아가 그것들이 쥐구멍으로 아직 들어가지 않앉을 때 채찍을 휘둘러서 피떡으로 만들었다.

몸이 튼튼해서였는지 노몬한 전쟁 시절처럼 초원에서 병을 앓았던 유목인들이 모두 세상을 떠난 다음에 샤오바트르는 굳건하게 살아남았다.

매일 그는 평상시와 다름없이 밖으로 말을 치러 나갔고, 캠프 안에서 바쁘게 일을 했다. 다만 밤이 되면 그는 밤새도록 기침을 했다. 뭔가가 부서지는 듯한 기침소리는 사람들을 겁나게 했다. 운등은 그것이 사람이 내는 소리라는 것을 믿을 수가 없었다. 품질 좋은 도자기가 깨지는 그런 소리가 났다.

이렇게 샤오바트르의 몸은 좋아졌다 나빠졌다 하면서 몇 년이 흘렀다.

하지만 분명한 것은 샤오바트르의 몸에 무언가가 그를 갉아먹고 있었고 서서히 거역할 수 없는 힘으로 그의 건강을 빼앗고 있었다.

마지막 그 해 가을날, 샤오바트르는 더 이상 식사를 하지 못했다. 때로는 하루 이틀 동안 말젖 반그릇만 마시기도 했다. 그의 몸 안에 있는 기관이 망가진 것이었다. 아마도 담즙이 몸 밖으로 신진대사를 하지 못하기 때문인 듯 했다. 그의 피부는 쇠붙이 같은 청록색을 띠었다. 놀랄 만한 속도로 수척해졌고, 몸속의 지방과 근육도 다 소진되어 피골이 상접해졌다. 수척해짐에 따라 선이 분명한 그의 얼굴은 마치 청동으로 빚어낸 조각상 같았다. 때로는 샤오바트르가 꼼짝하지 않고 앉아 있으면 운등은 두려웠다. 공기 속에서 아버지가 서서히 굳어가다가 정말 조각상이 될까 봐 무서웠다.

그럼에도 불구하고 샤오바트르는 거의 쉬지 않았다. 매일 유목인이 해야 할 일을 어렵사리 다 했다. 운등은 애써 자신이 더 많은 일을 하려고 했다. 그는 단지 샤오바트르가 좀 더 쉴 수 있기를 바랐다.

마지막 며칠 동안 샤오바트르는 결국 혼자 일어설 수 없게 되었다.

하지만 매일 아침에 그는 울란의 부축을 받아 일어나 두꺼운 이불에 등을 기댔다. 울란은 게르의 커텐을 걷고 나서, 샤오바트르는 하루 온종일 게르 밖을 내다보았다.

게르 밖은 가을날 드넓은 초원이었다. 한낮 동안 어쩌다가 양치기 개가 문 앞을 지나갔다. 샤오바트르가 말떼를 보러 갔다가 말 타고 초원에서 캠프로 돌아오는 것이 보이면 자기 아들임을 짐작하였다. 그는 바짝 말라서 타는 말과 어울리지만 자신이 운등처럼 나이를 먹었을 때에도 그만큼 잘 타지는 못한다고 믿었다. 하지만 지금 초원에서의 운등의 명성은 당시 샤오바트르의 아버지에 이를 정도가 되었다.

샤오바트르는 매일 참을성 있게 기다리면서 게르 밖을 응시하였다. 이 조용한 기다림은 더 많은 무언가를 잉태하고 있는 듯 했다.

마침내 날이 맑게 개인 아침에 울란이 커텐을 젖혔을 때 샤오바트르가 캠프 남쪽 높은 언덕의 끝부분에서 색깔이 초원보다 더 짙은 옅은 갈색 그림자가 나타났다.

황양이 높은 언덕에 출현한 것이다.

바로 이 때 샤오바트르의 얼굴에 바라던 바를 이뤘다는 괴이한 번쩍거림이 드러났다. 원래 병색이 완연했던 얼굴은 갑자기 눈부신 빛이 번뜩였다. 그는 울란의 부축을 받아 일어난 다음 두루마기를 걸친 후에 울란의 도움으로 허리띠를 매고 장화를 신었다.

게르에서 나가 똑바로 섰을 때 여러 날 동안 게르 안에서 요양을 한 탓에 빛나는 햇빛에 현기증을 느꼈다.

잠시 후에 그는 몸을 곧추세우고 운등에게 게르로 가서 자신의 망원경을 가져오게 했다. 놋쇠로 만든 소련식 망원경은 쿤타가 선물로 준 것이었다.

샤오바트르는 망원경을 들고 높은 언덕을 한 번 본 다음에 망원경을 운등에게 넘겨 주었다. 그리고 나서 거역할 수 없는 말투로 운등에게 말을 준비하라고 했다.

그가 가리키는 것은 자신의 그 온순한 암말이 아니고 게르 앞에 매어놓은 혈구였다. 대략 10여 일이 지나고 후룬베이얼 초원 전체의 말달리기 대회가 열릴 예정이었다. 반 달 전에 운등은 혈구를 매어 놓기 시작했다. 말 조련에 관해 그는 이미 쿤타에게서 많이 배웠었다.

운등을 제외하고 혈구는 아직 자신의 등에 다른 낯선 사람이 타는 것에 익숙하지 않았다. 운등은 오랜 기간 병석에 누웠던 샤오바트르가 말을 탈 수 있으리라고는 생각하지 못했다. 그는 어찌할 바를 몰랐다. 고개를 돌려 게르 옆에 서 있는 울란을 바라보며 의견을 구했다.

울란은 그 자리에 서서 손으로 입을 가렸다. 희비가 교차하였다.

운등도 뭔가를 이해한 듯 했다. 그는 더 이상 샤오바트르를 말리지 않았다. 혈구에게 꼼꼼하게 안장을 채워 준 후에 아버지 앞으로 끌고 갔다.

이 붉은색 준마는 태어날 때 샤오바트르가 받아주었었다. 하지만 그 이후 다시는 그 말을 건드려 본 적이 없었다. 이 말은 자신의 주인과 기수를 선택했다. 바로 샤오바트르의 아들 운등이었다.

이때 샤오바트르가 눈을 가늘게 뜨고 혈구를 꼼꼼하게 살펴보았다. 마치 새롭게 그 말을 알아가는 듯 했다. 그의 손은 말의 머리와 등을 가볍게 쓰다듬었다. 말의 어깨와 발굽의 골격을 처음으로 꼼꼼하게 연구하는 듯 했다.

운등이 곁에 서 있었는데, 샤오바트르가 혈구를 만지기 시작하자 약간 긴장했는지 불안해서 발을 굴렀다. 운등이 가볍게 혼내는 소리를 내면서 혈구의 주의력을 분산시켰다.

샤오바트르는 손에 고삐를 잡고 잡아당겼다. 그러자 혈구는 어쩔 수 없이 왼쪽으로 고개를 돌렸다. 그는 고삐를 잡은 왼손으로 안장을 두드렸다. 그러자 혈구는 바깥쪽으로 돌 수 없었고, 반항을 하더라도 안쪽으로 돌 수밖에 없었다. 혈구가 몸부림치려고 하자 샤오바트르는 왼발을 이미 등자에 올렸고, 가볍게 말에 올랐다.

샤오바트가 말에 타는 속도는 혈구가 어쩔 수 없을만큼 빨랐다. 혈구는 발작하려고 했지만 샤오바트르의 오른손이 이미 강하지도 약하지도 않게 혈구 두 귀 중간의 위치를 두들겼다. 그 힘은 적당해서 혈구에게 부상을 입히지도 않았고, 충분히 울림도 주지 않았다. 혈구는 자신을 올라탄 기수가 자신을 통제할 능력이 충분해서 자신을 경솔하게 하지 않는다는 것을 알게 되었다.

처음에 혈구가 발작하지 않았고, 더 이상 반응하지 않았기 때문에 샤오바트르의 두 발은 혈구의 배 사이로 꽉 끼워졌다. 그리고 이때 막 길들여졌던 화는 일소되었고, 네 다리를 뻗어 순식간에 높은 언덕의 절반 정도에 닿을 정도로 달려나갔다.

운등은 갖고 있던 망원경을 들어올렸다.

언덕 위에 있던 황양이 달려올라간 혈구의 기세에 놀라서 펄

쩍펄쩍 뛰면서 높은 언덕의 한 쪽으로 도망쳤다. 마지막 뒤에 남아 있는 것은 아마 수컷 양이었는데, 기수를 태운 말에 뒤쳐지지 않는다고 자신하면서 돌아보고는 여전히 도발적인 모습을 보이고 있었다. 물론 그 양도 자신의 가족을 돌보기 위해서였는지 마지막이 되어서야 그 자리를 떴다.

골짜기를 누비거나 평탄한 초원 위에서 몸을 숨기는 것이 더 좋았을 텐데, 이때 그 양들이 서 있던 그 자리가 그 가느다란 그림자를 대지의 윤곽선에 뚜렷하게 보이게 했을지도 모른다.

그 양들은 어찌됐든 도망쳤다. 이런 날렵한 짐승은 언제나 인간과 충분히 거리를 두고 살아간다.

운등이 렌즈의 방향을 조정하자 혈구는 샤오바트르를 싣고 쾌적한 언덕에 햇빛에 반짝이는 먼지와 함께 언덕 꼭대기에 다다랐다.

혈구가 높은 언덕으로 곧장 내달렸다. 높은 곳에 올라서도 속도를 줄이지 않은 것으로 보아 일정 기간 동안 운등이 혈구를 잘 길들인 것이 분명했다. 나담 페어는 10여 일 남았다. 이렇게 하는 것은 정식 대회 이전에 예열을 하는 것이다.

샤오바트르가 혈구를 움직여 황양을 높은 언덕 너머로 따라가게 한 다음에 운등은 그를 볼 수가 없었다. 운등은 망원경을 들고 한참을 기다려도 샤오바트르가 혈구를 타고 높은 언덕 위에 나타나는 것을 볼 수 없었다.

초원의 바람은 약간 찬 기운을 띠고 불었다. 몽골 고원의 가을이 이미 시작되었다. 목초가 시든 가운데 하얀 갈대가 올라와 있었다.

하늘의 두꺼운 흰 구름이 낮게 드리워져 바람에 불려 초원에 내려앉았고, 캠프 쪽으로 가는 구름들은 모두 캠프에 시원한 그림자를 남겼다. 이 구름들이 날리는 사이에 운등은 손으로 눈부신 햇빛을 가릴 필요가 없었다.

운등이 고개를 들 필요 없이 자신이 서늘하다고 느끼는 것에 근거하여 캠프 위에 날려오는 구름의 크기를 판단할 수 있었다.

구름 세 개가 지나가고 나서 운등은 다시 망원경을 들고 혈구가 샤오바트르를 태운 채 높은 언덕을 달려 내려오면서 천천히 캠프쪽으로 오는 것을 보았다.

멀리 운등은 육안만으로도 황양이 꼼짝없이 잡혔다고 판단했고, 말 위에 타고 있던 샤오바트르의 오른팔은 약간 뻣뻣해 보였다.

혈구가 천천히 가까와져 캠프를 반 리쯤 남겨두었을 때, 그 황양은 샤오바트르의 겨드랑이에서 미끄러져 땅에 떨어졌다.

황양은 거인의 큰 손에 주물러져서 퍼덕거리는 작은 새처럼 어쩔줄 몰라 하며 일어났다.

황양은 어리둥절했다. 캠프에서 멀리 바라보던 양치기 개들은 갑자기 그들의 눈앞에 나타난 먹잇감을 재빨리 발견하고는 으르렁거리며 달려갔다. 개들은 황양의 가녀린 목을 힘들이지 않고 한입에 물어뜯어 쓰러뜨린 후 배를 찢어 뜨거운 내장을 맛볼 수 있었다.

하지만 그 개들의 흥분하여 으르렁거리는 소리는 쓰러진 후에 혼돈상태에 처해 있는 황양을 깨닫게 했다. 양들은 가는 네 다리를 움직이면서 처음 몇 걸음은 비틀거리는 듯 했지만 곧 이어 뛰는 활력이 갑자기 그들에게로 돌아왔다. 처음 5미터 정도를 튀어오르더니 부드럽고 강한 용수철처럼 튀어올라 눈깜짝 할 사이에 경망스럽게 움직이는 꼬리만 남게 되었다.

양치기 개들은 짖으면서 뒤쫓아갔다.

뜻밖의 일이었다. 그들은 보통 개가 아니라 양치기 개였다. 장거리 추격을 할 수 없는 개였다.

하지만 그 개들은 그런 기회를 포기하고 싶지 않은 듯 했다. 쫓아갈 희망이 거의 없지만 말이다.

그래도 이렇게 가까운 거리에서 누런 양을 보는 것은 그들로서는 예사롭지 않은 일이지만, 이 도깨비 같은 동물은 그저 지평선에서 한 번 보고 놀라는 경치일 뿐이다.

운등은 양치기 개가 쫓아가는 멋진 장면에 지나치게 집중했기 때문에 혈구가 천천히 다가오고 나서야 고개를 돌렸다.

샤오바트르가 고개를 떨구고 말 위에 앉아 있었고, 혈구의 발걸음에 따라 흔들리고 있었다. 마치 말이 전진하는 리듬에 맞추는 것 같았다. 그의 두 손은 몸 양쪽에 늘어져서 가볍게 흔들리고 있었다.

이때 샤오바트르의 몸에는 운둥이 예전에 본 적이 없는 권태로움으로 가득 했다. 마치 몸에서 가장 중요한 것이 빠져나간 것 같았다.

혈구는 헐떡거리면서 천천히 앞으로 전진했다. 등에 타고 있는 샤오바트르가 더 이상 자신을 제어하지 않고 가는대로 내버려 둔 듯 했다. 제어가 되지 않은 뒤에 혈구는 약간 불안한 듯 추락하지 않도록 발걸음을 조정하려 애썼고, 절묘한 균형을 유지하려고 했다. 기수를 보호할 줄 아는 말이었다.

혈구가 운둥 앞으로 다가오면서 좌측으로나 우측으로 이런 리듬을 깨뜨리고 등에 타고 있는 샤오바트르를 떨어지도록 했지만 줄곧 같은 속도를 유지했다.

혈구는 운둥의 앞에 와서 섰다.

이 순간 균형이 깨졌다. 샤오바트르는 모래층이 무너져 내리는 것처럼 말에서 마비되어 내렸다.

운둥이 그를 받아들고 천천히 땅 위에 놓고 등자에 있는 장화를 풀었다. 운둥은 아직 성년이 아니었다. 하지만 그는 이미 아버지의 몸을 지탱할 수 있었다. 운둥은 샤오바트르의 몸이 그가 추측했던 것보다 훨씬 더 가벼움을 느꼈다. 운둥은 샤오바트르가 자신을 향해 웃는 것을 보았다.

샤오바트르는 혈구를 타고 맨손으로 가을의 황양을 잡았다.

이것은 유목인의 마지막 자부심이었다. 사실 그는 그런 능력이 있었다. 하지만 자기 아들 앞에서 보여 준 적은 없었다.

운등이 자기 뒤에서 울란이 우는 소리를 들었다.

샤오바트르는 바르구 초원에서 가장 강인한 유목인 바트르의 아들이었다. 바트르는 바르구에서 가장 유명한 우야친烏牙沁으로, 그가 조련한 준마가 다모 페어 말 경기대회에서 3등을 하는 것은 치욕이었다.

바트르에 관한 여러 가지 비범한 일들이 초원에서 널리 전해진다. 바트르는 힘이 셌다. 한번은 그가 말떼를 걸어 지나갈 때 네 살 된 검은색 망아지가 그의 곁으로 지나가면서 그를 놀래켰다. 놀란 가운데 그는 손을 뻗어 빠른 속도로 달리는 망아지의 갈기를 붙잡고 그것을 땅에 쓰러뜨렸다. 그 망아지는 얼마 지나지 않아 죽었다. 머리가죽이 벗겨져서 피를 너무 많이 흘려 죽었다고 말하는 사람도 있었고, 또 누군가는 목이 부러져서 죽었다고 말하기도 했다. 말 무리 안에서는 그가 원하기만 하면 마음대로 말 한 필을 잡아 탈 수 있고, 그 어떤 말도 그가 길들이지 못하는 말은 없었다. 바르구 초원에서 말 조련에 대해서는 자신의 말 조련 솜씨가 바트르보다 더 좋다고 말하는 사람은 한 명도 없었다. 대회에 참가하여 2등을 차지한 얼룩말이 나중에

바트르에게 조련을 받아 대회에 참가하면 우승을 거머쥐게 된다. 또 한 가지 재미있는 이야기는, 어느 말 경기대회 전에 친구의 밤색 말이 우승을 차지할 것이라고 했는데, 그 전에 그 말은 좋아 보이지 않았었다. 그는 매우 진지하게 친구를 한쪽으로 불러서 그에게 말했다. 이 말은 여자아이를 좋아하는 말이다. 친구는 그가 농담하는 걸로 생각했는데, 나중에 종이를 많이 잘라 친구에게 이 종이쪽지를 말 귀 옆의 굴레 아랫쪽에 붙이라고 하였다. 그리고 나서 기적이 일어났다. 그 말이 우승을 차지한 것이다.

비범한 힘, 뛰어난 용기, 신화같은 전기, 유목인 바트르에 관해 이렇게 전해지는 이야기는 매우 많다. 아버지의 명성이 매우 높아서 사람들은 그를 바트르의 아들이라 부르고 싶어 했다. 그래서 사람들은 그를 샤오바트르라 부르는 데 더 익숙해졌다.

근처에 사는 유목인들이 도와 주러 왔다. 샤오바트르는 말을 타고 황양을 뒤쫓던 높은 언덕 위의 초원에 묻혔다.

무덤을 조성한 뒤에 유목인들은 더 할 수 없이 작은 묘라는 것을 알게 되었다. 말을 타던 유목인들은 이 조그만 무덤 앞에서 오래도록 서 있었다. 잠시 후에 언덕 뒤에서 말떼가 달려오는 소리가 들렸다.

그것은 운둥이 말떼를 몰고 초원에서 달려오는 것이었고, 유목인들은 소리 없이 흩어졌다.

말떼는 억제할 수 없는 거대한 파도처럼 몰려왔다. 하지만 앞에 있던 유목인은 그들의 길을 제지하였다. 그들이 고개를 돌려 돌아가려 할 때 그 뒤에 다른 유목인이 있었다.

그들은 채찍을 휘두르며 사방으로 달렸다. 손에 있던 올가미 막대는 더 먼 거리를 제어할 수 있었다. 말떼는 유목인들에게 통제되었다.

말떼가 혼란 속에서 좌충우돌 하였다. 하지만 결국 유목인들이 몰아넣는 울타리를 넘어서지는 못했다. 하지만 그들이 사방으로 부딪히면서 잠시 쉬려고 할 때 갑자기 유목인이 말떼로 들어왔다. 그들 사이에 소란을 일으키면서 다시 울타리 안에서 왔다갔다 하며 뛰도록 했다.

운등과 이 유목인들은 함께 말떼를 몰았다. 이 말떼는 거대한 소용돌이나 별들처럼 빙빙 돌았고, 이리저리 뛰었다. 말떼는 혼란 속에서 질서를 지켰다. 그래서 말들은 뛰는 가운데에서 수많은 발굽이 이렇듯 힘있고 고르게 발 아래 초원을 밟았다.

마침내 말떼를 한데 몰아넣던 유목인들이 갑자기 흩어졌고, 줄곧 갇혀 있던 말떼는 이 겹겹의 포위망을 뚫고 초원 깊은 곳으로 달려갔다.

말떼가 언덕 뒤로 사라진 뒤에 운등은 고개를 돌렸다. 근 반 리에 이르는 사방 평탄한 풀밭에서 말떼가 이리저리 달렸던 초원에는 이미 말발굽이 가득했다.

아버지 묘는 이미 보이지 않았다. 한 유목인이 이런 방식으로 마지막으로 초원에 녹아들었다.

샤오바트르의 진정한 이름은 아내 울란과 아들 운등이 기억하였다. 후허타라呼和塔拉.

녹색 초원이라는 뜻이다.

유목인 후허타라는 자신의 어머니가 자신에게 해주었던 말을 기억한다. 그가 태어날 때는 목초가 막 자라기 시작하던 때였다. 그가 세상을 떠날 때는 바로 목초가 황금색이던 계절이었다.

첫눈이 내리고 나서 운등과 울란은 겨울 캠프로 옮겨갔다.

●

노몬한 전쟁

하라하허哈拉哈河 전투라고도 한다. 1939년 제2차 세계대전 당시 일본과 소련이 극동(중국 내몽골 신바르구 좌기에 닿아 있는 몽골국경 안의 노몬한 지역)에서 벌인 전쟁이다. 교전 쌍방은 소련과 몽골 부대가 한편이었고, 일본군과 만주 몽골군이 한편이었다. 전쟁은 일본 관동군의 패배로 끝이 났다. 전쟁 중에 중국에 침략한 일본군은 세균전을 벌여 작전구역에 장티푸스, 콜레라, 반진 장티푸스 병균을 퍼뜨렸다.

20
다시 경기장으로

 혈구는 1947년 봄에 군마로 징발되어 내몽골 기병 제1사단에 편입되었다. 나중에 랴오선遼沈 전투에 참가하였고, 헤이산黑山 전투에서 어깨에 가벼운 부상을 당했다. 후에 남다른 모습으로 인해 1949년 10월 1일 중화인민공화국 경축식에서 기병부대의 열병 대열에 뽑혔다.

 역사적으로 톈안문 광장에서 처음으로 통과한 기병이었다.

 열병에 참가한 열병부대는 모두 군마 1,920마리로서, 6개 종대로 편성되어 여섯 말의 말이 나란히 행진하는 대열이었다. 또 말의 색에 따라 '붉은 말' '흰 말' '검은 말' 등으로 나누어 구성되었다. 혈구는 '붉은 말' 제1열 가장 우측에 위치하였다.

 건국 경축식에 참가한 뒤에 혈구는 화베이 군구 군마장으로 돌아온 지 얼마 지나지 않아 다시 초원으로 도망쳐 왔다.

운둥이 마지막으로 혈구를 타고 대회에 출전한 것은 1952년 8월이었다. 중국 인민해방군 건군 25주년으로, 베이징에서 거행된 제1회 전군 체육대회였다. 이는 신중국 수립 이후 최초의 전국적 경주대회였다.

혈구는 모든 참가 말 가운데 가장 고령 말이었다. 하지만 오전과 오후 각각 5천 미터와 2만 미터 경기에 참가하였다. 당시 경주마라 하더라도 이처럼 빡빡한 경기에 참가하기는 어려웠다.

오전에 비가 그친 뒤에 개었고, 5천 미터 경기가 먼저 시작되었다. 대회에 참가한 말들 중에는 해방전쟁 과정에서 노획한 순혈마와 다른 혈통의 말이 적지 않았고, 그 말들은 크고 준수했으며 털도 빛이 나서 아직 스타팅 박스에 들어가기도 전에 경기장에 있는 관중들의 열정과 소란스러움에 물드는 것 같았다. 말들은 정신을 가다듬으면서 크게 히힝 소리를 냈고, 고삐를 당기면 언제라도 총알처럼 튀어나가 그 폭발하는 활력을 보여주려 했다. 아직 경기가 시작되기도 전에 그 기세로 기선을 제압하려 했다.

경기가 시작되기 전에 관중들은 이 붉은색 몽고말을 주목할 수밖에 없었다. 그 말이 관중들의 주목을 끈 것은 어떤 특출난 점이 있어서가 아니었다. 반대로 그 말은 경기장의 흙처럼 그 잘난 말들과 비교가 되어 거의 정신이 나가 있었다.

사람들은 이 말의 나이를 판단할 수 없었다. 하지만 까맣고 광택이 없는 털색으로 보아 이 말의 나이가 이미 많고, 대회에 참가한 말과 비교해 보자면 너무 늙었다고 보았다. 분명 그 말은 피로한 모습으로 서 있었다. 마치 오랜 여정에 모든 힘을 소진한 모습이었다. 갈기와 꼬리가 잘 다듬어지고 털도 빛이 날 정도로 씻겨진 준마와 비교해서 그 말의 털에는 먼지가 묻어 있었고, 갈기와 꼬리는 잘 다듬어져 있지 않았다. 게다가 너무 길어서 성가시게 보이기까지 했다. 달릴 때 방해가 될 꼬리와 갈기에 대해 겨우 한 조치라고는 붉은색 헝겊으로 묶은 것이었다. 마찬가지로 머리에도 똑같은 붉은색 헝겊으로 묶어 위로 땋았다. 이 관중들은 이렇게 치장을 하고 벌이는 말 경주를 본 적이 없어서 약간은 익살맞다는 느낌을 받았다.

이 붉은색 말은 조용히 서 있었다. 다른 준마들처럼 불안하게 콧소리를 내지도 않았고, 발을 구르면서 경기장에 들어서려는 다급함도 없었다. 혈구는 묵묵히 주변에 있는 적수 말들의 모습을 무시하였다. 혈구는 이 모든 것들에 대해 흥미가 없어 보였다. 관중들의 환호성 소리에도 무덤덤했다.

하지만 관중들의 눈길은 붉은 말 옆에 있는 깡마른 몽골족 소년에게로 잠시 머물렀다. 그 소년은 흰색을 띠는 녹색 몽골 두루마기를 걸치고 있었고, 머리에는 붉은색 두건을 두르고 있었다. 몸에서는 관중들이 본 적이 없던 아득한 분위기를 띠고 있었다.

경기장의 고음 나팔이 울리기 시작하고 경기에 참가하는 기수의 이름이 발표되었고, 어떤 경주마는 기수의 사인에 일어서서 당당하게 앞발을 내딛었다. 관중들은 이 기수와 경주마의 재빠른 행동에 우레와 같은 박수와 환호성을 보냈다.

하지만 나이 든 말과 이 소년은 주변의 즐거운 모든 것들과 어울리지 않았다. 그들은 침묵하였고, 주변을 돌아보지 않은 채 한 쪽에 서서 스타팅 박스로 들어가라는 명령을 기다리고 있었다.

그 소년은 조용히 자신의 경주마 옆에 서 있었다. 그 말은 시종일관 고개를 숙이고 있었고, 어쩌다가 입술로 가볍게 소년의 소매를 건드렸다. 오랜 소개가 끝이 나고 그 소년이 말에 오르자 관중들은 깜짝 놀랐다. 소년이 타고 있는 붉은 말에는 안장이 없었던 것이다. 불가사의한 일이었다. 진작에 붉은 말 등이 비어 있는 것을 봤는데, 관중들은 기수가 경기가 시작되면 안장을 말에게 얹어 줄 것이라고 생각했었다. 그들은 그제서야 이 소년이 안장 없이 말을 탈 생각이라는 것을 알았다. 소년은 자신의 붉은 말을 타고 스타팅 박스에 들어갔다.

총소리와 함께 기수들은 자신들의 말을 몰고 스타팅 박스를 뛰쳐나갔다. 초반에 모든 기수들은 자신의 경주마를 몰고 혼란 속에서 각자의 위치를 찾았다. 처음에 붉은 말을 탄 소년은 우세를 보이지 못하고 말들 사이에 있었다. 100미터를 달려나가고 나서 소년을 태운 붉은 말은 대열의 중간 쯤에서 달렸다. 하지만 첫 번째 코너를 돌고 나서 앞에는 평탄한 직선 코스가 펼쳐졌다. 모든 경주마들 사이에서 거리를 벌리기 시작했다. 혈구는 붉은색 화살처럼 주변에 있는 말들을 젖혔고, 말떼로부터 두각을 나타냈다.

관중석에서는 놀라움의 탄식 소리가 터져나왔고, 이어서 정적이 흘렀다. 이것은 절대 그들이 방금 출발점에서 보았던 별볼 일 없는 늙은 말이 아니었다. 그제야 관중들은 달리는 것이 무엇인지를 깨달았고, 아름다운 그 준마들은 도저히 혈구처럼 넓은 보폭으로 달리지 못하고 앞발을 넘을 때마다 몸을 최대한으로 뻗어 순간적으로 뱃가죽이 거의 땅에 닿는 느낌을 사람들이 느끼게 하였다. 달리는 것은 이 붉은색 준마에게는 갑자기 호흡처럼 마음대로 할 수 있는 것이었고, 일상적인 습관이었으며 생명의 본능이었다. 혈구는 단지 자신을 이 배경 속에 녹여낸 것이었다. 혈구는 경기를 하는 것이 아니었고, 자신의 과거 생활을 회상하는 듯 했다. 그리고 혈구의 다듬지 않은 갈기가 바람에 펄럭이는 것은 마치 중후한 검은색 기치와도 같았다.

그 소년의 손에는 채찍이 없었다. 다만 아래로 늘어진 두 다리가 말의 배 부분을 차고 있었고, 결승선이 다가오자 그 소년은 날카로운 휘슬 소리를 냈고, 붉은색 말은 가장 먼저 결승선을 통과하였다. 그날 5천 미터 대회 후에 사람들은 붉은 두건을 두르고 녹색 두루마기를 입은 소년을 기억하였다. 또 그가 타고 있던 붉은색 늙은 말을 함께 기억하였다.

시끌벅적한 경기장에서 사람들은 공중의 고음 확성기에서 흐릿하게 들리는 방송에서 그 붉은색 준마와 기수가 화베이 군구를 대표하여 대회에 참가했다는 것과 그들이 후룬베이얼에서 왔으며 기수의 이름이 운둥이라는 것을 들었다.

오후에 소년은 또 붉은색 말을 타고 2만 미터 경기에서 압도적인 실력으로 우승을 차지했다. 소년이 붉은 말을 타고 결승선을 통과하던 그 순간 모든 관중들은 미친듯이 날뛰었다. 그 때 다른 경주마들은 경기장의 마지막 코너를 돌고 있었다.

그것은 혈구가 마지막으로 후룬베이얼 초원을 떠난 때였다. 그 해 혈구 나이 16세였다.

●

화베이 군구軍區 군지軍志에 말을 잃어버린 기록이 있다. "…군마 여섯 마리를 잃어버려 처분을 받았고, 그 중에는 천안문 광장 열병에 참가했던 붉은색 말 한 마리가 있었다…"

〈중국 인민해방군 내몽골 군구 기병 제1사단 역사편년표(하)〉

21
여우 쫓기

새벽에 운둥이 아침차를 다 마신 후에 게르에서 나와 자기 말에 안장을 얹었다. 혈구는 목초지에서 뛰어 와서 캠프로 달려갔다.

혈구는 콧소리를 내면서 운둥 곁으로 달려갔고, 다시 앞으로 십여 걸음 달려가 몸을 바로 세웠다.

이런 오래간만의 활력은 운둥은 이미 혈구에게서 본 적이 거의 없었다. 혈구는 게르의 시야 범위 안에 있는 목초지에서 조용히 풀을 뜯고 그 후에 자신의 늙고 상처 많아 보이는 털에 바람을 맞으면서 서 있는 경우가 많았다.

뭔가가 혈구의 주의를 끄는 것이 있음에 틀림없었다. 운둥은 혈구가 달려간 방향을 바라보았다. 하지만 그 곳에는 널리 펼쳐진 초원만 있었고, 어떤 특별한 것은 없었다.

하지만 혈구가 보여주는 모습은 이유가 있었다. 어릴 때 운등은 혈구를 타고 늑대 계곡에 들어갔을 때 말의 감지력이 인간보다 더 강하다는 것을 깨우친 적이 있었다.

그는 다시 목초지를 바라보았다. 드넓은 평지에서는 아무 것도 숨겨놓을 수가 없다. 하지만 자세히 보니 미세하게 움직이는 것이 있는 것 같았다. 게다가 캠프에서 1~2백미터 떨어진 곳에는 무성하게 자라난 수염풀이 있었다.

방목하러 갈 시간이 되었다. 양떼는 이미 불안하게 움직이기 시작했다. 하지만 혈구는 여전히 운등 옆에서 가볍게 발을 구르면서 콧소리를 냈다.

어떻든지 운등은 혈구를 실망시킬 수는 없었다. 그는 달구지에서 곤하게 자고 있는 양치기 개를 향해 소리를 질렀다. 양치기 개들은 그 소리를 듣고 일어나서 운등이 가리키는 방향을 향해 뛰어갔다. 그 개들은 자신의 주인을 믿었다.

개들은 전방을 향해 크게 짖어댔다. 하지만 전방에는 주목할 만한 것이 아무 것도 없었다. 개들은 자신들이 어리석게 컹컹대는 행동에 대해 의심을 품었다. 그래서인지 개들이 짖는 소리는 주저하는 모습을 보였고, 달리는 속도도 느려졌다.

그러면서 그 개들은 그 순간 수염풀에 다가갔다.

그 여우는 평범하기 이를데 없는 수염풀 뒷편에서 튀어나와서 뒤돌아서 뒤편 초원 깊은 곳으로 도망쳤다.

아마도 야밤에 걷느라 피곤했던 여우였는지, 배가 고픈 상태에서 인간의 캠프에서 나는 음식 냄새에 끌려서 먹을 것으로 배를 채우려 했지만 캠프에서 사나운 양치기 개 두 마리가 있는 것을 보고 접근하지 못한 채 그 곳에 몰래 숨어 기회를 엿보고 있었던 듯 했다.

이 때 양치기 개들은 자신들 지척에 있던 여우를 발견하지 못한 것을 뒤늦게야 깨닫고 전력을 다해 뒤쫓기 시작했다.

하지만 양치기 개의 체형은 크고 무거워서 결국 여우의 적수가 되지는 못했다. 붉은색 여우는 발톱으로 목초지를 가볍게 딛고 몸에 날개를 단 것처럼 초원에서 멀리 달아났다. 양치기 개들은 이미 성년이 되어 살기 위해 달리는 들짐승과 힘을 겨루는 것은 쓸모없는 짓이라는 걸 알았다. 그래서 그 개들은 여우의 뒷모습을 바라보면서 컹컹 짖기만 하고 그것을 자신의 책임을 다 한 것으로 여기면서 캠프로 돌아와 계속 잠을 잤다.

그 여우가 멀리 도망치지 않은 상태에서 양치기 개가 따라잡지 못하고 목초지에 엎드려 이 쪽을 바라보았다. 분명 그 여우도 이 양치기 개들을 마음에 두지 않은 것 같았다. 여우는 편안하게 쪼그려 앉았다. 뜻밖에 어떤 도발의 의미를 띠고 있었다.

초원의 유목인들에게 여우는 어떤 해가 되지는 않았다.

그런데 혈구는 콧소리를 크게 내면서 고개를 숙이고 운둥의 소매를 물었다. 운둥은 알고 있었다. 혈구는 이런 식으로 그를 재촉하는 것이었다. 그에게 자신을 타고 그 여우를 쫓아가자는 것이었다. 그는 자신도 모르게 미소를 지었다. 혈구는 이미 이런 데 흥미를 보이는 것이 드물었다. 그가 혈구를 탄 지 몇 년 동안에 그는 여전히 어렸고, 시야에 뭐가 나타나든 그는 혈구를 타고 쫓았었다. 여우, 늑대, 황양, 노루, 야생토끼 등 그는 놓아준 적이 없었다. 혈구는 그를 타고 마음껏 달렸고, 쫓기는 짐승과 나란히 달릴 때 그는 안장주머니에서 무기를 꺼내 짐승의 머리를 박살냈던 것이다. 그 때 운등은 초원에 모습을 보이는 모든 살아있는 생물은 자신이 추격하는 사냥감으로 생각했다. 어느 봄날 그가 바짝 마른 조그만 야생 토끼를 때려죽인 뒤에 그것을 갖고 캠프로 돌아왔을 때 울란은 운등을 데리고 그 조그만 것을 갖고 캠프에서 멀지 않은 곳에 갖다 놓았다. 캠프로 돌아왔을 때 울란은 운등에게 바르구 유목인은 육식이 부족할 때에 사냥을 하고 사냥에서는 필요한 것만 잡지 함부로 사냥하지는 않는다고 말했다. 이런 계절에 이 야생토끼는 살이 없고, 털도 쓸모가 없으며, 가장 중요한 것은 너무 작다는 것이었다. 그 이후로 캠프에 고기가 없어서 어쩔 수 없이 황양을 죽이는 것 이외에는 운등은 다시는 말을 몰아 초원의 야생 짐승을 뒤쫓지 않게 되었다.

  그리고 이때 멀지 않은 곳에 웅크리고 있던 여우가 운등 곁으로 다시 돌아왔다. 운등은 생각할 겨를도 없이 혈구의 등에 올라탔다.

　이어지는 모든 것은 여러 해 동안 무수히 많이 달렸던 것을 되살아나게 했다. 혈구는 여전히 허리를 쭉 펴고 순식간에 총알처럼 속도를 냈다. 그런데 혈구가 최대한으로 몸을 폈을 때 그의 요추와 다리 관절이 예전처럼 부드럽고 매끄럽지 않았다. 안장으로 격리되지 않아 혈구의 등에 타고 있던 운등은 빠른 속도로 달릴 때 관절이 삐그덕거리면서 마찰하는 것이 느껴졌다. 혈구의 숨소리도 예전처럼 고르고 시원하지 않았다. 운등은 혈구가 심하게 호흡할 때 폐가 불규칙하게 뛰는 것을 느낄 수 있었다. 혈구를 타고 있던 운등은 예전처럼 그렇게 편안한 느낌을 가질 수 없었다. 혈구는 말랐고, 그 뼈는 밖으로 돌출되었으며 그를 아프게 했다.

　노쇠함은 영원히 거역할 수 없는 과정이었다. 혈구가 젊은 시절과 같은 속도를 얻기 원한다면 더 많은 노력을 들여야 했다.

　하지만 혈구는 여전히 빠르게 달렸다. 조금 마른 것은 빠르게 달리는 그의 속도에 날렵함을 더해 주는 것 같았다.

　이렇게 빠른 속도로 달려오는 말을 마주 대하고 원래 자신감 넘치던 그 여우는 농담식 질주가 아니라는 것을 알았다. 여우는 돌아서서 내달렸다. 거대하고 가볍게 날리는 꼬리는 도와주는 것처럼 뒤에서 날렸고, 그 말은 너무 빨리 뛰어서 마치 질감을 띤 공기를 관통하는 것 같았다. 혈구가 몇 발 내딛자 그 발톱이

딛는 지면은 먼지가 일어나기 시작했다.

여우의 속도가 빠르기는 했지만 그의 뒤를 쫓는 혈구는 빠르게 거리를 좁혔다. 여우는 갈수록 가까워지는 말굽 소리를 듣고 공포를 느꼈다. 하지만 여우는 되돌아볼 염두가 나지 않았다. 왜냐하면 되돌아보면 자신의 발걸음이 꼬여 속도가 줄어들기 때문이었다. 이 조그만 짐승은 이렇게 당황스러워 하면서 뛰어본 적이 없었다. 여우는 이미 자신이 방금 했던 방심과 자신감에 대가를 치루고 있다고 생각했다. 만약 여우가 이 캠프에 가까이 접근하지 않았거나 양치기 개에게 발견되는 순간 쉬지 않고 도망쳤다면 아마도 기회가 있었을 수도 있었다. 하지만 지금은 모든 것이 늦어져 버리고 말았다.

여우는 급박하고 튼튼한 발굽 소리가 가까이 들려왔음을 느꼈다. 마침내 그 준마가 기수를 태운 그림자가 그의 몸을 덮었다. 여우는 이 말이 이미 자신을 따라잡았다는 것을 알았다.

절망적으로 고개를 돌려 필사적으로 물려고 할 때 여우는 자신이 이미 공중에 떠 있는 것을 알았다.

운등은 혈구가 여우와 어깨를 나란히 하고 달릴 때 직접 몸을 굽혀 여우의 뒷다리를 잡아올렸다.

그는 왼손으로 가볍게 혈구의 어깨를 쳤다. 속도를 늦추라는 신호였다. 오른쪽 팔은 최대한 뻗어 필사적으로 몸부림치는 여우가 혈구와 자신을 물지 못하도록 거꾸로 매달았다.

손에 든 여우의 몸무게는 운등이 상상하는 것보다 훨씬 가벼웠다. 이 때 여우도 공포스럽게 몸부림쳤기 때문에 자신의 털이 엉망이 되어 그 위에 벗겨진 후 떨어져 나간 죽은 털들이 있고, 몸에 반점이 있어서 그렇게 빛나고 멋져 보이지는 않았다.

지금은 털 달린 짐승을 사냥하는 계절이 아니었다. 게다가 이 여우는 새끼였다. 이 때 운등은 어머니 울란의 가르침을 떠올렸다. 그는 가볍게 손을 풀었다.

땅에 떨어진 여우는 땅 위에서 아무 소리 없이 쓰러져 있었다.

운등은 약삭빠른 이 조그만 짐승이 잔꾀를 부린다고 생각하고 혈구를 몰아 그것을 밟으려고 하였다. 이 조그만 짐승도 더 이상 꾀를 부리지 않고 벌떡 일어나서 미끄러지듯이 도망쳤다.

여우는 멀리 달아나다가 돌아보았다. 자신의 운을 믿지 않는 눈치였다. 운등이 말에서 내려 재차 혈구의 목을 가볍게 두드렸다. 자신을 따라 천천히 캠프로 돌아오라는 뜻이었다. 미친 듯 달린 말은 잠시 산책을 시켜야 했다.

고개를 돌려보고 운등은 사실 자신들이 꽤 멀리 달려왔다는 것을 알게 되었다. 당시 게르는 이미 지평선에서 보잘것 없는 백색 점이 되어 있었다. 운등은 자신도 모르게 쓴웃음을 지었다. 분명히 그와 혈구는 한동안 가야 캠프로 돌아갈 수 있었다. 이 거리는 막 미친 듯이 달렸던 혈구를 잘 산책시키기에 충분한 거리였다.

그 해 혈구 나이는 열일곱 살이었다.

운등이 초가을에 베이징에서 집이 있는 초원의 캠프로 돌아왔다. 울란은 먼 길에서 돌아온 아들을 위해 고기를 삶았다.

고기가 익자 울란은 양의 가슴살을 운등 앞에 내놓았다. 양의 몸 가운데 가장 살진 부분으로서 양이 누워 있을 때 땅에 붙는 부위다. 유목인들은 그 부위가 양이 땅을 그리워하기 때문이라고들 말한다.

어머니는 먼 길에서 돌아온 아들을 위해 살진 양가슴살을 주었다.

운등이 마파람에 게눈 감추듯 먹을 때 울란은 한쪽에 앉아서 자신의 아들을 바라보았다.

그 해 늦가을에 운등의 어머니 울란도 병으로 갑자기 세상을 떠났다.

울란은 바르구 초원에서 태어났다. 그 부락은 옛날 홍지라 부락의 소재지로서, 징기스칸이 이 초원에서 아내 패아체孛兒帖를 맞았다. 그 초원은 미녀가 많이 태어나는 것으로 유명하다.

●

홍지라弘吉剌 부락은 12세기 전후 몽골 고원에서 비교적 큰 유목 부락 가운데 하나로서, 지금의 후룬베이얼 초원 얼구나강, 후룬호,

베이얼호 일대에서 유목하였다. 이 부락은 미녀가 많이 태어나는 것으로 유명해서 몽골 부락의 남성들은 홍지라 부락의 미녀에게 장가가는 것을 영광으로 생각한다.

22
저 높은 구름 위에

운등이 마지막으로 혈구에 탄 것은 여우를 쫓던 이듬해 봄이었다. 그 해 봄에 운등의 캠프는 후허누얼 호수가에 있었다.

당시 날씨가 따스해지기 시작하면서 푸른 풀이 새싹을 틔웠고, 겨울 내내 바짝 말랐던 양들은 운등이 찾아낸 남향 언덕 위에서 탐스럽게 푸른 풀들을 뜯고 있었다.

오랜 겨울을 지나면서 양들은 이미 껍데기만 남은 것처럼 말랐다. 하루 종일 목초를 뜯으면서도 여전히 굶주린 배를 채우지 못한 듯 했다. 운등은 양떼를 몰아 되돌아 올 때 양은 무리에서 벗어나 뒤에서 풀을 뜯곤 했다.

운등은 차마 이 굶주린 양을 급박하게 몰지 못했다. 양떼의 뒤로 돌아가 몰면서 천천히 걷도록 했다.

점점 시야에 캠프가 나타났다. 어둡고 회색을 띠는 백색 게르가 바로 끝없는 초원에 있는 유목인의 집이었다. 울란이 세상을 뜨고 나서부터 매일 황혼 무렵이 되어 양떼를 몰고 올 때가 되면 운등은 더 이상 그 어떤 기대도 하지 않았다. 게르에는 더 이상 밥 짓는 연기가 피어오르지 않았고, 캠프 안에는 그를 기다려 주는 사람도 없었다.

멀리서 운등은 혈구가 머리를 숙이고 게르 옆에 서 있는 것이 보였다.

여우를 뒤쫓던 때 이후로 운등은 혈구를 타지 않았다. 혈구도 말떼를 뒤따르지 않고 매일 캠프 부근에서 어슬렁거렸다. 가장 추운 겨울에 운등은 혈구를 위해 달구지 옆에 목초 더미를 쌓아서 혈구가 먹도록 해주었다.

이런 별도의 돌봄도 놀랄만하게 혈구가 빠르게 수척해지는 것을 막을 수는 없었다. 겨울 가장 추운 그 며칠동안 운등은 혈구가 이 겨울을 나지 못할 것이라고 절망적으로 생각했다.

혈구는 너무 수척해졌다. 모든 뼈가 다 튀어나올 정도로 수척해졌다.

한때 운등은 혈구가 여전히 경기에 출전할 수 있다면 혈구는 특별한 조련 과정을 거쳐 얻은 가장 완벽한 상태를 보여 지방은 사라지고 뼈는 근육 속에 아른거리며 먼 산지의 숲을 통과하는 능선처럼 보일 거라고 생각했다. 그러나 이런 수척함은 끝이 없는 것 같았다. 혈구는 천천히 모든 지방을 다 소진하고, 그 다음에 조금씩 사라지는 것은 근육이었다. 마침내 그 몸의 뼈가 척박한 야산에 우뚝 솟은 산의 바위처럼 선명하게 드러났다. 뼈가 점점 뚜렷하게 나타나면서 그것은 혈구의 생명력이 점점 희미해지는 과정이기도 했다. 혈구는 마치 조각상이나 바위처럼 무정하고 평온하게 서 있었다.

겨울에 아침마다 운등은 일어나서 커텐을 걷고 게르 밖으로 나왔다. 이 초원에서 여러 해를 살면서 여러 차례 추운 겨울을 나긴 했지만, 얼굴로 불어오는 한기로 운등은 쉴새 없이 기침을 했다. 매우 추운 겨울 밤을 나고 있었고, 그는 혈구가 이 추위를 견뎌낼 수 있을 지 알 수 없었다.

게르가 바람을 등진 쪽에서 혈구가 머리를 숙이고 서 있었다. 혈구의 몸에는 서리가 많이 내려 앉아 은색 말이 되어 있었다.

운등은 그곳에 서서 함부로 움직이지 못했다. 그는 자신의 동작 하나가 어떤 암시적인 색채를 띤 가능성, 즉 혈구가 이미 딱딱하게 얼어버렸다는 가능성에 놀랄까봐 두려워하는 듯 했다.

마침내 그는 혈구가 콧김이 하얗게 나오는 것을 보았다. 그는 한숨 돌리면서 가볍게 혈구를 불렀다.

몇 번 숨을 쉬고 나서 혈구의 머리는 그제서야 조금씩 움직였다. 그리고 몸의 경미한 변화에 따라 몸에 붙은 서리와 얼음조각들도 마찰 소리를 내면서 떨어졌다. 혈구는 서서히 고개를 들었다. 눈썹에도 서리가 내려 있었고, 눈을 깜빡일 때 흰색 나방

들이 날개를 움직이는 것 같았다.

운등은 혈구를 위해 몸에 붙은 서리와 얼음을 솔로 세심하게 털어주었다. 이후에 건초 한 묶음을 혈구 앞에 놓아 주었다. 그 해 겨울에 그가 매일 아침 잠자리에서 일어나 제일 처음 한 일이었다.

다행히도 겨울이 그렇게 지나갔다.

눈과 얼음이 녹으면서 대지는 촉촉해졌고, 초원에는 밤새도록 밤하늘에서 북방으로 되돌아가는 철새들이 지저귀는 소리를 들을 수 있었다.

혈구는 운등이 돌아오기를 기다리는 듯 했다.

운등이 호숫가에서 양떼에게 물을 먹게 한 뒤에 캠프로 돌아와 올가미 막대를 게르에 기대어 놓고 게르에 들어가 밀크티를 마실 준비를 했다.

혈구 곁을 지나면서 가볍게 목을 두드려 주었다. 그가 게르 커텐을 걷고 게르로 들어가자 혈구가 갑자기 소리를 냈다.

혈구는 바짝 말라 뼈가 이미 드러나 있었다. 털색도 까맣게 변했고, 진흙같은 암회색을 띠고 있었으며 원래의 반짝임도 없어졌다. 다듬어지지 않은 갈기와 긴 꼬리가 당시의 혈구 기세를 말해주고 있었다.

혈구는 가볍게 머리를 흔들었고 앞발로 땅을 구르고 있었다.

운등은 혈구가 뭘 하려는지를 몰랐다. 하지만 어렸을 적에 혈구가 자신을 향해 부탁할 때 내는 소리가 분명했다.

당시 혈구는 이렇게 운등에게 자신과 함께 놀아달라고 했었다.

잠시 후에 혈구는 운등 곁에서 서서히 맴돌기 시작했다. 그것은 부탁이었다. 자신의 등에 타 달라는.

운등은 혈구에게 안장을 얹을 생각이 전혀 없었다. 혈구는 너무 말라서 등뼈가 다 드러나 안장을 감당할 수가 없었다. 그래서 그는 가볍게 혈구의 등에 올랐다.

혈구의 풍만했던 허리는 더 이상 없었다. 운등은 자신이 딱딱한 나뭇가지에 앉은 것처럼 느껴졌다.

이 순간 혈구는 예전 모습으로 돌아갔다. 혈구는 속도를 내어 달리기 시작했다. 그러나 하마터면 넘어질 뻔 했다. 등에 타고 있는 운등의 체중을 더 이상 감당할 수 없었다. 하지만 운등이 뛰어내리려 하자 혈구는 자신의 조금 빨라진 발걸음으로 앞으로 전진하려는 결심을 나타냈다.

이렇게 해서 혈구는 운등을 태우고 캠프 남쪽의 높은 언덕으로 뛰어갔다. 반쯤 올라갔을 때 혈구의 발굽이 약간 흐트러졌지만 결국 조정되었다. 마침내 언덕 꼭대기에 올랐고, 혈구는 우뚝 서서 움직이지 않았다.

언덕 아래에는 후룬베이얼 초원에 가로놓인 후허누얼 호수가 있었다. 매우 커다란 호수로, 호수에는 백조들이 살고 있다.

샤오바트르와 울란이 살아 있을 때 호수의 건너편에 그들은 양떼를 이끌고 그곳에 가서 캠프를 꾸렸었다. 운등은 그 초목지에서 혈구를 타고 황양을 뒤쫓았었다.

운등은 천천히 혈구의 등에서 미끄러지듯이 내렸다. 그의 동작은 가볍고 느렸다. 혈구에게 큰 압력을 주는 것이 두려워서였다.

혈구는 눈을 감고 바람이 소근거리는 소리를 경청하고 있는 듯 했다.

운등은 혈구를 처음 만났을 당시 모습을 떠올렸다. 당시 혈구는 너무 허약했다. 그의 손에 들린 소뿔에서 젖을 먹을 때에 이렇게 눈을 감고 있었다.

따스한 바람이 드넓은 수면에 불어왔다. 혈구는 바람을 맞으며 서 있었다.

혈구는 그렇게 서 있었다. 운등이 천천히 언덕을 내려왔고, 그 사이에 한번씩 고개를 돌려 바라보았다. 혈구가 발을 구르면서 미세하게 조정하는 것을 보았다. 자신의 머리를 바람이 부는 방향으로 향하게 하면서 자신의 몸에 바람이 불도록 했다. 또 혈구의 모든 털 사이로 불도록 했다. 완전히 지쳐버리고 무거운 혈구의 몸은 바람 속에서 나긋나긋하게 변한 것 같았다.

예닐곱 살 무렵이 혈구로서는 생명의 절정기였다. 혈구가 이런 바람을 느낀 것은 당시로서는 매우 빨리 달렸고, 바람 속에서 혈구는 바람에 비해 더 빨리 달리곤 했었다.

바람이 혈구 몸에 있던 먼지를 털어냈고, 서서히 혈구의 말라버린 갈기와 긴 꼬리를 가지런히 했다. 혈구는 바람의 일부분이 되었다. 자신의 몸을 바람 속으로 녹아 들어가게 한 것이다.

운등이 게르로 들어가기 전에 마지막으로 돌아보았다. 혈구가 그 곳에 수척한 모습으로 서 있었고, 갈기와 꼬리가 바람 속에 흔들리고 있었다. 운등은 바람이 혈구의 힘을 뽑아내고 있었고, 서서히 그리고 단호하게 혈구를 데리고 간다고 믿었다.

이튿날 아침, 운등이 게르를 나올 무렵에 혈구는 아직 그 언덕 위에 서 있었다. 밤새도록 움직이지 않은 듯 했고, 머리만 조금 숙여져 있었다.

운등은 아침 차를 마시고 나서 게르에서 나와 높은 언덕을 바라보았다. 이 때 바람이 불었다. 바람이 부는 가운데 혈구가 흔들거리면서 쓰러지려 했다. 하지만 혈구는 애써 서 있었다. 나중에 몸의 힘이 더 이상 지탱할 수 없게 되었는지, 혈구의 머리는 너무 무거워졌고, 서서히 앞으로 기울었다. 혈구의 입술이 땅에 닿았다. 땅과의 마지막 입맞춤이었다.

운등은 양떼를 몰고 새로운 목초지로 데리고 왔다. 높은 언덕을 넘어서서 고개를 돌려 보니 혈구가 입을 땅에 댄 자세로 굳어 있었다. 네 발 외에 혈구는 새로운 지탱점을 찾은 듯 했다. 황혼 무렵에 운등은 양떼를 몰고 일찌감치 돌아왔다. 멀리서 혈구가 아직 그 자리에 있는 것이 보였다. 아직도 아침에 그 모습을 유지하고 있었다.

그는 말을 타고 언덕으로 달려갔다. 꼭대기에 도착해서 말에서 내려 천천히 혈구에게 다가갔다. 혈구의 자세는 매우 이상했다. 그 자세는 마치 일어서려는 것 같기도 했고, 언제든지 넘어질 것 같기도 했다. 혈구의 머리는 숙인 채였고, 네 다리는 벌어져 있었다. 자신의 입으로 땅을 지탱하고 있었고, 네 다리와 다섯 개 갈라지는 점을 형성하면서 혈구를 지탱한 채로 그 자리에 응고되어 있었다.

혈구의 갈비뼈는 훤하게 보였다. 모든 뼈마디가 이렇게 뚜렷하게 보이는 것은 그것이 하나의 골격으로 지탱되는 가죽 주머니에 불과했다. 하지만 강인한 뼈대가 혈구가 광활한 중국 대지를 내달려 후룬베이얼 초원으로 되돌아올 수 있도록 지탱한 것이었다.

그 순간 운등은 혈구가 이미 그 자리에 없다는 것을 알았다. 바람이 불자 혈구의 영혼은 이미 바람을 타고 날아갔다. 하지만 어떤 힘이 혈구를 지탱하고 있었고, 혈구를 그렇게 서 있도록 해준 것이었다.

운등은 혈구 옆에서 오랜 동안 서 있었다. 눈에서 떨어진 눈물이 눈부신 빛을 초원에 뿌렸고 서서히 빛은 진하게 변해갔다.

그제야 운등은 꽁꽁 얼어붙은 자신의 손을 혈구의 몸에 댔다.

그러자 혈구는 가볍게 넘어지면서 풀밭 위에 쓰러져서 거의 아무런 소리도 내지 못했다.

이 초원에서 혈구는 무패의 전적으로 다르겐 나라의 칭호를 받았다. 준마에게 있어서 그것은 최고이자 영원한 영광이었다. 후룬베이얼 초원에서는 그런 영예를 향유한 준마는 더 이상 없었다.

운등은 이때 혈구가 정말 떠났다고 믿었다.

혈구가 쓰러진 그 순간 후허누얼 호수에서 쉬고 있던 한 무리의 백조가 갑자기 뭐에 놀란 것처럼 고음으로 소리를 지르며 울었다. 그리고 나서 날개를 퍼득이면서 호수 위를 날았다.

백조들은 후허누얼 호수 주변을 선회하다가 천천히 날아올랐다. 잠시 후에 혈구가 서 있는 언덕 위로 날아갔다. 운등은 고개를 들고 바라보았다. 그 백조들은 모두 열세 마리였다. 그 백조들은 크고 힘이 넘쳤다. 하얀 날개는 햇빛 아래에서 투명하게 보였다.

백조들은 대열을 형성하면서 북방으로 날아갔다. 백조들은 중앙 아시아의 넓디 넓은 대륙과 초원을 넘고, 맑고 깨끗한 호수와 끝없는 타이거 삼림을 넘어 고향 시베리아로 돌아가는 마지막 여정을 완수하였다.

이 때 석양은 이미 지평선으로 지고 있었다. 멀리 떠난 백조들은 하늘 끝 노을빛 속으로 사라져 갔다.

운등은 자신의 날아오르는 혼백과 함께 혈구가 이미 백조를 따라 멀리 떠났다고 믿었다.

쓰러진 혈구는 언덕 위에서 여름을 지냈다. 매일 아침에 방목을 떠나기 전과 돌아올 때 운등은 그곳을 한 번 바라보았다. 초원에 차가운 서리가 내리기 시작하던 쌀쌀한 아침에 운등은 여장을 갖춘 채 방목에 이용하는 황표마黃驃馬에 꽃무늬가 새겨진 은안장을 얹은 다음 그것을 타고 그 언덕으로 날듯이 달려갔다. 여름과 가을 내내 운등은 아침과 황혼 무렵에 멀리 그곳을 바라보곤 했었다. 처음에 그곳은 초원에서 빛나는 붉은색이었다. 나중에는 그 색이 점점 어두워다가 다시 깨끗한 백색이 그곳에서 넘실댔다.

혈구는 이미 목초지로 녹아들었다. 남아있는 뼈와 갈기 같은 것들은 쉽게 부패되지 않는 것들이다. 하지만 그 거대한 가슴은 여전히 틀이 흩어지지 않았고, 여전히 그곳에 우뚝 서 있었다.

운등은 황표마에서 내려 그 말을 끌고 다가갔다. 황표마는 거부의 의미로 콧소리를 내면서 순순히 따르지 않았다. 운등은 그 말이 친구의 유골을 보고 약간 긴장했다고 생각하고 크게 개의치 않았다. 또 억지로 끌고 가지도 않았다.

운등은 다가가서 뼈대에 매가 남겨 놓은 흰색 분변 흔적을 보았다. 어떻든 이 언덕 꼭대기에서 이것은 눈에 띄는 물건이어서 매가 이 뼈대에서 서식했던 것이다.

갑자기 대지가 진동하는 듯 했다. 혈구의 거대한 흉강골이 갑자기 흔들리기 시작했다. 운등은 자신이 노안이라고 생각했다. 다시 자세히 보자 흉강 내에서 회색 그림자가 튀어나와 눈깜짝할 사이에 언덕 아래로 달려갔다.

언덕 아래까지 뛰어갔을 무렵에 그 회색 그림자가 멈춰서는 뒤를 돌아보았다. 늑대. 뜻밖에도 늑대였다.

짧게 돌아본 다음에 그 늑대는 먼지를 날리면서 메마른 초원을 가로질러 갔다.

운등이 정신을 차렸을 때 그 늑대는 이미 언덕을 넘어 사라지고 보이지 않았다. 불가사의한 일이었다.

그는 흉강 안을 살펴보았다. 텅 비어 있었다.

아마도 지나던 늑대가 숨기 좋은 곳을 찾아서 쉴 생각이었다가 커다란 이 흉강골 안으로 들어온 것 같았다.

이 초원 늑대는 혈구의 흉강골을 집으로 삼을 준비가 되어 있지 않았을 것이다.

어렸을 때 운등은 어머니가 그에게 하사르의 옛날 이야기를 해준 것을 기억하고 있다. 거인 하사르가 죽고 나서 늑대가 커다란 그의 흉강골 안에서 새끼를 낳았다고 했다.

운등은 혈구의 커다란 머리뼈를 안아 준비해 놓은 붉은 비단으로 잘 싼 다음에 말안장 주머니에 넣고 돌아왔다.

운등이 황표마를 타고 후룬베이얼 고원으로 나서 따싱 안링의 울창한 숲을 지났다. 지대는 점점 평평해졌고, 초원도 평탄한 땅으로 변했다. 그곳은 농사짓는 세상이었다.

사실 지금 운등은 말을 타고 유라시아 대륙의 동쪽 국경을 벗어난 것이었다. 계속해서 그는 남쪽으로 향했다. 다시 초원에 들어서서 시린궈러錫林郭勒와 장자커우張家口를 지나 마침내 산시山西 경내로 들어섰다.

수많은 계곡, 메마른 황토 고원이 나타났다. 운등은 튼 입술에 침을 바르며 손을 뻗어 황표마를 쓰다듬었다. 길고 긴 여정에서 황표마는 이 낯선 땅에 적응하지 못했다. 몸은 갈수록 어려움을 느꼈다. 마지막 체력이 고갈되는 중이었다.

마침내 운등은 용마루처럼 우뚝 솟은 화베이 평원의 웅대한 지평선을 보았다. 눈으로 둘러싸인 정상, 불전의 금색 지붕이 막 떠오른 새벽빛 속에서 눈부신 빛으로 반짝이고 있었다.

자신이 타고 있는 황표마는 마침내 이 오랜 여정의 종점까지 걸었다. 그 말은 천천히 선 다음에 한 바퀴를 돌았다. 이어서 초원 방향을 멀리 바라보고는 호흡을 하던 중에 거품 모양의 피 섞인 침을 흘리더니 쓰러졌다.

운등은 황표마의 눈을 감겨 주었다. 그리고 나서 인부를 고용하여 그 말을 노변의 구덩이로 끌고 가 묻어주었다. 일처리를 하고 나서 운등은 말머리가 담긴 안장 주머니와 안장을 메고 계속 앞으로 걸어갔다.

오대산 영취봉靈鷲峰의 보살정菩薩頂에서 주지 스님은 맑게 개인 아침에 멀리서 온 사람으로부터 특별한 부탁을 받았다.

그는 대전에 올라서 그 소년을 보았다.

소년은 깡마르고 거무튀튀했다. 머리카락은 어깨를 덮었고, 온갖 고생을 다 했는지 몸에 걸친 가죽 두루마기는 이미 다 헤졌다. 신고 있는 장화도 엉망이어서 길고 긴 여정을 거쳤음이 분명했다.

이 소년이 고개를 들자 매와 같은 굳센 눈빛이 드러났다. 소년은 보따리를 풀었다. 거대한 말의 머리뼈가 모습을 보였다.

그 소년은 스님에게 이 말에 관한 길고 긴 이야기를 해주었다. 그 후에 스님은 직접 멀고 먼 초원에서 온 준마를 위해 염불을 해주었다.

대전에서는 낮고 느리게 독경 소리가 들렸다. 듣는 사람의 마음은 차분해졌고 잡다한 생각은 사라졌다. 의식을 마치고 소년은 스님께 감사를 표했다. 준마의 머리뼈를 잘 싼 다음에 대전大殿을 떠나 오대산 최고봉인 엽두봉葉頭峰 정상에 도달했다.

소년은 말의 머리뼈를 정상 봉우리에 두고 북방 후룬베이얼 초원 방향을 향하게 했다.

소년은 정상 봉우리에서 오후 내내 앉아 있었다. 노을이 보살정 지붕을 물들이고 황혼이 내려앉을 무렵이 되어서야 조용히 산을 내려왔다.

●

몽골 초원의 민간 전설에 하사르는 징기스칸의 동생이다. 몽골 칸국의 대장으로 힘이 세고 싸움을 잘 한다. 활을 잘 쏘기로 유명하고 정벌 전쟁에서 징기스칸을 위해 공을 세웠다. 하사르는 어깨와 등이 넓고 가슴이 커서 그가 죽고 나서 늑대가 그의 흉강골에서 새끼를 낳았다고 한다.

23
담요처럼 푸르른 풀

 이후 사람들은 바르구 초원의 준마 무리에서, 또는 다모 페어의 말 경주대회에서 녹색 두루마기에 머리에는 붉은 두건을 쓴 채 홍색 준마를 타고 질풍처럼 달리는 소년을 본 사람은 아무도 없었다.

 하지만 신바르구 좌기의 셔우닝사에는 생김새가 준수한 어린 라마승이 하나 늘어났다. 이 라마승은 몽골국 광현사光顯寺에서 셔우닝사로 와서 가르친 라마 의사로부터 티베트 의학을 연마하였고, 10년 후에 수십편의 티베트 의약 경전을 익혔으며, 아울러 오랜 실천과정에서 북방 초원의 유목인들이 특수한 환경으로 인해 앓고 있는 여러 가지 병들을 잘 알고 있었다. 그는 북방의 겨울 추위, 여름철 높은 온도의 특징에 근거하여 기후 변화를 결합해 목축 지역에서 의료를 행하는 데 있어서의 이론을 연구해냈다. 또한 두 차례에 걸쳐 티베트의 자시룬부사札什倫布寺, 칭하이의 금탑사金塔寺에 가서 티베트 의약학을 공부하여 학위를 취득한 뒤 교사로 임명되었으며 라마 학생들에게 공개 의료, 가축 치료 등을 행했다.

이어서 이 젊은 라마승은 연수보명사延壽寶明寺에 머물면서 몽골 의학과 티베트 약학을 익혀 유목민들을 돈을 받지 않고 치료하였다.

마침내 이 젊은 라마승은 사방에 이름이 알려져 후에 널리 이름을 알린 의사가 되었다.

그의 의료행위에 관해 사람들이 전하는 말들은 아마 추운 겨울에 발에 동상이 걸린 유목인들에게서 나왔을 것이다.

그 유목인은 동상에 걸린 뒤에 주의하지 않아 동상에 걸린 발이 검게 부어 오르고 고름도 나왔다. 게다가 이 검은 색은 무릎까지 퍼졌다. 유목인은 여러 차례 치료를 받으러 하이라얼의 병원들을 다녔으나 의사들은 발이 이미 괴사되었다고 판단하고 두 발을 발목 부분에서 절단해야 한다고 했다. 이 소식을 듣고 중년의 그 유목인은 그 자리에서 혼절하였다. 유목인이 두 발을 잃게 되면 다시는 말에 탈 수 없게 되는데, 처음 말에 타고부터 자신과 말은 떨어져 본 적이 없는데, 자신과 말의 관계를 이어주는 끈이 떨어지는 것이었다. 자신의 두 발은 세상 모든 것이었다. 두 발을 잃는 것은 세상이 끝난다는 의미였다. 그 유목인은 모든 것이 산산조각 나고 말았다. 목장으로 돌아오는 길에 연수보명사를 지나게 되었는데, 황혼 무렵에 절의 지붕이 멀리 보였다. 무언가 이끌리듯이 말을 몰고 들어갔다. 유목인이 신음소리를 내면서 말에서 내렸고, 비틀거리면서 어린 라마승의 안내를 받아 젊은 라마의 승방으로 들어갔다. 독경을 하고 있던 젊은 라마에 일어나 인사를 건네고 유목인을 꼼꼼하게 진료하였다. 유목인이 장화를 벗자 참을 수 없는 고통이 밀려왔다. 이어서 눈 조차 뜨기 힘든 악취가 퍼졌고, 장화 안에서는 검게 부어 이미 변형된 두 발이 드러났다. 젊은 라마승의 안색은 무거웠다. 손으로 가볍게 갈라져서 이미 괴사하기 시작한 피부를 가볍게 만졌다. 굳센 유목인은 자신도 모르는 사이에 차가운 기운을 들이마셨다.

젊은 라마승은 위엄 어린 눈빛으로 악취를 피해 한쪽에 숨어 있던 어린 라마승에게 눈짓하여 따듯한 물을 가져와서 대야에 붓도록 했다. 물 온도를 잘 조절한 다음에 유목인의 두 발을 들어 물 안으로 넣게 하였다.

유목인은 자신을 위해 젊은 라마승이 직접 발을 씻어줄 줄은 몰랐다. 부끄러움 속에서 빼내려 했지만 소매를 걷은 젊은 라마승은 가볍게 두 발을 잡고 물 속으로 넣었다. 아픈 가운데에서도 더 이상 몸부림칠 수가 없었다.

유목인의 두 발에서 고름을 깨끗하게 씻어낸 젊은 라마승은 수건으로 두 발을 닦은 다음에 이미 갈라진 상처를 자세히 검사하였다. 그리고 거미줄처럼 얽혀 있는 발금도 자세히 관찰하였다. 준엄한 낯빛으로 상처 부위를 가볍게 누르면서 괴사된 정도를 살펴보았다.

곧 이어 그는 일어나서 약선반에서 항아리를 꺼내서 열었다. 갑자기 온 방안에 심신을 편안하게 해주는 향기로 가득 찼다. 그는 꼼꼼하게 유목인의 두 발에 황금색 연고를 발라주었다.

다 바르고 나서 젊은 라마승은 일어나서 깨끗한 흰 천을 한쪽에 서 있던 어린 라마승에게 건네주었다. 어린 라마승은 자신이 방금까지 악취를 풍기던 유목인 발을 싫어했던 것을 후회했다. 그렇게 하는 것은 의료인의 가장 큰 금기로서, 스승이 질책은 하지 않았지만 그 눈빛은 그를 수치심을 느끼게 하기에 충분했다.

그는 눈을 내리깐 꿇어앉은 상태로 스승에게서 건네받은 다음에 유목인 앞에서 반쯤 꿇어앉은 상태로 하얀 천으로 연고를 바른 유목인의 두 발을 꼼꼼하게 싸맸다.

젊은 라마승은 어린 라마승에게 자신이 처방한 처방전대로 약을 지어 유목인에 돈을 받지 않고 주도록 하였다.

고름이 스며든 발헝겊을 버리고 약을 바르고 하얀 천으로 감싼 다음에 유목인이 다시 장화를 신는데, 장화 안으로 발을 넣기가 어려웠고, 상처에 닿아 통증이 심해서 자신도 모르게 신음 소리를 냈다. 이 유목인은 참으면서 끙 소리를 내면서 다른 쪽 장화를 신었다. 그 유목인이 처음 젊은 라마승이 진료할 때 표정이 엄숙해서 두 발을 보전하기 어렵다고 생각했다. 또 이 약초는 위안용으로 처방한 것으로 여기고 자신도 모르게 실망했고, 신음소리와 함께 말에 올라 아득한 초원으로 사라졌다.

그 유목인은 자신의 목장으로 돌아간 후에 두 발에 괴사되어 발가락의 하얀 뼈가 보일 정도가 되도록 내버려 두었고, 절망 속에서 게르 한쪽에 던져 놓았던 약초를 쳐다보았다.

약초를 끓인 물에 두 발을 담근 후에 뜻밖에 기적적으로 괴사와 통증이 사라졌다. 3일째 되던 날에 약물에 담궈진 썩은 살이 떨어져 나가고 그 아래 뜻밖에도 붉은색 새 살이 돋아났다. 보름도 지나지 않아 하이라얼의 병원에서 가능한 빨리 잘라내라던 두 발은 완치되었다.

이로 인해 젊은 라마승의 명성은 널리 퍼졌다. 전통 몽골의학의 신비가 더해졌고, 연수보명사로 치료를 받으러 오는 유목인들의 발길은 끊이지 않았다.

유목인 치료 이외에도 젊은 라마승은 가축들, 특히 말을 잘 치료하였다. 한번은 그가 밖으로 나갔는데, 말이 목초지에 쓰러져 목숨이 위태로운 상황에 놓인 것을 보았다. 유목인에게 물으니, 장거리 여행을 하고 나서 차가운 물을 마셨다는 것이었다. 젊은 라마승은 유목인에게 근처 사냥꾼에게 가서 총탄을 구해오라고 하고 그 안에서 검은 화약을 끄집어낸 다음에 그 화약을 물에 말아 말에게 먹여 주었다. 서너 시간이 지나지 않아 그 말은 뜻밖에도 완치되었다.

이는 전에 본 적이 없는 치료법이었다. 하지만 초원의 유목인들은 이 일을 말할 때, 나이든 유목인들이 젊은 사람들에게 말해 주었다. 멀지 않은 과거에 초원에서 마적들이 이런 식으로 장거리 여행으로 탈진한 말을 치료했었다는 내용이었다.

나중에 원근을 막론하고 가축에 병이 생기면 유목인들은 연수보명사로 달려와서 젊은 라마승에게 약을 구했다.

드넓은 초원에서 유목인들이 밖에 나갈 때에는 말이 없으면 안 된다. 그래서 유목인들이 말에서 떨어지고 골절 당하는 사람도 많다. 오랜 기간 누적된 몽골 의학의 접골 경험으로 그 기술이 뛰어나다. 젊은 라마승은 끊임없이 접골 기술을 보완하여 여러 제자들에게 전수하였다. 그 가운데 가장 중요한 기술은 열악한 조건 하에서 일처리를 하는 것이다. 즉, 부러진 대나무 가지를 교구로 하여 눈을 가린 제자가 매일 연습하게 했고 이 방법이 유목인들 사이에서 널리 전해졌다.

이 무렵이 되어 마침내 초원 유목인들은 이 젊은 라마승의 표정에 나타나는 모습에 초원에서 명성이 자자한 몽골 의사 라마승이 바로 붉은색 준마를 타고 초원에서 연전연승을 거두었던 소년 운등이라는 사실을 알아챘다.

유목인들은 그래서 그를 운등 라마라 불렸다.

운등 라마는 이로부터 다시는 말을 타지 않았다. 설령 장거리 진료를 가더라도 제자가 모는 달구지를 이용했다 .

세월은 빨리도 흘러 말을 타고 초원을 누비던 녹색 두루마기에 붉은 두건을 쓴 소년은 차츰 사람들에게 잊혀졌다. 초원에서 연로한 유목인들이 세상을 떠나면서 유구한 전통과 위대한 전설도 초원의 풍진 속으로 사라졌고, 당시 소년의 빛나는 영광을 기억하는 사람은 없게 되었다. 사람들이 보는 것은 다만 눈빛이 심오한 나이 든 고승이었다. 그 고승의 표정에는 세월이 흐름에 따라 새겨진 지혜와 아득함만 흘렀다.

운등 라마승의 명성은 널리 퍼졌다. 치료 받으러 멀리서 찾아오는 사람들이 줄을 이었다. 주의깊은 사람들은 말을 타고 멀리서 찾아오는 유목인이 타고 오는 준마를 절 밖에 매어놓을 때 운등 라마승의 눈빛이 그 준마의 몸에 머무는 것을 볼 수 있었다. 다른 모든 경우에 고승의 눈빛은 더 아득한 곳으로 향해 있었다.

때로는 찾아오는 환자가 없는 짧은 순간에 운등 라마는 혼자서 산문을 나와 천천히 거닐었다. 그 때는 주로 새벽이나 황혼 무렵이었다.

절에서 멀지 않은 산등성이 위에 샘물이 흐르는 곳이 있는데, 아무구랑진의 주민들이 와서 샘물을 길어 나르는 곳이었다. 그런데 그 샘물은 아래로 흘러서 연수보명사를 지나 넓은 계곡으로 흘러 들어간다. 이 샘물은 이 계곡을 촉촉하게 적시는데, 흉년이 든 해에도 이 계곡에는 푸른 풀이 담요처럼 깔린다.

운등 라마의 눈은 널리 계곡을 오랫동안 내려다보았다. 계곡에는 유목인의 게르와 가축떼가 있었다. 그 가운데에는 말떼가 있었다. 말떼 가운데에서 망아지들이 앞발을 들고 서로 싸우고 있거나 어떤 말이 빠르게 달리면 일순간 운등 라마는 높은 산이나 호수같은 눈빛이 순간적으로 빛난다. 빠르게 달리는 말의 뒷모습을 바라보면서 그의 눈은 순간적으로 번뜩였다. 그것은 그의 몸에 남아 있는 속세의 마지막 색채였다.

2010년 어느 가을, 오후에 운등 라마는 자신의 제자를 데리고 연수보명사 뒷편의 계곡으로 왔다. 바닥에서 돌 하나를 집어 잘 놓은 다음에 제자에게 자신이 입적한 뒤에 이곳에 묻어달라고 말했다.

운등 라마는 2011년 가을 편안하게 입적하였고, 향년 78세였다. 절에 있는 여러 스님과 근처 유목민들은 녹색 계곡에서 장례를 지냈다. 그때 그의 제자는 스승님이 자신을 매장할 땅을 선택할 당시의 시간과 입적하던 날짜가 동일한 날이었다는 것이 떠올랐다.

2012년 연수보명사를 보수공사를 할 때 한 승방의 구석에서 공사를 하던 일꾼이 보따리 하나를 파냈다. 보따리를 잘 풀어보니 그 안에는 붉은 헝겊으로 싸매어져 있어 그것을 풀어보니 퇴

색된 붉은 두건이 있었고, 그 위에는 준마 도안이 새겨져 있었다. 그리고 붉은 천에 싸여 있던 것은 잘 보존된 은으로 된 말머리였다. 말머리는 아름답게 주조되었고, 그 위에 붉은 산호와 터키옥이 상감되어 있었다. 은으로 된 이 말머리와 함께 있었던 것은 전설로 전해지던 꽃무늬가 새겨진 은안장이었다. 안장 앞뒤에 말이 구름을 딛고 있는 은장식이 상감되어 있었다. 은으로 만든 등자는 아름답게 주조되어 있었으며 새겨진 교룡은 살아있는 듯했다.

은으로 주조된 말머리, 꽃무늬가 새겨진 은안장 제식, 등자의 주조 기예, 일찍이 준마 문화와 함께 찬란하게 빛났던 오랜 기예들은 초원에서 오래 전에 사라졌다.

이런 물품들이 발견된 곳이 바로 운등 라마 당시의 승방이었다.

초원에서 유목인들 사이에 전해지는 말이 있다. 날씨가 맑은 황혼 무렵에 갈기가 긴 말이 운등 라마의 묘 앞에서 서성이고 있는 것을 늘 볼 수 있다는 것이다. 그 준마는 석양이 비추는 가운데 그 털 색깔이 피와 같다고 했다.

● 2011년 7월 12일, 중국 내몽골 자치구 후룬베이얼 초원 진바르구기陳巴爾虎旗 메르겔강 여름 야영지 북쪽 기슭 초원에 수십에 이르는 말떼가 모였다. 수만 마리의 준마들이 같은 활동 속에서 이용되는 말의 숫자로 기네스 세계 기록을 달성했다. 천여 년 동안 이어져 온 준마 문화는 후룬베이얼 초원에서 사라지지 않을 것이다.

지은이
거르러치무거 헤이허 格日勒其木格 黑鶴
몽골족으로 1975년생
아동문학 작가
동물과 초원을 소재로 한 산문, 소설 창작
2017년 마오둔 문학상 신인상 수상
2021년 제10기 중국작가협회 전국위원회 위원

옮긴이
탕쿤 唐坤
한국 가천대학교 국제마케팅 박사
중국 루둥대학교魯東大學校 외국어대학 한국어과 교수
고려대학교 아세아문제연구소 연구원
국가어위한어사서연구중심國家語委漢語辭書研究中心 겸임 연구원

신진호 申振浩
연세대학교 중어중문학과 및 동 대학원 졸업(문학박사)
연세대학교 인문학연구원 전문연구원
명지대학교 방목기초교육대학 객원교수
역서 : 『마테오리치의 중국선교사』,
　　　『곽말약의 역사인물 이야기』 등
저서 : 『중국현대문학사』,
　　　『중국문학사의 이해』 등
논문 : 「21세기 중국의 문화대국 전략에 관한 고찰」,
　　　「중국문화의 세계화 전략」 등

중국문학선 003
핏빛 망아지 혈구

초판 1쇄 발행 2023년 3월 27일
글쓴이 거르러치무거 헤이허格日勒其木格 黑鶴
옮긴이 탕쿤唐坤 · 신진호申振浩
펴낸이 오경희

편집 · 디자인 오경희 · 조정화 · 오성현 · 신나래
　　　　　　박선주 · 이효진 · 정성희
관리 박정대

펴낸곳 문예원
창업 홍종화
출판등록 제1990-000045호
주소 서울시 마포구 토정로 25길 41(대흥동 337-25)
전화 02) 804-3320, 805-3320, 806-3320(代)
팩스 02) 802-3346
이메일 minsok1@chollian.net, minsokwon@naver.com
홈페이지 www.minsokwon.com

ISBN 979-11-90587-35-8
S E T 979-11-90587-32-7　04820

ⓒ 탕쿤, 신진호, 2023
ⓒ 문예원, 2023, Printed in Seoul, Korea

저작권법에 의해 한국 내에서 보호를 받는 저작물이므로 무단전재와 복제를 금합니다.
이 책 내용의 전부 또는 일부를 이용하려면 반드시 저작권자와 문예원의 서면동의를 받아야 합니다.